なぜ悪人が上に立つのか

人間社会の不都合な権力構造

CORRUPTIBLE
WHO GETS POWER AND HOW IT CHANGES US

ブライアン・クラース
Brian Klaas
柴田裕之 訳

東洋経済新報社

権力を持つのがふさわしいのに権力を持たない、
善良な、サイコパスではないすべての人々へ

目次

第3章　権力に引き寄せられる人たち　59

第4章 権力を与えられがちな人たち 95

第5章 なぜサイコパスが権力を握るのか？ 131

第1章　序——権力はなぜ腐敗するのか？

ビーコン島の悲劇

　権力は腐敗するのか、それとも、腐敗した人間が権力に引きつけられるのか？　横領をする起業家や人殺しを働く警察官は、劣悪な制度の副産物なのか、それとも、たんに彼らが悪質な人間であるだけなのか？　独裁者は生み出されるのか、それとも生まれるのか？　もしあなたが突然、権力の座に祭り上げられたら、私腹を肥やしたり敵を拷問したりしたいという、今までにない誘惑に駆られ、ついにはそれに屈してしまうだろうか？　多少意外かもしれないが、こうした疑問に対する答えは、とうに忘れ去られた2つの遠い彼方の島に注目すると見えてくる。

　オーストラリア西岸のはるか沖合に、ビーコン島と呼ばれる小島が、周りを取り囲む海からかろうじて顔を出している。地面は発育の悪い緑の草に覆われ、三角形を成す海岸線のベージュ色をした砂浜がそれを縁取っている。一方の端から野球のボールを投げれば、反対側の海に届くほどの大きさだ。沖にはわずかな珊瑚《さんご》が点々と見られるだけの無人の小島で、何の取柄もなさそうに見える。だがこのビーコン島には、ある秘密が隠されている。

１６２８年10月28日、バタヴィア号という名の全長50メートル弱の香辛料貿易船がオランダを出帆した。この貿易船は、世界貿易を支配していた企業帝国、オランダ東インド会社が所有する船団の１隻だった。バタヴィア号は、現在のインドネシアの一部であるジャワ島で待ち受けている香辛料やエキゾティックな財宝とすぐに交換できるように、かなりの額の銀貨を積んでいた。[1]乗船していたのは３４０人で、一般乗客もいたが、ほとんどは乗組員だった。そして、その１人が精神病質《サイコパシー》の元薬剤師だった。

船は厳密な階級制に組織されており、「船首に近づくにしたがって待遇が下がった」[2]。船尾では、船長が広々とした部屋で君臨し、塩漬け肉を噛み締めながら航海士たちに大声で指図していた。２層下では、換気もされていない、ネズミがはびこる狭い空間に、兵士たちが押し込められていた。帰路には香辛料を積み込むために使われることになる場所だった。バタヴィア号に乗っている者は誰もが、自分の身分を承知していた。

船長から数階級下に、落ちぶれた元薬剤師で、イエロニムス・コルネリスという名の副商務員がいた。彼は次々と災難が身に降りかかり、すべてを失った後、破れかぶれでこの船に乗り組んだ。[3]船が港を出てまもなく、彼は起死回生の企《たくら》みに着手した。航海士の１人と手を組んで、叛乱《はんらん》を企てたのだ。彼は、船団から離れた海域で支配権を奪うために、船の針路を逸らした。万事が計画どおりにいけば、彼はバタヴィア号を乗っ取り、船倉の銀貨で手に入れた新しい贅沢《ぜいたく》な暮らしを始められるはずだった。

ところが、その計画どおりにはならなかった。

1629年6月4日、バタヴィア号はオーストラリア沖を航海中、海抜の低いハウトマン・アブロルホス諸島の珊瑚礁に勢いよく突っ込み、木製の船体が裂けた。何の警告もなく、針路変更を求める声も聞かれないままの事故だった。船の命運が尽きたことが、たちまちはっきりした。乗客と乗員のほとんどは、岸に泳ぎ着こうとした。何十人も溺死した。一方、バタヴィア号の残骸を離れまいとする者もいた。

救助されないかぎり誰も助からないことを悟った船長は、搭載していた非常用の大型ボートと、回収した食料などの大半を自らの管理下に置いた。彼は、乗組員の幹部全員を含む47人とともにジャワ島に向かった。救助隊を連れてすぐに戻ってくる、と約束してのことだった。数百人が置き去りにされた。食料は乏しく、水もほとんどなく、いつか誰かが戻ってくるという、かすかな希望があるだけだった。その不毛の島には木も生えておらず、生き物の姿もなかった。生存者たちに残された時間が尽きかけているのは明らかだった。

叛乱を起こすつもりだったコルネリスも、置き去りにされたうちの1人だった。もはや、乗っ取るような航行可能な船もなかった。だが、彼は泳げなかったので、沈んでいくバタヴィア号の残骸の上に残っているほうが、海に飛び込んで、半狂乱で水しぶきを上げながら島に向かうよりもましに思えた。こうして9日間、コルネリスら70人の男たちが、しだいに狭まっていく、乾いた甲板部分にとどまり続けた。そして、酒をあおりながら、避け難い運命に思いを馳《は》せるのだった。

6月12日、ついに船体がばらばらになった。打ち寄せる波によって鋭い珊瑚に叩《たた》きつけられ、たちまち命を落とす者もいれば、しばらく手足をばたつかせてから溺死する者もいた。コルネリスは、どういうわけか生き延びた。「水に浮かぶ木切れの群れに交じって」、やっとのことで「島に漂い着き、バタヴィア号の最後の脱出生存者となった」[4]。

現在はビーコン島と呼ばれる島の湿った砂地という安全地帯にコルネリスがたどり着くと、生存本能が支配する混乱と無秩序の状態は、階級制と地位に基づいて確立された秩序に戻った。岸に打ち上げられたコルネリスは、疲れ果て、衰弱していたものの、依然として高級船員だった。つまり、彼が権力を握っていた。「バタヴィア号は、非常に強固な階級制社会でした」と歴史家のマイク・ダッシュは言った。「そして、その状態が島でも続いたのです」[5]。この貧弱な島のまばらな草地に孤立していた数百の人々は、上官を助けようと駆け寄った。やがて、彼らはそれを後悔することになる。いや少なくとも、後悔する人が出ることとなった。

コルネリスは元気を取り戻すと、素早く頭を働かせた。状況は悲惨だった。難破したときに失われなかった食料と水とワインは、長くはもたない。新たな供給は見込めないから、需要を減らすしかない、とコルネリスは判断した。生存者は、満たす腹の数を減らす必要があった。

コルネリスは、競争相手になりそうな人々を排除することで権力基盤を固めた。何人かは、小舟で無謀な任務に送り出した挙げ句、海に突き落として溺れさせた。また何人かは、罪を問い、それを口実として死刑にした。このような惨《むご》たらしい処刑で、コルネリスは権威を確立した。だが、そうした仕打ちは忠誠を試す有効な手段にもなった。彼の命に従って殺しを働く者たちは役に立つ。それを拒む者は危険人物だった。危険人物は1人、また1人と消し去られた。ほどなく、口実さえも消え失せた。剣が依然として切れ味を保っているかどうかを試すために、ある少年が首を刎《は》ねられた。何の理由もなく、子どもたちが殺された。殺害はコルネリスの命令で行われたが、彼自身はけっして手を下さなかった。その代わり、船に積んであった壮麗な服をまとって、自分が支配的な立場にあることを誇示した。彼は「シルクのストッキング、金モールのついたガーター……などの装飾品」を身につけた[6]。他の者たちは汚れたぼろをまとい、殺される番が来るのを待っていた。

何か月もして、バタヴィア号の船長が救助隊とともに戻った頃には、100人以上が殺されていた。ついにコルネリスは、我が手で打ち立てた島の裁きの掟《おきて》の苛酷さを自ら味わう羽目になった。彼は死刑を宣告され、両手を切り落とされ、絞首刑に処せられた。だが、この陰惨な出来事は、人間性について穏やかならぬ疑問を提起する。もしコルネリスが乗り組んでいなかったなら、大虐殺は避けられたのだろうか？　それとも、たんに誰か別の人物が引き起こしていたのだろうか？

無人島で協力し合って生き延びた少年たち

オーストラリアを挟んで、ビーコン島の東6400キロメートルの所にも無人島がある。トンガ諸島のアタだ。1965年、15～17歳の6人の少年が寄宿学校から脱走した。彼らは漁船を盗み、北に向かった。初日は約8キロメートル進んだだけで、錨《いかり》を下ろしてひと晩休むことにした[7]。眠ろうとしていると、猛烈な嵐に見舞われて全長7メートル余りの船は激しく揺さぶられ、錨を引きちぎられた。まもなく強風で帆がズタズタになり、舵《かじ》も壊れた。夜が明けたときには、少年たちは向きを変えることも帆走することもできず、海の流れに任せて漂うしかなくなっていた。自分たちがどちらの方角から来たのかまったくわからないまま、彼らは8日間、南へと流されていった。

　希望を失いかけていた頃、6人のティーンエイジャーたちは、彼方にぼんやりとした緑の点を見つけた。草木にビッシリと覆われた、アタという岩だらけの島だった。傷んだ漁船はほとんど操縦できなかったので、6人は島の岸の近くまで波に運ばれていくまで待ってから、船を捨てた。彼らは必死で泳いだ。これが残された最後の希望だった。この機会を逃せば、情け容赦のない広大な海に押し流されてしまう。彼らはとうとう島にたどり着いた。岩で切り傷だらけになったが、命は助かった。

　島の周囲は断崖だったから、よじ登って上陸するのは骨が折れたが、若い漂着者たちにはその断崖が救いとなった。鋸の歯のような岩々は、海鳥にとって絶好の営巣地だったので、少年たちは力を合わせて罠《わな》で鳥を捕まえた。真水は見つからなかったから、海鳥の血を飲んで間に合わせた。[8] 食べ物を求めて新たな居住地を探し回った後は、水分は海鳥の血からココナッツミルクに格上げした。やがて、火を起こすことができ、食事も生《なま》のものから調理したものに替えた。少年たちは話し合い、命綱の火が消えないように絶えず番をすることにした。1日24時間、交替で見守った。そのおかげで魚や海鳥、さらにはカメさえ調理することができた。

　少年たちの生活水準は、協同を通してさらに改善した。彼らは4日間いっしょに働いて、島でも最大級の木の根から1滴ずつ真水を集めた。木々の幹をくり抜き、雨水を溜《た》めた。[9] ヤシの葉で原始的な家も建てた。あらゆる仕事を手分けして行った。リーダーはいなかった。金モールもシルクのストッキングもなかった。怒鳴り声の命令も、権力基盤を固めるための企みも、殺人もなかった。少年たちは島を征服していきながら、自らの成功を、そして失敗も、等しく分かち合った。

　漂着者の暮らしが始まってから半年が過ぎた頃、少年たちの1人、テヴィタ・ファタイ・ラトゥが、日々の海鳥狩りのときに滑って転び、足の骨を折った。残る5人が急いで駆け寄り、伝統的なトンガのやり方に従ってココナッツの茎を熱して添え木を作り、骨を元どおりの位置に固定した。テヴィタはその後4か月間歩けなかったが、他の少年たちの世話を受け、やがてまた日々の仕事に加わることができるようになった。

　ときおり、言い争いが起こった（6人の人間が、主に海鳥とカメから成る食事をしながら、来る日も来る日も24時間いっしょに暮らしていれば、カッとなることもあるものだ）。だが、口論が始まると、あっさり互いから距離を置くだけの分別が少年たちにはあった。[10] 仲違《なかたが》いした者たちはそれぞれ、島の別の場所で最長2日、独りで過ごして頭を冷やし、生き延びるためにまた協力できるようになるのだった。

　1年以上過ぎた頃、少年たちは自らの新生活が一時的なものではない、と腹をくくりだした。そこで長期戦の覚悟を決め、粗末なテニスラケットを作って競技会を開いたり、ボクシングの試合を組んだり、いっしょに運動をしたりして日々を送った。食料にしている鳥たちを獲り尽くしてしまわないように、1人当たりの1日の割り当てを決め、野生の豆の栽培も試みはじめた。

　少年たちが難破してから1年3か月後、ピーター・ウォーナーという名のオーストラリア人が自分の漁船で、イセエビの獲れる場所を探して回っていた。そして、ある無人島に近づいたとき、ただならぬものを見つけた。「岸の崖に、焼き尽くされた箇所があったのです。熱帯では異様なことです。なにしろ湿気が多いので、森林火災など起こりませんから」と、今は89歳になるウォーナーは振り返った。[11]それから、驚くべき光景が目に入った。1年3か月分の髪を伸ばした1人の裸の少年だ。続いて、数人の少年が大声で叫びながらヤシの葉を振って、漁船の注意を引こうとしているのが見えた。ウォーナーが船を近づけると、少年たちは海に飛び込んで、絶対に来ないと思っていた救出者に向かって泳ぎはじめた。状況が呑み込めなかったウォーナーは、少年たちが囚人として島流しにされていたのかと思った。ポリネシアの社会では、最低最悪の罪人に対する罰だ。「何も身につけず、髪も伸び放題の健康そうなティーンエイジャーたちの姿を見て、少しばかり警戒しました」と彼は語った。[12]彼はライフル銃に弾を込め、待ち受けた。

船に泳ぎ着いた少年たちは、礼儀正しく自己紹介した。行方不明になった少年たちがいるとはまったく知らなかったウォーナーは、無線で通信士に連絡を取り、トンガの少年たちの学校に、彼らの言い分を確かめてもらった。20分後、返事があった。少年たちは1年以上前に現に行方不明になり、死んだものと思われていた、と通信士は涙声でウォーナーに伝えた。「もう、葬儀も済ませたそうです」と通信士は言った。少年たちはトンガに戻り、家族と再会した。救出された後、少年たちのうちで最年長のシオネ・ファタウアは、それまでは生き延びられるかどうか不安だったが、今度は故郷に戻ることについて心配しはじめた。「私たちの何人かにはガールフレンドがいました。思い出してくれなかったらどうしよう、と」[13]

オランダの歴史家ルトガー・ブレグマンは次のように述べている。「真の『蠅の王』は、友情と献身の物語だ。頼り合うことができれば、私たちがどれほど強くなれるかを浮き彫りにしてくれる物語なのだ」〔訳注　『蝿の王』は、無人島に取り残された少年たちが陰惨な闘争を繰り広げる、ウィリアム・ゴールディングの小説〕。ウォーナーは、自分が救い出した少年たちの1人と相変わらず頻繁に船に乗る。彼にしてみれば、この一部始終は「人間性をおおいに高める」材料を提供してくれる。

権力に関する4つの疑問

これら2つの無人島の物語は、人間の本性について、相容れない2つの展望を示している。一方の島では、権力に飢えたたった1人の人間が他者の支配権を手中に集め、彼らを搾取し、殺害した。もう一方の島では、平等主義のチームワークが功を奏し、協力が至上のものとなった。この違いは、どこから生じたのか？

ビーコン島には社会構造があった。秩序があった。階級があった。そして、悲劇に終わった。それに対して、アタ島はゴツゴツとそそり立つ岩の塊だったが、少年たちが1年3か月かけて築《あ》き上げた社会は完全に平らだった。これらの相反する孤島の物語は、難問を提起する。私たちは、悪しき人間あるいは悪しき階級制のせいで搾取を運命づけられているのか？　なぜこの世界は、権力の座に就いたコルネリスのような指導者であふれ、アタ島の少年たちのような人がじつに少ないように見えるのか？　そして、もしあなたが職場の人々と無人島に取り残される羽目になったら、上下関係を解消し、トンガのティーンエイジャーたちのように、対等の人間として協力して問題解決に当たるだろうか？　それとも、ビーコン島で見られたように、権力と支配をめぐる血なまぐさい闘争が起こるだろうか？　あなたは、どのように振る舞うだろうか？

本書は、以下の4つの大きな疑問に答える。

第1に、より悪質な人が権力を掌握するのか?

第2に、権力が人をより悪質にするのか?

第3に、私たちはなぜ自らを、明らかに支配権を握らせるべきではない人に支配させるのか?

第4に、私たちはどうすれば確実に、腐敗しない人を権力の座に就かせて、公正にその権力を振るわせることができるのか?

私は過去10年間、ベラルーシからイギリス、コートジヴォワールからカリフォルニア、タイからチュニジア、オーストラリアからザンビアまで、世界各地でこれらの疑問について調べてきた。私は政治学者であり、研究の一環として大勢の人に取材する。相手は主に、権力を濫用して悪事を働く悪人たちだ。これまで、カルトの指導者や犯罪者、独裁者、クーデターの画策者、拷問者、傭兵《ようへい》、将軍、宣伝家《プロパガンディスト》、叛逆者、腐敗したCEO(最高経営責任者)、有罪判決を受けた犯罪者に会ってきた。私は、何が彼らを動かすのかを突き止めようとしている。彼らを理解すること──そして、彼らが活動するシステムを調べること──が、彼らを止めるうえで欠かせない。彼らのうちには、頭がおかしくて冷酷な人が多かった。逆に、優しくて思いやりのある人もいた。だが、全員に共通点が1つあった。彼らは途方もない権力を振るっていたのだ。

戦争犯罪を行った叛乱軍の司令官と握手したり、敵たちを拷問にかけた独裁者と朝食を共にしたりすると、彼らがとうてい悪の権化には見えない場合がほとんどなので驚く。彼らはしばしば人を引きつける。ジョークも言えば、微笑みもする。一見、極悪人には見えない。だが、多くが極悪人だった。

私は何年にもわたって、いくつもの謎に頭を悩ませてきた。拷問者や戦争犯罪人は、私たちとはまったく違う人種なのか、それとも、私たちが職場や町内会でときどき出くわすケチな暴君の極端なバージョンにすぎないのか？　私たちの間に、未来の極悪人が潜んでいるのか？　状況次第では、誰もが極悪人になりうるのか？　もしそうだとしたら、血に飢えた独裁者から学んだ教訓が、私たち自身の社会で権力の小規模な濫用を減らすのに役立つかもしれない。これは、とりわけ解決を急がなければならない難問だ。なぜなら私たちは、権力の座にある人に絶えず失望させられているからだ。自分が政治学者だと言うと、よく問われる。「なぜ、これほど多くのひどい人間が権力を握っているのですか？」

だが、答えが求められている難問は他にもある。そのような権力者は、手にした権力によってひどい人間になったのか？　これまでのところそれは、私にはどうも怪しく思える。別の可能性が、どうしても頭に浮かんでくるからだ。権力によってより悪質になったように見えた人間は、氷山の一角にすぎないのではないか？　水面下には、何かはるかに大きくて重大なものが隠れており、発見されるのを待っているのではないか？　それを見つければ、この問題は解決できるのではないか？

まず、一般常識から始めよう。誰もが次の有名な警句を聞いたことがあるだろう。「権力は腐敗する。絶対的権力は絶対に腐敗する」。これは広く信じられている。だが、果たして正しいのだろうか？

マダガスカルの独裁者

私は数年前、アフリカの沖合にある、赤土の広大な島、マダガスカルにいた。マダガスカルと言えば、愛らしいワオキツネザルで有名だが、この島にはそれに劣らず興味深い、腐敗した政治家という人種が生息している。マダガスカルは、地球上で最貧の３０００万人に君臨しながら荒稼ぎする悪党どもがおおむね支配している。もしあなたがカフェ・ラテ1杯とマフィンを1つ買ったら、それだけで、マダガスカルの平均的な人の1週間分の賃金を使ったことになる。しかも、富裕層が貧困層を食い物にすることが多いからなお悪い。そして、私はマダガスカルでも指折りの金持ちと会うことになっていた。この島でヨーグルト販売から身を起こしたマーク・ラヴァルマナナだ。

　ラヴァルマナナは、極貧の子ども時代を送った。5歳のとき、家族が生き延びるのを手伝うために、クレソン（オランダガラシ）をバスケットに入れ、学校の脇を通る老朽列車の乗客に売った。ある日、思いがけない幸運に恵まれた。近所の人が自転車をくれたのだ。マーク少年は、その自転車で近隣の農場を回り、余った牛乳をもらい受け、自家製ヨーグルトを作った。こうして商売を始めた彼は、貧苦と闘う地元社会に恩返しをしようとした。近くの教会でボランティア活動をしたり、そこの聖歌隊で歌ったりしていないときには、ガタのきた、もらいものの自転車の後ろに載せたヨーグルトを売って回り、年月をかけながら、コツコツと事業を拡大した。

　こうしてラヴァルマナナは、１９９０年代後半にはマダガスカルの乳製品業界の実力者にのし上がり、この島でも有数の富豪となった。さらに、２００２年には大統領に就任した。ほぼ全員が依然として貧乏人である国で、貧乏人が大金持ちになる物語の価値を理解している彼は、抜け目ない政治家ぶりを発揮した。大統領として、変革を約束した。そして、当初はその約束を果たした。彼の政権は道路を整備し、腐敗を取り締まり、急速な経済成長で貧困を根絶しようとした。[14] マダガスカルは、世界でも屈指の急成長を遂げる経済を誇るまでになった。それは、成功物語そのもののように見えた。貧しい境遇から身を起こした善良な人物が、賢く公正な統治者になるという、逆境をものともしない人間の寓話《ぐうわ》のようだった。

私は、ラヴァルマナナに会いに行くことにした。宮殿のような邸宅に着くと、彼は脇に白い筋の入ったナイキの濃紺のトラックスーツ姿で玄関から歩み出てきた。笑顔で私と握手すると、中へ私を導いた。そして、トレーニングルームを見せてくれた。午前5時からトレーニングをしていたのだそうだ（「重要な決断を下せるように頭の切れを保つには、こうするしかありません」と彼は語った）[15]。それから、イエス・キリストのための、飾り立てた特注の祭壇を指差した。ベツレヘムの鉄道模型版のようなもので、大きな木製の十字架がミニチュアの町を見下ろしている。私たちは上の階に行き、廊下の突き当たりでラヴァルマナナは大きなマホガニーの両開きのドアを開けた。その向こうには巨大なテーブルがあった。食べ物で埋め尽くされていた。焼きたてのクロワッサンの山、ありとあらゆる方法で調理された卵、5種類のジュース、彼が子ども時代を過ごした村の全員に1週間食べさせられるほどのヨーグルト……。貧困とクレソンの日々は、遠い過去のものとなっていた。

ラヴァルマナナの首席補佐官もやって来たが、席は2人分しか用意されていなかった。ラヴァルマナナの分と私の分だ。私は腰を下ろし、ノートを開き、ペンを出そうとして、忘れてきたことに気づいた。「大丈夫です」とラヴァルマナナは言った。「私たちは貧しいかもしれませんが、ペンはありますから」

彼は自分のフォークの隣に置かれた小さなベルをつまみ上げ、振って鳴らした。たちまち、使用人が2人、大急ぎで部屋に入ってきた。自分こそ、テーブルに一番乗りしようと願って。

「ペン」とラヴァルマナナが大声で言いつけた。

2人は慌てて出ていった。そして、30秒もしないうちに、それぞれ真新しいボールペンを手に戻ってきた。褒めてもらおうと、競うように。わずかに遅れて褒めてもらえなかったほうの男は、がっかりした様子だった。

それから、ラヴァルマナナは本題に入った。彼は、来るべき選挙で大統領の座に返り咲くことを目指す運動の開始準備をしていた。彼は、熱のこもった目で私を見詰めた。

「グーグルで見たのですけれど、あなたは選挙運動のアドバイスをした経験がありますね」と彼は言った。「教えてください。この選挙で勝つには、どうするべきでしょう?」

私は意表を衝かれた。調査が目的であり、選挙運動の助言のために来ていたのではなかったからだ。だが、彼とは良好な関係を築きたかったので、即興で答えた。「故郷のミネソタ州で知事の選挙運動の運営を手伝ったときには、有効な仕掛けを考えました。私たちは、州内の87郡を87日かけてすべて回り、州全体を気に掛けていることを示しました。マダガスカルには119の郡があります。その119の郡を119日で回ってはどうですか?」

ラヴァルマナナはうなずき、続けるように促した。

「それを、貧乏人が大金持ちにという、あなたのイメージと結びつけることもできるでしょう。どの町も自転車で走り抜け、ヨーグルトを売っていた子ども時代を人々に思い出してもらいながら、あなたは貧乏であるとはどういうことかを理解しているのを示すのです」

彼はうなずくと、首席補佐官の方を向いて言った。「自転車を119台、買いなさい」

ラヴァルマナナにとって、異例の戦術で選挙に勝つというのは、馴染みのないことではなかった。そして彼は、規則を破ることにもためらいはなかった。２００６年には再選を果たすことが見込まれていたが、何一つ成り行き任せにはしたがらなかった。そこで、斬新な戦術で選挙を不正操作した。最大の競争相手を国外追放し、彼が帰国して立候補登録をするのを阻んだのだ[16]。その政敵がマダガスカルに戻ろうとするたびに、ラヴァルマナナは電話をかけ、島の空港をすべて閉鎖するように命じ、政敵を乗せた飛行機が引き返さざるをえなくした。それが図に当たった。政敵は国外から登録することは許されなかったので、投票用紙に名前が載らなかった。ラヴァルマナナは圧勝した。

かつて、貧しい境遇から身を起こし、教会の聖歌隊で歌い、慈善のためのボランティア活動をしていたラヴァルマナナは、２００８年にはかつてない強欲ぶりを発揮した。6年にわたって権力の座にとどまるうちに、彼の中で何かが変わったようだった。平均的な人が1年に数百ドルしか稼がない国で、彼は６０００万ドルの国費を使って大統領専用機を購入した（その飛行機は、いくぶん野心的に「エアフォース・ツー」と名づけられた）[17]。彼はその専用機の使用権を、マダガスカル政府ではなく自分自身に与えようとした。何年も権力を握っている間に、彼の腐敗ぶりは、ますますひどくなるように見えた。

やがて、それが失脚につながった。２００９年、ラジオ・ディスクジョッキーから新進の政治家に転じた人物が、ラヴァルマナナ大統領に対する抗議運動を組織した。この元ＤＪはラジオに出演し、大統領官邸に向かって行進する平和的な抗議者たちをけしかけた。彼らが官邸に着くと、ラヴァルマナナを護衛している兵士たちが発砲した。こうして、流血の騒ぎとなった。何百もの人が撃たれ、何十人も死者が出た。人々は激怒した。街路から血が洗い流されてからほどなく、ラヴァルマナナはクーデターで倒され、軍が彼に取って代わり、例の元ＤＪを権力の座に就けた。[18]

ひょっとしたら、一般常識は正しいのかもしれない。権力は現に腐敗する、というわけだ。ラヴァルマナナは5歳だったとき、クレソンからヨーグルトへと1段上がることだけを夢見ていた。彼の商売は、規則を守って行うものだった。彼は、暴力は使わなかった。自分よりも他人のことを大切にした。島の支配権を握ったせいで、どうやら人が変わってしまったようだ。彼は悪質になった。だが、それは本人のせいではなかったのかもしれない。元ＤＪの大統領も最終的には、彼が取って代わった乳製品業界の大物よりもいっそう腐敗することになるかもしれない。もし、あなたか私が突然、腐敗で悪名高い島の大統領に就任させられたら、やはり腐敗する可能性がある。それは、たんに時間の問題なのだろう。

それでも、その一般常識が完全に間違っていたこともある。もし、権力のせいで私たちが良くも悪くもならなかったとしたらどうなのか？　権力はただ、特定の種類の人を引き寄せるだけで、彼らはまさに、権力を握るべきではない人だとしたら？　ことによると、最も権力を欲しがる人は、権力を握るのが最もふさわしくない可能性がある。権力を渇望する人は、腐敗しやすいのかもしれない。

一度でも通俗心理学の本を読んだり、刑務所のドキュメンタリーを観たりしたことがあるなら、権力が現に腐敗することを示すように見える、悪名高い研究の話をおそらく知っているだろう。ただし、1つだけ問題がある。あなたがその研究について知っていると思っていることは、すべて間違っているのだ。

スタンフォード監獄実験が明らかにしたこと

1971年の晩夏、スタンフォード大学の研究者フィリップ・ジンバルドーは、心理学科の地下に偽の監獄を作った。そして、18人の学生を参加者として募り、社会的な役割が正常な人間の行動を跡形もないほど変えうるかどうかを見極めることを目指す、似非《えせ》科学実験を行った。彼の仮説は単純で、人間の行動は驚くほどカメレオンに似ている、というものだった。つまり私たちは、担っている役割、あるいは着ている制服にふさわしい行動を取る、ということだ。

この仮説が正しいかどうかを試すため、ジンバルドーは参加を志願した学生のうちの9人をランダムに選んで「看守」役にした。残る9人が「囚人」になった。彼らは1日15ドルをもらい、2週間にわたって、真に迫った監獄のロールプレイを行った。そして、今や悪評まみれの出来事が起こった。看守たちはほとんど即時に、囚人たちを虐待しはじめた。彼らは消火器で囚人たちに襲い掛かった。囚人たちのマットレスを奪い、コンクリートの床で寝ることを強制した。誰が支配者かを思い知らせるために、彼らの服を剝ぎ取った。権力のせいで、看守役たちはろくでもない人間になったように見えた。

すっかり主導権を奪われた囚人たちは、自尊心のある外向的な大学生から、まるでその抜け殻のような、内向きで服従的な人間に変わった。[19] こんな痛ましい瞬間もあった。すでに仲間の大学生たちに虐待的だった1人の看守が、囚人たちを並ばせて屈辱を与えたのだ。

「今後、お前たちは命じられたときに仕事をする」

「ありがとうございます、刑務官殿」と囚人たちは応じた。

「もう一度言え」

「ありがとうございます、刑務官殿」
「『あなたに天の恵みがありますように、刑務官殿』と言え」
「あなたに天の恵みがありますように、刑務官殿」

この実験は2週間続くはずだった。だが、ジンバルドーのガールフレンドが偽の監獄を訪れて、その様子を目にし、ゾッとした。そして、彼を説得して6日で実験をやめさせた。結果が発表されると、世間に衝撃が走った。いくつもドキュメンタリーが制作された。本も書かれた。証拠は明白に思えた。私たち全員の中に悪魔が潜んでいる。権力は、その悪魔に出てこさせるだけだ。

だが、そこには落とし穴があった。このスタンフォード監獄実験の一見単純明快な筋書きは、心理学の世界の一般常識になったが、見た目ほど明確ではなかった。虐待的だったのは、看守の一部だけだった。虐待的な看守に倣わず、囚人の学生に敬意を持って接した看守も数人いたのだ。だから、たとえ権力は実際に腐敗するとしても、なかには腐敗しにくい人がいるのだろうか?

そのうえ今では、囚人と看守の数人は、演技をしていただけだ、と言っている。[20]彼らは、研究者たちが作り事を目にしたがっていると思ったので、役を演じただけだという。最近、実験の準備段階の音声録音が発見され、看守たちは自発的に意地悪になったのではなく、囚人に対して無慈悲に振る舞うように指導されたのではないかという疑惑が出てきた。[21]というわけで、実状は私たちが思い込まされていたよりも少しばかり曖昧なようだ。だが、たとえこのような但し書きつきであったとしても、この実験は痛ましい。ごく普通の人が、特定の状況に置かれると残酷になり、堕落しうるのだ。私たちはみな、いったん他者を支配できるようになったら仮面が剝がれ落ちる、サディストにすぎないのか?

ありがたいことに、答えは、おそらく違う、だ。ジンバルドーの結論は、この研究の肝心な一面を考慮に入れていなかった。それは、参加者がどのように集められたか、だ。囚人役と看守役を見つけるために、研究者たちは次のような広告を地元紙に載せた。

監獄生活の心理学研究のため、男子学生を募集中。日当15ドル。期間は1～2週間。8月14日開始。詳細と応募は、以下に連絡を。

2007年、ウェスタン・ケンタッキー大学の研究者たちが、この広告についての、小さな、見たところ取るに足りない点に注目した。[22] そして、そのせいでこの研究が図らずも歪《ゆが》められてしまったのではないか、と考えた。それを確かめるために、彼らはその広告を複製した。ただし、金額だけは15ドルから70ドルに変えた（1970年代以降のインフレに合わせた調整）。それ以外、新しい広告は1字1句、元の広告と同じだった。それから、新しい広告も作った。複製とほぼそっくりだったが、1つだけ決定的な違いがあった。「監獄生活の心理学研究のため」という言葉を、「心理学研究のため」という言葉に置き換えたのだ。彼らは大学があるいくつかの町で、「監獄生活」という文言の入った広告を出した。別のいくつかの大学町では、「心理学研究のため」という広告を出した。監獄実験の志願者のグループと、一般的な心理学研究の志願者のグループを編成することが狙いだった。応募した学生の間に、何か違いが出るだろうか？

募集期間が終わると、研究者たちは参加志望者たちを呼んで、心理適性検査と徹底した性格評価を行った。すると、途方もないことが判明した。監獄実験の広告に応募した学生たちは、一般的な研究に応募した学生と比べて、「攻撃性、権威主義、マキャヴェリズム、ナルシシズム、社会的支配」の尺度で著しく得点が高く、「共感性と利他主義」の得点が「著しく低かった」[23]。「監獄」という言葉を広告に入れただけで、不釣り合いなまでにサディスティックな学生たちが集まったのだった。

この発見は、スタンフォード監獄実験の結論を覆し、権力についての私たちの理解を根本から変えかねない。この実験は、権力の座に就かされた普通の人がサディスティックになることを実証する代わりに、サディスティックな人が権力を追求することを実証している可能性がある。私たちはこれまで、あべこべに捉えていたのかもしれない。権力は、善人を悪人にする力ではなく、むしろ、悪人を引き寄せる、ただの磁石のようなものかもしれない。そう考えるなら、権力は人を腐敗させるのではなく、引き寄せることになる。

だが、まだ謎が残っている。たとえ、権力を持つのにふさわしくない人間が権力に引きつけられるとしても、彼らはなぜ、じつにたやすく権力を手に入れるように見えるのか？　なにしろ現代社会では、かなり多くの支配力は、奪取するのではなく、与えられるのだから。ＣＥＯたちは、中間管理職どうしの剣闘士のような死闘を勝ち上がって役員室にたどり着くわけではない。少なくとも民主国家では、卑怯《ひきょう》で腐敗した政治家も、実権を握るには、普通の人々の支援を勝ち取る必要がある。スタンフォード監獄実験について最近明らかになった事柄からは、悪人が権力に引きつけられる可能性が浮かび上がった。だが、私たち人間は、間違った理由から間違った人に権力を与えることにも引かれるとしたらどうだろう？

私たちは顔だけで指導者を選んでいる？

２００８年にスイスの研究者たちが、実験を行ってこの仮説を検証した。[24] 彼らは、５〜13歳の地元の子どもを６８１人集めた。そして、コンピューターのシミュレーションをするように求めた。そのシミュレーションでは、これから航海に旅立つ船について、決定を下さなければならなかった。子どもたちはそれぞれ、画面に表示された２つの顔に基づいて、自分のデジタルの船の船長を選ぶ必要があった。他には何の情報も与えられなかった。こうして、子どもたちがやむをえず選ばなければならない設定になっていた。どんな顔の人が、良い船長に見えるか？　想像上の船にとって、誰が有能な指導者になりそうに見えるだろうか？

子どもたちは知らなかったが、船長候補の２人は、ただランダムに選んだわけではなかった。じつは、フランスの国民議会選挙で争ったばかりの政治家たちだった。顔の組み合わせは、ランダムに子どもたちに割り当てたが、どれも１人は当選者、もう１人は次点の候補となっていた。研究の結果は、驚くべきものだった。全体の71％で子どもたちは選挙に当選した候補者を船長に選んだのだ。同じ実験を大人を相手にやってみると、ほぼそっくりの結果が出たので、研究者たちは再び仰天する羽目になった。[25] この結果は、２つの点で注目に値する。第１に、子どもたちでさえ、顔だけを手掛かりに、選挙の当選者を正確に見分けられること。そこからは、私たちの評価がどれほど表面的かが歴然とする。そして第２に、権力を握らせる人を選ぶにあたっては、子どもも大人も、認知処理の仕方が根本的に違うわけではないこと。これは、人を「額面どおりに」受け止めるという言葉に、新たな意味を与えてくれた〔訳注原文で「額面どおりに」に当たる語句は「at face value」で、「face」には「顔」という意味もある」。指導者を選出する私たちの能力には欠陥があることを示すさらなる証拠として、他のいくつかの研究が示しているように、グループ討論でより攻撃的あるいはぶしつけな人は、より協力的あるいは控え目な人よりも、権力があり、指導者らしいと認識される。

いやはや、早くも話がややこしくなってきた。権力は、善人を腐敗させうる。だが、権力は悪人を引き寄せもするのかもしれない。そして、私たち人間はどういうわけか、不適当な理由から不適当な指導者に引きつけられるのかもしれない。

劣悪な制度が腐敗した権力者を生むのか？

あいにく、このややこしい話はほんの手始めにすぎない。他にもまだ考えるべき可能性があるのだ。権力の座にある人が悪事を働くのは、そもそも彼らが悪人だからではなく、権力を握ってから邪《よこしま》になったからでもなく、劣悪な制度にはまり込んでしまったからだったとしたらどうだろう？　そう考えると、おおいに合点がいく。なにしろ、規則に従って行動していれば、たとえばノルウェーでは昇進するかもしれないけれど、ウズベキスタンでは永遠に権力が得られないことは請け合いなのだから。権限のある地位に就いている人のうちには、真に素晴らしい人もいて、他者のために尽くし、利己的に振る舞ったりはしない。したがって、権力の魅力と、権力を握ることの影響とは、状況次第なのだ。ありがたいことに、状況も制度も変えることができる。そこで朗報がある。私たちは、指導者がコルネリスのように虐待的であるのが必然の世界に生きることを運命づけられてはいないのかもしれない。この世界は、正すことができるのかもしれない。

インドのベンガルール（旧称バンガロール）で行われたある調査が、そのような楽観的な見方を裏づける証拠を提供してくれる。[26]その調査を実施した研究者たちは、公共部門で贈収賄が日常茶飯事であるような場所では、どのような人が公務員のキャリアに引きつけられるかが知りたかった。インドの行政職は、絶好の試験場を提供してくれた。腐敗がはびこっていることで悪名が高いからだ。ベンガルールで役人になれば、帳簿に記載されないような報酬を家に持ち帰る機会が得られることは、誰もが知っている。２人の経済学者が企画した実験では、何百人もの大学生に、標準的なサイコロを42回振って、結果を記録するように求めた。どんなサイコロもそうなのだが、どの目が出るかはまったく運次第だった。ただし、サイコロを振る前に、運良く大きい目が出れば多く報酬をもらえる、と学生たちに告げておいた。４や５や６の目が出れば、より多くの現金が手に入る、と。

だが、結果は自己申告なので、学生たちは出た目について嘘をつくことができた。そして、多くの学生が現に嘘をついた。全体の25％で６の目が記録され、１の目はたった10％でしか記録されなかった。そのような偏った結果が偶然には起こりえないことは、統計的に考えて研究者には明らかだった。なかには呆れるほど厚かましい学生も数人いて、なんと42回続けて６が出た、と主張した。だが、別の興味深い事実をデータが示していた。実験で不正を働いた学生と、結果を正直に報告した学生とでは、志望するキャリアに違いがあった。大きい目が出たという虚偽の自己申告をしていた学生は、平均的な学生よりも、インドの腐敗した行政職に就くことを志望する割合がはるかに高かったのだ。

行政職が清廉で透明なデンマークで別の研究者のチームが同様の実験をすると、結果は逆だった。[27]出た目を正直に自己申告した学生のほうが、公務員を志望する割合がはるかに高く、嘘をついたのは、とんでもない大金持ちになれそうな他の職種を志望する学生たちだった。腐敗した制度が腐敗した学生を引き寄せ、公正な制度は公正な学生を引きつけたのだった。ひょっとすると、権力が人を変えるのではなく、これは環境の問題なのかもしれない。善良な制度は、倫理的な人が権力を求めるという好循環を生み出しうるのに対して、劣悪な制度は、平気で嘘をつき、不正を働き、盗みをし、ついには頂点に立つような人間の悪循環を生み出す可能性がある。もしそうであれば、私たちは権力のある人に注目するのではなく、破綻した制度の修復に的を絞るべきだ。

権力に関する4つの仮説

以上、腹立たしいまでに込み入った難問に対する、4つの解答の候補が残った。第1の候補は、権力を握ると人は悪質になる——つまり、権力は腐敗する、というものだ。クレソンがヨーグルト帝国に発展すると、人は知らないうちに選挙を不正操作し、自分のものではないお金で飛行機を買うようになる。第2の候補は、権力が腐敗するのではなく、より悪質な人が権力に引きつけられる——つまり、権力は腐敗しやすい人を引き寄せる、というものだ。精神病質の元薬剤師は、不運な船の階級制を上り詰めずにはいられず、サディストたちは、看守の制服を身につけて囚人を警棒で殴りつけずにはいられない。第3の候補は、問題は権力を握っている人や権力を追い求める人にあるのではなく、私たちが不適当な理由から不適当なリーダーに引き寄せられ、そのため、彼らに権力を与える傾向にある、というものだ。私たちの船長（想像上の船の船長だけではない）は、不合理な理由から選ばれる。彼らのせいで船が岩礁に乗り上げたら、私たちは自分を責めるしかない。第4の候補は、すべては制度次第なので、権力の座にある人間に注目するのは間違っている、というものだ。適切な状況を生み出せば、権力は腐敗せず、浄化する。

これらの仮説は、誰が権力を手にし、その権力が人をどのように変えるのかという、人間社会にまつわる根本的な2つの疑問に対する説明の候補だ。本書は、この2つの疑問の答えを提供する。

第2章　権力の進化史

私たちは何者なのか？　人間か？　それとも動物か？　あるいは野蛮人か？

――ウィリアム・ゴールディング『蝿の王』より

チンパンジーの権力闘争

誰が権力を追い求め、誰が権力を手にし、権力は人を変えるか、という疑問に取り掛かる前に、まず少しばかりズームアウトしなくてはならない。1つ、より根本的な疑問があるのだ。私たち人間はなぜ、ひと握りの人に権力を持たせ、大多数の人に権力を持たせないような社会を築くのか？

2つの無人島での難破の話に戻ろう。悲運のバタヴィア号と、アタ島に漂着したトンガの少年たちの話を並べてみると、人間の本性にまつわる謎が浮かび上がるだけではない。私たちがめったに考えないような疑問も提起される。なぜ階級制は存在するのか？　階級や地位はあまりに日常的な経験なので、私たちはそれらがない状態をじっくり想像してみることはまったくない。だが、人と人との関係が、上司や将軍、監督、大統領を頂点とする一連のトップダウンの体制ではなく、主に平らで対等だったとしたらどうなるのか？　たしかにそれは、中間層のリベラルアーツの大学で、無政府主義・マルクス主義の集団が熱に浮かされて見る夢のように聞こえる。だが、歴史を十分昔まで振り返れば、階級制のない、一見するとユートピアのようなその世界こそまさに、私たちの種《しゅ》がこの惑星に現れて以来、ほとんどの時間、多くの人間にとっての現実だったことがわかる。私たちの現状を理解するためには、過去へと旅する必要がある。

もし45億〜35億年前までさかのぼり、祖先を訪ねて親族会を開きたければ、深海に潜って熱水噴出孔を見つけなければならないだろう。地球の地殻から流れ出てくるマグマで猛烈に熱せられた水の中で、あなたは、自分の祖先であるばかりか、現在この惑星で生きているあらゆるものの祖先でもある単細胞生物と親密になることができる。その生物は、「ＬＵＣＡ」という（「ＬＵＣＡ」とは、「Last Universal Common Ancestor（最終普遍共通祖先）」の略称）[1]。したがって、私たちはこの祖先を、あらゆる鳥、あらゆるウニ、あらゆる粘菌と共有している。ＬＵＣＡを通して、地球上のあらゆる生命がつながっている。だがＬＵＣＡは、私たち自身については、ろくに語ってくれない。

そこから数十億年、時間を早送りすると、もう少し発音が難しい、人類の毛むくじゃらの祖先に出会うことができる。「ＣＨＬＣＡ」だ（「ＣＨＬＣＡ」とは、「Chimpanzee-Human Last Common Ancestor（チンパンジー＝ヒト最終共通祖先）」の略称）[2]。ＣＨＬＣＡは、ＬＵＣＡよりも間違いなく見分けやすい。ＣＨＬＣＡは、私たちの祖先がチンパンジーの祖先と区別できなかった最後の瞬間の姿を示している。ホミニド（ヒト科の動物）の進化の系統樹では、テナガザルが真っ先に分かれ、次にオランウータンが、続いてゴリラが分かれ、最後に私たちが、１３００万～４００万年前のどこかの時点でチンパンジーと分かれた。

私たちは、何百万年もの進化の後でさえ、チンパンジーとは近縁のままだ。現生人類は、ＤＮＡの98・８％をチンパンジーと共有している（ただし、私たちは自分のＤＮＡの80％を犬と、50％をバナナと共有していることを知ると、この98・８％という数字も少しばかり驚きが薄れる）[3]。それを踏まえてもなお、チンパンジーに人間性の表れが見て取れるように思えるのには理由がある。チンパンジーが遊んでいるところや、幼いチンパンジーの世話をしているところを眺めたり、彼らが支配や服従の態度を示しているところを目にしたりすると、私たちはどうしても自分の姿を重ねてしまう。多くの点で、彼らは私たちに似ている。

これらの類似点からは、魅惑的なまでに単純な仮説が導かれる。人間が権力や地位や階級制にどうかかわるかを理解したければ、チンパンジーを見てみるだけでいいかもしれないように思えるのだ。もしチンパンジーが私たちに最も近い動物の近縁種ならば、彼らを理解することによって、自分自身も理解できるかもしれない。その一方で、もしチンパンジーが弱肉強食というジャングルの掟に従い、最も大きく、身体的に最も強いチンパンジーが支配し、最も小さく、身体的に最も弱いチンパンジーが支配されているのだとすれば、私たちは問題を抱え込むことになる。そのモデルでは、人間社会の実状をろくに説明できないからだ。たとえば、ドイツのアンゲラ・メルケル前首相のことを考えてほしい。

何十年も前、フランス・ドゥ・ヴァールというオランダ出身の霊長類学者は、チンパンジーの社会構造がそれまで知られていたよりもはるかに複雑であることに気づいた。権力を握るためには、チンパンジーはたしかに大きくて身体的に強い必要がある。だが、最も大きいチンパンジーが必ず最も権力のあるチンパンジーになるという保証はなかった。むしろ、リーダー志望者は同盟関係を築き、キングメーカーの機嫌を取り、食べ物を分配しなければならなかった。そして、首尾良くアルファオス（最上位のオス）の座に上り詰めても、安泰ではなかった。その地位の簒奪《さんだつ》をもくろむ者たちが、自らの連合を形成して彼を倒すことができるように、絶えず隙を窺《うかが》っているからだ。チンパンジーの階級制のダイナミックに変化する関係はあまりに複雑なので、ドゥ・ヴァールは彼らの相互作用を明らかに政治的なものと見なしはじめた。そして、1982年に『チンパンジーの政治学』という独創的な作品を書いた。[4]

その本は、議論の的となった。人間特有のものだと思われていた意図性や戦略的な社会計画が、動物にもあるとしたからだ。チンパンジーたちは、陰謀を企てたり、悪巧みをしたり、結託したりした。弱いチンパンジーは盟約を結んで、強いチンパンジーの権力を帳消しにすることができた。賢いチンパンジーは、ライバルたちを出し抜くことができた。ドゥ・ヴァールは、チンパンジーのクーデターさえ記述している。そのクーデターは、何日もかけてもくろまれていたが、一瞬のうちに的確に実行された。ドゥ・ヴァールがどのチンパンジーのグループを観察しても、必ず地位の問題が見られた。そして、その地位は、一部のチンパンジーが他のチンパンジーたちに対する権力を容赦なく追い求めることで定まった。階級制の確立は避けられなかった。バタヴィア号の場合と同じで、チンパンジーたちは常に自分の階級を心得ていた。

「チンパンジーは——メスも含めてすべてのチンパンジーですが——権力に夢中です」とドゥ・ヴァールは私に語った。[5]「チンパンジーを向こうに回したら、相手は必ずこちらを支配しよう、威圧しようとします。こちらの反応を見るために。ひっきりなしに、こちらを試してきます。いつでも、こちらと比べて自分がどういう立場にあるかを知りたがります。そして、何か弱点を察知すると、圧力をかけて優位に立とうとします」

だが、権力がチンパンジーの行動に影響を与えていることは確かでも、彼らは権力のことだけを考えているわけではない。一部の人間とちょうど同じように、チンパンジーのなかにも抗《あらが》い難いほど権力に引きつけられる者がいる。支配しようと試しはするが、けっきょく下位に立つことを厭《いと》わない者もいる。「トップの座はとても危険なので、そこにたどり着きたいという欲求は、どのチンパンジーにもあるわけではありません」とドゥ・ヴァールは言った。「たとえば、とても体の大きいオスが、ナンバー・スリーのポジションで満足していることもあります[6]」。このような複雑な状況は、私たちにも馴染みがあるように思える。権力を追い求める人もいれば、権力を敬遠して、道を譲り、他者を先頭に立たせる人もいる。権力を追い求めたり、手に入れたり、振るったりすることに関して、チンパンジーと人間が驚くほど似ているという説を支持する証拠が、これで1つ見つかったわけだ。

ある意味で、これは穏やかならない話だ。なにしろ、ほとんどのチンパンジーは、他のチンパンジーを支配することを、少なくとも試みようとする欲求を免れないように見えるのだから。１９６４年に行われたある調査では、生まれたときに隔離され、社会構造の外で育てられたチンパンジーたちが、依然として社会的優位性の誇示行動と見なされるような振る舞いを見せた[7]。階級制と権力と支配は、チンパンジーの本質的な特徴らしい。ヒトはチンパンジーとＤＮＡのあれほど多くを共有しているのだから、私たちも否応なく同じ執着を持たされているのだろうか？

ヒトとチンパンジーを隔てるもの

必ずしもそうではない。ヒトとチンパンジーとは遺伝的に98・8％同じではあるものの、両者を隔てる1・2％のDNAは、重大な違いに満ちあふれている。私たちを人間たらしめている何十億もの「A」と「C」と「G」と「T」のうち〔訳注 「A」は「アデニン」、「C」は「シトシン」、「G」は「グアニン」、「T」は「チミン」の略で、DNAを構成する4種類の塩基〕、1500万ほどがチンパンジーのものとは配列が異なる。その違いの多くは無意味な転写エラーであり、私たちの生物学的特性に対して、識別できるような影響は何も及ぼさない。それは、DNAの塩基対のすべてが対等であるわけではないからだ。なかにはきわめて重要なものもあり、たとえば、私たちが確実に2本の腕を持ち、その腕が頭から生えずに上半身につながっているようにするための、設計図を提供している。一方、何の役割も担っていない、いわゆる「ジャンクDNA」もある。

2000年代前半に、計算生物学者のキャサリン・S・ポラードは、ヒトをチンパンジーと隔てているこれら1500万の塩基対のうち、どれが重要かを突き止めにかかった。そのために、彼女は単純なロジックに従った。私たちのゲノムには、何百万年もの間に、ヒトとチンパンジーの最終共通祖先のゲノムから大幅に変化した面もあれば、変化しなかった面もある。ゲノムのどの部分が最も大きく変化したか、つまり、両者のどの部分が最も離れているかを見極められれば、私たちを人間たらしめている秘密を解明できる、というのがそのロジックだ。

だが、進化はそう単純ではなかった。些細《ささい》な変化は、ランダムな変異の結果である可能性がきわめて高かった。それらの変異はただのジャンクで、無意味な偶然の産物にすぎなかった。とはいえ、大きな変化は偶然であるはずがない。ランダムな変異よりも速いペースで変化している遺伝暗号はどれも、「選択」されていたのだ。言い換えれば、それらの変化は、ヒトに近い私たちの祖先の生存の可能性を高めていたわけだ。有用なかたちで書き換えられたDNAの小片は、彼らの生存を助けたので、将来の世代に受け継がれる率が高まった。このような見事な方法で、役に立つ遺伝的イノベーションが「加速」した。もし最も「加速」したDNAの小片を見つけられれば、私たちが類人猿の祖先からどのように進化したかを、ポラードは正確に見て取ることができるはずだ。[8]

二〇〇四年一一月、ポラードはコンピューターに向かい、何百万年もさかのぼる遺伝的分岐を特定した。それは、一一八のDNA塩基対であり、それらが組み合わさって、今では「HAR1」と呼ばれるものを形成していた（「HAR」とは「human accelerated region（ヒト加速領域）」の略）[9]。HAR1は、私たちの脳が発達する間、オンになる。もし、HAR1に何か不具合が生じれば、脳は異常を来すことがあり、致命的に損なわれることさえありうる。ポラードは、ヒトとチンパンジーとを分ける重要な塩基対のうちの多くを発見した。

だが、私たちのどこが違うかを知るだけでは十分ではない。私たちがどう違うかも知る必要がある。じつは、チンパンジーとは違って、私たち

行動に関して、私たちはサルや類人猿と何が異なるのか？　私たちには公平性と平等性への生まれつきのこだわりがあることを、意外な手掛かりが示している。それは、私たちが心の奥底ではバタヴィア号の殺人者たちよりもトンガのティーンエイジャーに近いという、かすかな希望を与えてくれる。

3歳児は不正を嫌う

デューク大学の発達心理学の教授マイケル・トマセロは、その希望のきらめきを幼児の目の中に見つけたかもしれない。彼は、単純な調査を企画した。[10] 2歳児と3歳児を2人1組にし、一方を「幸運な」子ども、もう一方を「不運な」子どもに、ランダムに指定した。そして、幸運な子どもには報酬を3つ、不運な子どもには1つ与えた。もし、人間には公平性と平等性の感覚が生まれながらにして備わっているのなら、両者の相違に幼児たちは何か割り切れないものを感じるはずだ。だが、もし私たちが他者に対する優位性にしか関心がなければ、幸運な子どもは大喜びでその幸運を受け容れ、不運な子どものことなど少しも思いやったりしないだろう。

トマセロは3通りの調査を行った。1つ目では、子どもたちが部屋に入っていくと、幸運な子どもは3つの報酬が待ち受けているのに対して、不運な子どもは1つしか報酬がない。2つ目では、2人ともロープを引っ張る。幸運な子どもはやはり報酬を3つ手に入れるが、不運な子どもは1個しか手に入らない。3つ目の設定では、ある課題に子どもたちが協力して平等に取り組むが、けっきょく報酬は3対1のままだ。私たちの本能は分かち合うことを志向しているかどうか、そして、これが決定的なのだが、報酬がどう割り当てられるかは重要かどうかを確かめることが狙いだった。

調査の1つ目の設定では、子どもたちは誰も報酬を分かち合わなかった。2つ目の設定では、分かち合う子どももいた。だが、協力して同じだけ仕事をしたのに不平等な結果につながるという、3つ目の設定では、いちばん興味深い結果が得られた。2歳児は1人も報酬を分かち合わなかった。だが、幸運な3歳児のなんと80％が報酬の1つを不運な相棒に与え、対等の立場になるようにしたのだ。彼らの本能は、公平性志向だった。特に、協力した後はそうだった。幼児たちは、見たところランダムな割り当てには気にしなかったが、彼らが3歳になると、同等の仕事をした後の不公平な割り当てに、明らかに心を乱された。私たちは、おしゃぶりを手放す頃には、不正を嫌うようになりはじめるのだ。

あなたは、ろくでなしたちとでも働いていないかぎり、大人でも同じような結果になると思うだろう。だが、職場の人の間でたいてい見られる分かち合いの衝動は、生まれながらのものではなく、学習したものの可能性もある。社会的な圧力の結果、現れることもありうる。つまるところ、ケーキを独り占めして同僚には1つも残さないといった振る舞いで、職場ののけ者にされるような危険を冒す人など、いるだろうか？　ところが、3歳児の場合には、社会的な汚名はそれほど関係ない。幼児たちが社会正義の戦士さながらになったのは、たんに、親の育て方が良かったおかげ、あるいは何時間となく腰を据えて『セサミストリート』をテレビで観ていたおかげということが、ありうるだろうか？

「これらの子どもたちは、親から学んだ分かち合いのルールに、やみくもに従っていた可能性もあります」とトマセロは述べた。[11]「ところが、もしそうだったなら、彼らは3つの設定のすべてで、相手と報酬を分かち合っていたはずです――ありそうにない話ですが、彼らが教えられたルールが、協同の後でしか資源を分かち合わないというものでないかぎりは。協同という行為が『私たち』という感覚を生じさせ、それに導かれて、子どもたちはパートナーも平等にご褒美を受け取って当然と思った、と考えるほうが妥当です」。トマセロと共同研究者たちは、そのような本能――協力本能――は、何かの理由から人類で進化したのだろうか、と考えはじめた。

だが、協力本能は人間だけのものなのか？　トマセロは、チンパンジーを対象として、同じような調査を行うことにした。実験をしてみると、分かち合いは稀《まれ》だった。肝心なのは、設定によって結果が変わることがまったくなかった点だ。協同は関係なかった。[12]「私たち」という感覚も、公平性の感覚もなかった。チンパンジーは、支配には何のためらいもなかった。

だとすれば、これは人間の権力の進化にまつわる謎となる。私たちは、チンパンジーと共通の祖先から出発した。だが私たちは、現代人に至る道筋のどこかで、いっしょに働いたら同等の褒美で報われるべきだという、強い感覚を発達させた。そして、ただ支配するだけではなく、協力もしたいという、生まれながらの欲望も発達させた。それは、なぜ、どのようにして起こったのか？　それを突き止めるためには、過去の狩猟採集民時代を振り返り、一見すると無関係な疑問に答える必要がある。チンパンジーは、なぜ野球ができないのか？

平等な社会を築くためのクン族のしきたり

アフリカのカラハリ砂漠には、クン族という狩猟採集民の集団が暮らしている。周り中でボツワナやナミビアやアンゴラが複雑な現代国家へと発展していくなか、クン族は有史以前の生活様式を守ってきた。[13]その生活の核心を成す狩猟のしきたりが手掛かりを与えてくれる——私たちがこの地球上で生活するようになってからのほとんどの時間、人間を特徴づけてきた平等主義の衝動を理解する手掛かりを。

クン族の狩人は、集団が生き延びるためには肉を持ち帰らなければならない。狩りには時間がかかる。何の収穫もなく帰ってくることも多い。だが、首尾良く動物を仕留め、村に持ち帰ったときには、褒め称えられることも、喝采を浴びることともない。逆に、儀式的な辱めを受ける。人類学者は、そのしきたりを「肉の侮辱」と呼ぶ[14]。狩人の獲物が、村中の人が1週間食べられるほどだったときでさえ、同じ不平が並べられる。「この骨の山を家まで運ばせるために、私たち全員をはるばるここまで引きずり出したと言うつもりか？　こんなに痩せこけた獲物だと知っていたら、来やしなかったのに[15]」。この奇妙な習慣には目的がある。狩人に身の程を思い知らせることだ。クン族の人々は1970年代後半に、カナダの人類学者リチャード・リーにそのロジックを説明した。「若い男がたくさん動物を仕留めると、自分が首長だとか大物だとか考えるようになります。そして、他の人は自分の召使か目下だと考えます。それは受け容れられません。自慢する人は退けます。そういう人はいつの日か、思い上がって誰かを殺します。だから私たちはいつも、彼が持ち帰った肉は価値がないと言います。そうすれば、彼は頭を冷やし、慇懃《いんぎん》になります[16]」

狩人が強情で、自分が持ち帰った肉に対するこのような辛辣な侮辱によっても謙虚になれないほど厚かましいときには、別の仕組みが働いて、誰も横柄になり過ぎないようにする。クン族の人が狩りをするときには、矢を使う。誰が狩りをしているかとは関係なく、それぞれの鏃《やじり》は、別個の人か家族が所有している。コミュニティのメンバーは、定期的に鏃を交換する。そして、獲物を仕留めると、狩人ではなく、その動物を倒すのに使われた鏃の持ち主の手柄になる[17]。クン族の人は、頻繁に鏃を交換するので、誰に手柄がいくかは、事実上ランダム化される。この独創的な社会工学的手法によって、どの家族も、集団に肉を持ち帰る手柄をほぼ同じように自分のものにできる。この制度のおかげで、腕の良い狩人もリーダーになることはなく、クン族の人の成功も失敗も全員に割り当てられる。私たちの知っているような階級制は存在しない。社会は、意図的に平らにされている。

だからといって、有史以前の人間と現代の狩猟採集民が権力や階級制に無関心だというわけではない。むしろ、進化心理学者のマルク・ファン・フフトが私に説明してくれたように、「これらの狩猟採集社会にさえ、他者を支配しようとする人がいないとしたら、それは非常に奇妙です。他者を支配しようとするのは、基本的に、私たち霊長類の遺産の一部なのです」[18]。だが、クン族のコミュニティでは誰かが権力を握ろうとするたびに、仲間外れにされたり、嘲笑《あざわら》われたり、恥をかかされたり、極端な場合には殺されたりした。クン族のしきたりは、私たちには奇妙に思えるかもしれないが、人類の歴史では自然なものだ。彼らではなく私たちこそが、風変わりなのだ。

「肩」が変えた私たちの社会構造

私たちの種ホモ・サピエンスの30万年の歴史をたった1年に圧縮すれば、私たちは元日からクリスマス頃まで、ほとんど、非階級制の平らな社会で暮らしてきたことになる。最後の6日間に階級制が標準になり、複雑な文明がこの惑星の各地に根を張る。そのときにようやく、支配と専制政治が私たちの特徴となった。私たちの現代社会こそが例外なのだ。チンパンジーとの共通祖先のアルファオスは、有史以前の多くの人間社会から消えた。では、彼らはどこに行ったのか?

もし、世界一強力なチンパンジーに野球のユニフォームを着せ、最高の指導をし、毎日ピッチングの練習をさせても、せいぜい時速30キロメートルぐらいのボールしか投げられないだろう。それは、どこにでもいるようなリトルリーグの小柄で弱々しい7歳のピッチャーの球速程度でしかない。まともな12

歳児なら、チンパンジー版のノーラン・ライアンやマリアノ・リベラのような豪速球投手と比べてさえ3倍に当たる時速100キロメートル近い速球でバッターを三振に打ち取れる。私たちの霊長類の祖先は、ストライクを投げるよりも、バッターにボールをぶつけたり、暴投したりする可能性のほうが高かっただろう。だが、それは公平な比較ではない。「人間は、物を信じられないぐらい速く、かつ、とても正確に投げられる唯一の種だ」と、ハーヴァード大学の進化生物学者ニール・トマス・ロウチは書いている。[19] 約200万年前、私たちの祖先のホモ・エレクトスは、少しばかり幸運な進化上の外科手術を肩に受けた。[20] 彼らは突然、恐ろしい速さと精度で物を投げられるようになった。それが私たちの種の進路を劇的に変えた。

40万年前、私たちの祖先の1人が、イチイの木の枝を尖《とが》らせた。さらに、空気抵抗を減らす工夫もした。今や「クラクトン・スピア」として知られる、この労働の成果物は、これまで発見されたうちで最古の加工された木製品だ[21]〔訳注　「クラクトン」は、この遺物が発見されたイギリスの地名。正式な名称はクラクトン・オン・シー。「スピア」は「槍」の意〕。7万〜6万年前、弓矢が考古学的記録に登場する。だが、これらの武器が開発される前から、私たちのホミニドの祖先は、チンパンジーには真似を夢見ることしかできなかったほどの正確さで石を投げられた。私たちは、離れた場所から相手を攻撃できる遠距離武器を使う点で、他の霊長類とは違う。それが私たちの社会構造を一変させた。

遠距離武器のおかげで、殺害のカギは筋力と体格よりも脳と技能になった。権力をめぐる争いでは、投射物によってそれまでの優劣が容赦なく均一化された。より優れた槍を作ったり、その投げ方を練習したりした小柄なホミニドが、自分よりずっと大きく強い相手を、突如として簡単に殺せるようになった。従来、権力と体の大きさとの間にあったつながりが断たれた。巨人戦士ゴリアテたちはもはや無敵ではなかった。遠距離武器を持ったダビデたちは、ゴリアテたちを倒すことができた。

この変化は、現代社会でも依然として見られる。ヴェトナム戦争を例に取ろう。アメリカ軍でも指折りの無慈悲な殺人者が、リチャード・フラハティという名の陸軍特殊部隊員だった。[22] 彼は、銀星章1つと青銅星章2つを授与された。その彼は、身長が147センチメートルで、平均的なアメリカ人女性よりも15センチメートル低かった。だが、適切な飛び道具があれば、歴戦の勇士でなくても人は殺せる。大人である必要さえない。アメリカでは週に一度ほどの割合で、幼児が誤って銃を発射して誰かが撃たれている。[23] そうした事故のうちには、致命的なものもある。一方、赤ん坊のチンパンジーが誤って大人のチンパンジーを殺すなどという話は馬鹿げている。彼らは、力ずくでしか相手を殺すことができない。

したがって、遠距離武器の発達によって、適者生存というときの「適者」の意味が変化した。体の大きさは、もはや以前ほど重要ではなくなった。他のどんな大型類人猿よりも、人間では男女の体の大きさの違いが小さいのは、この変化が主要な理由である、と進化生物学者たちは主張してきた[24]（もし彼らが正しければ、男性は女性よりもたいてい数フィートではなく数インチしか背が高くない一因は、私たちの肩の出来に帰せられることになる〔訳注 1フィートは約30・48センチメートル、1インチは約2・54センチメートル〕）。だが、遠距離武器とそのおかげで実現できた大幅な均一化がもたらした最大の変化は、階級制の平坦化であり、チンパンジーの専制政治から狩猟採集民の協力への移行だった。

それでも、私たちは自らを過度に愛くるしい種だなどと考えるべきではない。人間もチンパンジー同様、権力に引きつけられる。だが、人間がチンパンジーと分岐すると、権力への道も分かれた。権力を手に入れるために身体的な戦いで相手を殺す必要があるときは、自分の集団の支配的なメンバーに挑むのは危険で、致命的にもなりうる。支配力を得るためには、自らを危険にさらさなければならない。そのため、権力を握っている者は、ある程度安心できた。なぜなら、彼らは身体的な戦いでは自分が勝つだろうことを、知っている場合が多かったからだ。彼らのほうが大きくて強かった。だが、遠距離武器が開発されると、リーダー志望者は前より警戒する必要が出てきた。突如、集団でいちばん体格が貧弱なメンバーにさえ脅かされる可能性が生まれたからだ。潜在的なライバルが木立に隠れ、槍を投げつけてきかねない。寝ている間にライバルに弓で矢を射掛けられたり、完全に隙を衝かれて頭に石を投げつけられたりするかもしれない。* 集団の大柄なメンバーが小柄なメンバーを、その意思に反して身体的に支配するのが、急にずっと難しくなった。人間は今や、身体的に強力な者の支配に甘んじる以外の選択肢を獲得したのだ。

人間の集団は平等主義だった

南カリフォルニア大学の人類学者クリストファー・ベームは、その後の人間社会における階級制の平坦化の説明を練り上げ、それが広く受け容れられている。彼はこの現象を指す、「逆順位制」という言葉を造った。ややわかりづらいかもしれないが、発想は単純明快だ。[25] 支配の階級制である「順位制」は、

* ケネディ大統領の暗殺者とされるリー・ハーヴィー・オズワルドがどれだけ背が高いかや、ウェートトレーニングをしていたかどうかを、私たちが知る必要がないのも、このためだ。

急勾配のピラミッド形をしており、最高の権力者が頂点から他の全員に君臨している。逆順位制は平たい線で、少なくとも公式には、誰もがおおむね平等だ。平らな線を変えて急勾配のピラミッドに戻そうとする者は誰もが危険を冒すことになった、とベームは説明した。

そうはいっても、狩猟採集民は階級制が欠如している状態を維持するために、しばしば戦う必要があった。私たちの種では、他者を支配することを好む人が多い。進化の観点からは、それは理に適《かな》っている。少なくともある程度の権力を持っていることが、生存と、さらには生殖の成功と、直結する傾向があったからだ。だが、1人の人間しか指導者になれないように社会ができていたら、権力を欲しがる人のほぼ全員の望みがかなわない。運に恵まれることもたしかにあるだろうが、階級制社会では、どのメンバーも、他の誰かに支配される可能性のほうが圧倒的に高かった。したがって、多くの初期人類は、霊長類のもののような体制を避け、それとは違う暮らし方を工夫し、誰も権力を握れないようにした。権力を手に入れようとする者（ベームはそういう人を「アップスタート（成り上がり者、思い上がった人）」と呼ぶ）は誰もが、集団に支配され、他の全員と同じレベルに引きずり下ろされるのだった。アップスタートは、追放されたり、嫌がらせを受けたり、さらには命を奪われたりすることさえありえた。持ち帰った肉を侮辱したり、鏃を交換したりするクン族のしきたりは、そのようなアップスタートを思いとどまらせるために発達した仕組みの2例にすぎない。ある人類学者が言ったとおり、「誰もが支配しようとするが、支配できないときには平等であることのほうを好む」[26]。支配したいという私たちの本能よりも、誰か他の人に支配されたくないという、より強い欲望のほうが優《まさ》ったのだ。

その結果、圧縮した私たちの種の1年間で言えば元日からクリスマスまでの数十万年にわたって、人間は人類学では「バンド」と呼ばれる小さな生活集団の中で、比較的平等に暮らした、とベームは言う。バンドは数十人から最大で80人程度で形成されていた。バンドは、じっくり話し合ってから物事を決めた。特定の話題に関してことさら技能が優れていたり、知識があったりするリーダーのほうが、他者を説得する能力が高かったかもしれないが、彼らも正式な権限は振るわなかった。

なぜそれがわかるかと言えば、3つの形態の証拠が、不完全ながらあるからだ。第1に、古代の狩猟採集民の埋葬地で考古学的な発掘を行っても、墓どうしの差別化はめったに見つからない。[*27] それがガラッと変わったのが、階級制が標準となり、有力な人物が大きな墓に埋葬されたり、多くの副葬品とともに埋葬されたり、庶民との区別を示す何らかのかたちで埋葬されたりするようになったときだった（ピラミッドを考えるといい）。第2に、バンドのメンバーの間で栄養摂取の大きな違いを示す、考古学的な証拠はめったに見つからない。ヘンリー8世のような太った人物と飢えに苦しむ農民という組み合わせは、まずない。そして第3に、現代まで生き残っている狩猟採集民のバンドは、ほぼ例外なく、このような生き方をしている。首長はおらず、コンセンサス主導の協議で物事を決めるのだ。石器時代の社会のこうした名残は、私たちの集合的な過去を垣間見させてくれる。それは、生活のあらゆる面が社会的階級制の影響を受けている私たちの世界とは大違いだ。

たしかに、非階級制の狩猟採集社会に関する私たちの知識は不完全であり、誇張されていることがあ

＊　いくつか例外はある。たとえば、イタリアのある幼い男の子の亡骸《なきがら》は、装飾を施された地位の象徴の数々といっしょに埋葬されていた。今日のモスクワ近くでは、有史以前の壮麗な埋葬室も見つかっている。

りうる。平等主義仮説には最近、デヴィッド・グレーバーとデヴィッド・ウェングロウが『万物の黎明』で異議を申し立てている。狩猟採集社会に関する私たちの知識は単純過ぎる、と2人は主張し、組織と階級制には、これまで言われてきた以上の多様性があったとしている。人類の進化生物学の専門家マンヴィル・シンは、有史以前の定住型階級制社会が（中国南部やレヴァント地方やスカンディナヴィア南部といった場所に）、いくつか現に存在していたことを示して、一般常識の正当性に、説得力のあるかたちで疑問を呈した。有史以前の社会構造は、現在認められているよりもはるかに多様だった、とシンは主張している。[28] さらに、栄養摂取についての証拠は紛らわしいのではないかとか、「平等主義」が本当に平等（特に性別に関して）を意味していたのかとか問う専門家もいる。[29] だが、人類史の大半では今日よりも、正式で複雑な階級制ははるかに稀だったという、説得力ある証拠が存在する。一見すると、横柄なボスや無能な政治家のいない世界は、とても魅力的に思える。それでは、石器時代を復活させる時が来たのだろうか？

有史以前の社会の「厄介者」

いや、勘違いしてはならない。それらの社会は、間違ってもユートピアではなかった。赤ん坊の4人に1人以上が、1歳の誕生日を迎える前に亡くなった。子どもたちの半数近くは、思春期まで生きられなかった。有史以前にアップスタートや権力に飢えた虐待者が現れたら、しばしば争いや悲劇が後に続いた。アップスタートには、村八分にすることで対処できる場合もあった（もし、あなたの世界全体が80人から成り、それ以外に味方になってくれる人がまったくいなければ、社会的汚名は強力な武器になる。中学や高校の排他的なグループのようなもので、いわば、有史以前の『ミーン・ガールズ』の過激版だった）。狩猟採集民のバンドでは、村八分は、少なくとも一時的には、社会的死を意味した。[30]だが、それほど強力な歯止めがあっても、やはり人々は社会の掟を破った。そんなとき、駆け込む警察署もなければ、有罪か無罪かの判決を下す裁判官もいなかった。それは、いわば開拓時代のアメリカ西部の古代バージョンだが、無法の程度がはるかにはなはだしかった。紛争の解決手段として、殺人がしばしば行われた。『ネイチャー』誌に最近発表されたスペインの研究者の調査によると、狩猟採集社会でのすべての死の約2％は、殺人が原因だったという。[31]これは、大型類人猿の間での、霊長類による霊長類の殺害の割合とほぼ同じだ（ヒトを擁護するために言うと、私たちは動物界で最悪中の最悪ではない。同一の種の中での殺害率は、チーターが8％、オオカミが12％、アシカが15％であり、見たところ愛らしいマダガスカルのキツネザルでは最高17％に達する[32]）。

だが、やたらと殺人をするこれらの有史以前のバンドでは、誰が厄介者だったのか？　現代の狩猟採集社会の調査からわかっているのだが、権力に飢えたアップスタートの人口統計プロフィールは、けっしてランダムではない。「問題を起こすのは男性でした」とベームは説明した。[33]「集団のリーダーやシャーマン、熟達した狩人、殺人を犯す精神障害者、あるいは、並外れた権力を持つ男性や政治的野心を抱く傾向の強い男性です」。人類とは、これほど不思議で複雑であり、どちらかと言えばトンガの漂着者のように暮らしていたときでさえ、依然として社会の中にはバタヴィア号の要素が潜在しており、解き放たれるのを待っていたのだ。

私たちは、この階級制の不在が永続しなかったことを知っている。周りを見回してほしい。私たちの暮らしは、地位と権力を特徴としている。繊細な立ち回りが必要とされる社内政治や、ステータスシンボルとなる豪華なハンドバッグから、人種的少数派に対する警察の虐待や男女不平等といった、雑草のようにしぶとくはびこり続けるものまで、その表れはいくらでもある。バタヴィア号の乗員たちが自分の階級を承知していたのとちょうど同じで、私たちは現代社会で自分がどんな立場にあるかを、常に意識させられる。では、何が変わったのか？　平らな原始社会だらけだったのが、世界史上最も複雑な階級制が見られる社会へと、私たちはどのようにして至ったのだろう？

個体だけでなく集団の質も生き残りを左右する

今から1万1０００～5０００年前に、すべてが変わった。バンドは、部族、首長制社会、国家の古代版にほとんど取って代わられた。現に存在していた階級制社会は、さらに階級制が強まった。私たちの世界は、もう平らではなくなった。権力が猛烈な勢いで復活した。いったい何が起こったのか？

眼鏡をかけ、顎鬚《あごひげ》を生やした、あるロシア人亡命者が、それを突き止めることにした。ピーター・ターチンは、はなはだしい階級制に対する理屈抜きの嫌悪感を幼い頃から抱くようになった。父親のヴァレンティン・ターチンは、ソヴィエト連邦における人工知能（ＡＩ）研究の先駆者だった[34]。だがヴァレンティンは、ソ連の人権侵害を非難したときに言葉が過ぎ、上司たちの不興を買った。彼は反体制派となり、アメリカに脱出し、そのときに20歳だった息子のピーターも伴った。数十年後、ピーター・ターチンはコネティカット州立大学の教授となった。屈指の頭脳を持った人物のなかには、おそらくあなたが耳にしたことのない人もいるだろうが、彼もその1人だ。目覚めている間中、壮大な理論や仮説の数々について思いを巡らせている教授というイメージが、ピッタリ合う。いかにも教授らしい眼鏡をかけ、頭は鬚とお揃いの白髪交じりで、スーツにネクタイという恰好よりもポロシャツ姿のほうが気楽なようだ。相変わらずロシア語訛《なま》りの残る、優雅な学者然とした英語を話す。新たに自分の信奉者――といっても、何かの主義主張ではなく、自分の世界観の信奉者――になりそうな人を前にすると、熱を込めて両手を動かしながら、自分の壮大で包括的な考えを次々に語る。

ターチンは、2つの疑問に夢中になっている。1つは、社会はどのように進化したせいで、異様なまでの不平等と拙劣な統治を生み出したのか、だ。そしてもう1つは、そのような歴史の謎に、数学とデータを駆使して答えを出せるか、だ。この2つの疑問に取り組むために、彼は新たな分野を切り拓き、「クリオダイナミクス（歴史動力学）」と名づけた。ギリシア神話で歴史を司る女神クリオ（クレイオ）と、変化の研究であるダイナミクス（動力学）にちなんだ命名だ。彼はこの斬新なアプローチを使い、人間社会における階級制の起源の秘密を解明しにかかった。

彼の思考の核を成すのが、「マルチレベル選択」の概念だ。複雑な概念だが、ターチンの著書『超社会（*Ultrasociety*）』から単純な例を引いて説明することができる。ダーウィンの自然選択の最も基本的な部分から始めよう。個体のレベルで、その個体が生き残って子孫を残すのを助けるような形質があれば、それは次の世代に受け継がれる可能性が高い。あなたがそのような形質を持っていれば、あなたの子どももそうした形質を持ち、それを彼ら自身の子どもに伝えるだろう。その形質は「選択」されたわけだ。逆に、個体が死に、したがって子孫を残しそこねる可能性を高めるような形質は、やがて遺伝子プールから淘汰される。

今度は、このようなダイナミクスが、戦士たちにどのような影響を与えるかを考えてみよう。戦士を戦い上手にするような形質は、彼らが死ぬ可能性も高める。優秀な戦士たちは、命取りとなるような戦いに喜んで身を投じる。彼らの多くがそうした戦いで命を落とすので、遺伝子プールから自らを排除する結果になる。逃げ出すような臆病者たちは死なない。だとすれば、戦いでの勇敢さは、間違っても選択されないはずだ。なぜなら、そのような勇敢さのせいで、生き延びて多くの子孫を残す可能性が低くなるからだ。それなのになぜ、幸いにも私たちは依然として勇敢な人に事欠かないのか？

一見すると矛盾しているこの状況は、個人のレベルではなく集団のレベルで説明がつく。もし勇敢な戦士だらけの軍隊があって、臆病な戦士だらけの軍隊と戦場でまみえたら、ピーター・ターチンのような天才でなくても勝敗の予想はつく。臆病者揃いの軍隊にいる1人の勇敢な兵士は死ぬだろうが、勇敢な兵士たちが協力する軍隊のほうが、生存の可能性が高くなる。そして、その戦争が情け容赦のないものので、敗者が皆殺しにされるとしたら、遺伝子プールから排除されるのは、逃げ出して（ときには親族もろとも）殺される臆病な戦士たちだ。戦争の時代には、臆病者の社会よりも勇敢な戦士だらけの社会のほうが生き残り、多くの子孫を残しやすい。集団が大切なのだ。

当然ながら、現実の世界はもっと複雑だ。個人のレベルでは、勇敢な戦士のほうが戦闘で命を落としやすいとしても、生き延びて戦功を語れれば、性的パートナーを好きなように選べることがある。帰還した英雄は生き延びた臆病者よりも、有史以前のカクテルバーに相当する場所で幸運に恵まれやすかったかもしれない。また、戦場で1つの社会が別の社会を打ち負かしても、両方が生き延び、繁栄を続け、相変わらず同じ遺伝的特質を次の世代へ伝え続けることもありうる。個体のレベルでの選択（本書の例では、個々の戦士が生き延びる見込み）と、集団レベルの傾向（社会全体が生き延びて繁栄する見込み）との間の、この複雑な相互作用こそ、マルチレベル選択が説明しようとする中心的な難問だ。このようなダイナミックに変化する関係を理解するのがきわめて重要なのは、私たちの現代世界が、幾世代にもわたって行われてきた厖大《ぼうだい》な数の小さな社会実験の副産物だからだ。生存に打ってつけの生き方のうちには広まるものがあった一方で、実践する人が地図上から一掃されたせいで途絶える生き方もあった（この概念については、別の考え方もできる。子どもをもうけることは神に禁じられていると信じている社会と、夫婦が子どもを10人持つことが神の御心《みこころ》に適うと信じている社会を想像してほしい。前者は1世代で途絶える。神聖な子作りに夢中の社会は拡大する。このように、形質や信念や社会制度は、どの考え方や慣習や人々が次の世代へと生き延びるかに影響を及ぼす）。

だが、これらいっさいは、階級制の台頭とどのような関係があるのだろうか？

戦争と遠距離武器の拡がり

紀元前500年頃、ギリシアの哲学者ヘラクレイトスは、「戦争は万物の父なり」と言った。彼は大切なことに気づいていた。そして、本書の話は、ターチンの説に導かれて、またしても遠距離武器に戻る。同じぐらい熟練した2つの軍隊を想像してみよう。一方のほうが大きく、1000人の兵士がおり、もう一方には500人の兵士がいる。双方が相手に向かって進軍し、拳か剣で戦ったら、大きいほうの軍隊がおよそ2対1で有利だ。どの兵士もたいてい一度に敵兵1人だけと戦うので、ゆっくりと、だが確実に、小さいほうの軍隊の兵士が尽きていき、いずれ退却を余儀なくされるか、あるいは皆殺しにされる。大きな軍隊が有利なのは間違いないが、絶対勝つと決まっているわけではない。小さいほうの軍隊が倍の敵を打ち破ることも、ときにはある。

さて、今度は両軍が剣士ではなく弓の射手から成るとしよう。状況は一変する。もう、1対1で戦う必要がなくなるからだ。それは複数のボールを使ったドッジボールのようなものであり、2対1という優位性のせいで、一方のチームの単独のプレイヤーが相手チームの2人のプレイヤーから同時に攻撃される状況だ。2人の射手が、同じ敵目掛けて同時に矢を放つことができる。このように、遠距離戦闘は様相が異なるのだ。どんなふうに違うか、見てみよう（本書でここだけは少しばかり計算が必要になるから、我慢してほしい）。

500人の射手から成る軍隊と、1000人の射手から成る軍隊が、それぞれ相手に向かって一斉に矢を放つ。話を単純にするために、矢の30％が命中するとしよう。小さいほうの軍隊は300人の射手が死傷する（1000本の矢の30％は300本）。だが、大きいほうの軍隊は、150人の射手しか矢を受けない（500本の矢の30％は150本）。矢を一度浴びせ合った後は、850人対200人の戦いとなる。2対1の割合が、たちまち4対1以上の違いになった。もう一度矢を放つと、小さいほうの軍隊は全員が死傷する。だが、大きいほうの軍隊には、790人の射手が依然として残っている。

戦場では、いつも黒板での計算のように物事が運ぶとはかぎらない。戦術や地形、不意討ち、武器や兵士の質がすべて、信じ難いほど重要な要因となる。だが肝心なのは、次の点だ。数学的なロジックからわかるように、より大きな軍隊を持つ利点は、白兵戦を行う軍隊よりも、遠距離武器を使う軍隊にとって、はるかに大きくなるのだ[35]（そして、遠距離武器を使う小さな軍隊は、剣と槍を備えたはるかに大きな軍隊にさえ圧勝することがありうる。アジャンクールの戦いでヘンリー5世がそのような勝利を収め、歓喜している）。

だが、以上のいっさいがなぜ重要なのか？　矢と剣にまつわる計算が、職場に上司とその上司とそのまた上司がいる理由を理解することに、なぜ関係があるのか？　それは単純な話だ。戦争の力学は、遠距離武器が広まるにつれ、より多くの兵士を持つ社会にとって劇的に有利になりはじめたからだ。単一の首長の支配下で数百人が結集して軍隊を編制したら、20～80人から成る平等主義のバンドは、とうていかなわなかった。そして、人間がより大きな集団を形成するときには、平らな社会は不可能になる。ある程度の数の人を集めると、階級制と支配が必ず現れる。それは歴史の鉄則なのだ[36]。

痛い目に遭ってようやくそれを学んだ人々もいた。昔ながらの平らな社会に断固としてこだわったバンドは、団結して首長による支配を受け容れた人々に一掃されはじめた。そのうえ、戦場自体でも、兵士たちに対して正式な権力を持つ指導者（将軍）がいるほうが、寄せ集めの兵士がそれぞれ判断を下すよりも、格段に効果的だった。クン族の狩猟のしきたりとは正反対だった。戦争に勝つためには、とりわけ優秀で勇敢な人々を侮辱するのは得策ではなかった。優れた戦士たちを卑しめるのではなく持ち上げる必要があった。

こうした戦場の力学は、戦場だけにとどまらなかった。将軍になった人は、権力の味を占める傾向にある。「権力を持たされた人々――軍事指導者――は、より多くの権力をしだいに我が物にし、自らを首長に祭り上げました」とターチンは言った。[37] バンドは部族になり、部族は首長制社会になった。だが、もしターチンの言うとおり、戦争がこの社会変化の引き金だったのなら、なぜその変化はもっと早く起こらなかったのか？　なぜ人類史のわずかな期間に、突然階級制が台頭したのか？　その答えのカギを握っているのは、武器ではなく食料だ。

農業革命と複雑な社会の誕生

今から1万1000年ほど前、人間は食生活を変えた。第1次農業革命（新石器革命）が起こり、エンドウ豆やヒヨコ豆、レンズ豆、アマなど、いくつかの「先駆作物」が栽培化された。[38] 大麦、イチジク、カラス麦などが、すぐその後に続いた。農業が始まった。それは、人間の栄養摂取にとっては悲惨な結果をもたらした。食料の供給は信頼性が高まったが、人間の食生活は、多様なものから、ごく一部の栄養素しか得られないものへと変化した。農業が始まる前、狩猟採集民の平均身長は、男性が180センチメートル弱、女性が168センチメートル弱だった。それが事実上一夜にして、男性で165センチメートル強、女性で152センチメートル強に縮んだ。今日でさえ、私たちの平均身長は、完全に元へは戻っていない。だが農業革命のせいで、人間は体格が悪くなっただけではなく、不平等な新時代を迎えることにもなった。私たちは、背の低い強欲な一大集団となったのだ。

この唐突な変化については、ジャレド・ダイアモンドが『銃・病原菌・鉄』で広めた考え方が定説になっている。それは、次のような説明だ。農業のおかげで、余剰の食料を手に入れやすくなった。行き渡る食料が増えると、それを溜め込む人が出てきた。そうした余剰のせいで、不平等が可能になった。

また、より大きな人口集団を支えることもできるようになった。なぜなら、エンドウ豆の栽培は、ガゼルを狩っていたときには不可能だったようなかたちで拡大できたからだ。余剰と人口が増えるにつれ、社会はより複雑になり、階級制を強めた。そして、余剰と階級制が、いっそうの争いを招いた。急速に変化する体制の中で、個人も集団も、優位性を確立しようと戦ったからだ。

もっと含みのある説明を提示する人々もいる。農業革命の前から、たとえば漁業を通して、安定した食料の供給を確保できた人々もいることを、マンヴィル・シンは指摘している。また、ロバート・カルネイロは1970年の論文で、「環境制限」と呼ばれる理論を展開した。[39] それは、すっきりした考え方だ。彼は以下のように主張した。農業が興ると、狩猟採集社会ではまったく見られなかったかたちで、土地の支配が重視されるようになった。自分が狩るガゼルたちが、自由気ままに別の場所に移動するときに、1区画の土地を支配することに何の意味があるだろう？　ところが農業社会では、人の生存はその人が占めている耕作地と直結していた。耕作地が広ければ生産能力も高まった。だから、土地を支配することがはるかに重要になった。

だが、そこにはひと捻りあった。たとえば、もしアマゾン盆地に暮らしていたら、肥沃な農地が四方八方に広がっていた。自分の土地から追い出されても、至る所に同じぐらい肥沃な農地があれば、たいしたことはない。それに対して、たとえばペルーの沿岸部に住んでいたら、そうはいかない。海と隣り合わせだからだ。カルネイロの言葉を使えば、アマゾン川流域とは違い、ペルーの土地は「制限」されている。だから、アマゾン川流域で戦争が起これば、負けた集団はあっさり撤退し、別の土地の肥沃な一画で新たに畑を作ればよかった。ところが、ペルーの沿岸部では、他に行く場所がなかった。負けた集団は征服されるのが常だった。征服されれば、殺されるか、あるいは、こちらのほうが可能性が高いのだが、勝った側の社会に取り込まれるのだった。

こうして、制限された地域での戦争によって、より大きな人口集団が形成され、そこから最終的により複雑な社会ができ上がった、とカルネイロは主張した。やがてそれらの社会が、原始国家となった。国と見なせるようなものの最初期のバージョンだ。アマゾン川流域には、今日もなお大勢の狩猟採集民がいる。一方、ペルーの沿岸部には一連の複雑な社会が生まれ、ついにはインカ帝国が成立した。階級制を特徴とする帝国だ。だとすれば、平等主義のバンドからトップダウンの帝国へという人間社会の進化は、地理の偶然の巡り合わせで説明できるのかもしれない。

「戦争と豆《ウォー・アンド・ピーズ》」がもたらした階級社会への移行

では、どちらの説が正しいのか？　階級社会の台頭は戦争が原因だったのか、それとも農業の隆盛が原因だったのか？　私たちの世界はあまりにも複雑なので、単独の統一理論ですべてを説明することはできない。それでも、戦争と農業――「戦争と豆《ウォー・アンド・ピーズ》」――の両方が、大きくて複雑な階級社会を生み出すうえで重要な役割を果たしたということで、ほとんどの学者の意見が一致している〔訳注　「戦争と豆」は「戦争と平和《ウォー・アンド・ピース》」にかけた言葉遊び。「豆（エンドウ豆）」は農業の象徴〕。階級社会への移行は、驚くべき速さで起こった。ターチンのデータによると、数十人から成るバンドという集団は、何十万年も存在していたという。その後、紀元前８０００年頃、数百人の集団が農村を形成した。紀元前５５００年に、数千人から成る単純な首長制社会が出現した。紀元前５０００年までには、複雑首長制として知られる、数万人の集団がそれに続いた。数十万人から成る最初の古代国家は、紀元前３０００年頃に興った。紀元前２５００年までには、数百万の臣民を抱える大国家ができていた。そして、紀元前５００年までには、人口が数千万人に達する巨大帝国が成立していた。[40] 長大な時間の流れの中では、私たちは多くの小さく平たい社会から、不平等と支配を特徴とする巨大な階級制社会へと、ほんの瞬く間に移行したのだった。

そして、あとはご存じのとおりで、そこから歴史が始まった。

階級制が広まるにつれ、権力闘争が激しさを増した。以前なら村八分にされたり、侮辱されたり、殺されたりしていただろうアップスタートたちが、今や真に強力になる見込みが現実に出てきた。権力は争いを生むので、暴力が増えた。狩猟採集社会では2％だった殺人発生率が、人類にとって暗黒の時代（鉄器時代から約５００年前まで）には10％に迫った。[41] だとすると、階級制は一見かなりひどいものに思える。なにしろ、バタヴィア号の階級制は、１人の精神病質者《サイコパス》が他者を支配する力を持っていたからというだけで、１００人以上を殺すのを許したのだから。首長や独裁者の下では、平等主義のバンドの中でよりも多くの人が殺害された。だが、もし階級制が悪いのなら、今日の地球では全人類のわずか０・７％しか殺人で命を落とさないという心強い事実は、どう説明できるのか？　０・７％というのは、私たちの霊長類の祖先に見込まれる率の3分の1ほどでしかない。さらに心強いのだが、日本やノルウェーやドイツといった、この惑星でもとりわけよく統治されている複雑な社会を見ると、別の人間の手にかかって亡くなる国民は、０・05～０・09％しかいない。[42] これは、狩猟採集社会と比べると、40分の1以下だ。現代の国家は、これまで構想され、発展したうちで、最も階級性の強い社会構造を持っている。同時に、最も安全でもある。[*]

そこからは当然、階級制と権力は良くも悪くもないという結論が導かれる。両者は、協力とコミュニティの存続を促進するためにも、人を搾取したり殺したりするためにも使うことができる手段を提供する。ターチンもそれに同意した。「階級制は火のようなものです。食べ物を調理するのにも、人を焼き殺すのにも使えます」[43]。だが、それなしでは、文明の驚異的な成果は1つとして実現しないだろう。ターチンは次のように説明した。「私たちはアリではありません。フェロモンのシステムを持っていません。だから階級制は、大規模な社会で人間が協力したり協調したりできるようにするための、唯一の方法なのです」。そのうえ、階級制は競争も引き起こせるので、イノベーションも生み出すことができる。より実力主義的な社会での地位をめぐる競争は、誰もが対等者の地位にただ満足しているときよりも、はるかに良い結果を生むことがありうる。

トンガの漂着者たちの話には胸が温まる。バタヴィア号の話には胸が痛む。だが、トンガの漂着者たちは、現代社会のためのモデルは提供してくれない。平らな社会は、人間に大きな制約を課す。小さな協力的集団で生きるか、それとも階級制を受け容れるかしか、私たちには選択肢がない。だから、権力と地位はしっかりと定着しているのだ。

それでは、私たちが階級制を手放せない――上司や将軍、大統領、看守を必要とする――のだとしたら、なぜそれらの人のじつに多くが悪辣なのか？　それを突き止めるには、腐敗しやすい人が権力を追い求めがちな理由を解明する必要がある。信じ難いことだが、その謎の答えを握っているのは、第2次世界大戦中の統計学者、人食い皇帝の娘、ハイエナ、アリゾナ州の住宅所有者管理組合の、権力に飢えた、フラミンゴ嫌いの理事長だ。

＊　平等主義の狩猟採集バンドの場合とは違い、現代には、社会的逸脱を思いとどまらせるとともに、そうした逸脱が起こったときには致命的な自警団的正義の必要を取り除くような仕組みを提供する刑事司法制度が存在していることが、その一因となっている。

第3章　権力に引き寄せられる人たち

これはよく知られている事実だが、人々を最も支配したがる者は、まさにそうしたがるゆえに、そうするのにいちばんふさわしくない。……自分を大統領にさせることができる者は誰でも、どうあろうと、その職務を遂行するのを許されるべきではない。

――ダグラス・アダムス『宇宙の果てのレストラン』より

「目に見えない飛行機」を見た統計学者

エイブラハム・ウォールドは生存者だった。１９３０年代後半、彼は自分を、オーストリア経済調査研究所に勤務するルーマニアのクルージュ出身の統計学者というふうに、ありのままに捉えていた。だが、１９３８年にオーストリアに侵入してきたナチスは、ウォールドを別の人間と見た。ラビ（ユダヤ教の指導者）の孫で、ユダヤ教の律法に適ったパンを焼く職人の息子、というふうに[1]。ウォールドは、ヒトラーによる迫害を免れるためにアメリカへ移住した。そして、ついにはコロンビア大学の教授の職を得た。

１９４２年7月1日、コロンビア大学で統計研究グループ（ＳＲＧ）という統計学者の秘密組織が結成された。彼らのオフィスは、マンハッタンのウェスト・ハーレム地区の静かな道路沿いで、モーニングサイド・パークの真向かいにある、目立たない建物だった。そこで、ウォールドを含め、アメリカでも選《え》りすぐりの統計学者18人が、その後3年間働いた。彼らの任務は明確で、第2次世界大戦に勝つのを助けることだった。そして、彼らの武器は銃でも爆弾でもなく、確率だった。彼らは、統計的手法を使って、連合軍の戦闘能力の向上策の候補を見つけるよう求められた。彼らがいなければ、将軍や大統領や首相が見逃してしまうような種類の向上策を。

　軍が次々に問題を彼らのもとに持ち込んだ。すると、数学の達人たちがしばらく知恵を絞り、解決策がまとまる。「私たちが提案をすると、しばしば手が打たれました」とＳＲＧのあるメンバーは、後に回想している。[2] 戦闘機の機関銃の搭載の仕方が変更された。戦時の生産ラインの品質管理検査が厳しくなった。砲弾の信管が微調整され、破壊力の信頼性が高まった。このように、数学は決定的な武器となる場合があった。統計学者たちが行った計算や、解いた方程式のどれもが、味方の命を救うことも奪うこともありえた。

　戦争のその段階では、ヨーロッパ上空での戦闘で連合国の戦闘機と爆撃機が多数撃墜されていた。将軍たちは、損失を減らすために搭乗員の技量を上げる方法は、すでに知っていた。操縦訓練をさらに充実させればいい。だが、飛行機の質を上げるには、彼らはウェスト・ハーレムの専門家たちの助けを借りる必要があることに気づいた。

　彼らがウォールドに与えた問題を、あなたも解けるかどうか、試してみるといい。

　ドイツ上空から戻ってきた飛行機は、弾痕だらけだ。それをしらみ潰しに確認し、敵の銃弾を浴びた

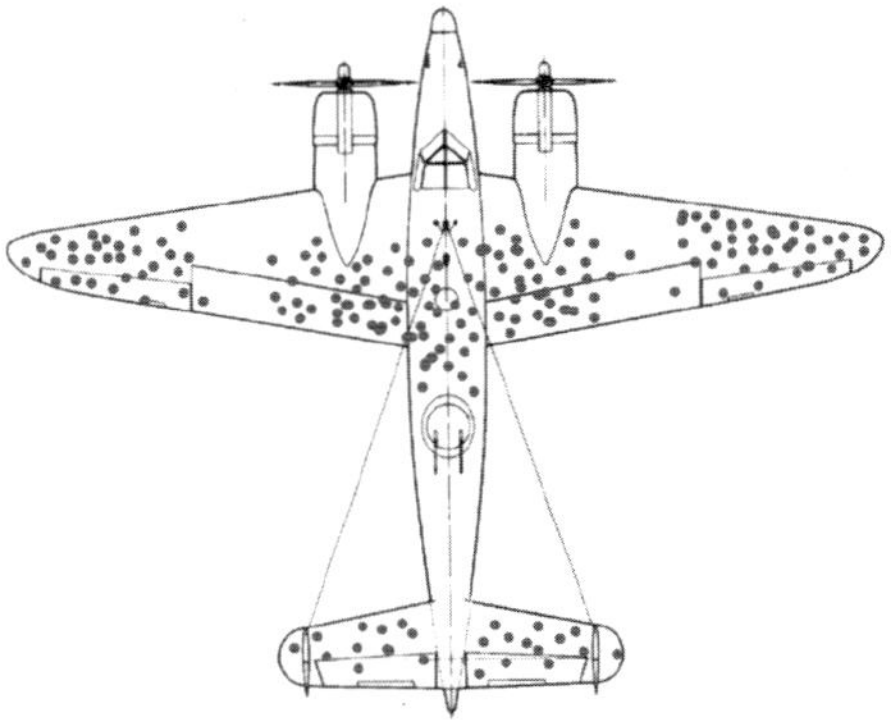

箇所を図に描き込む。これらの飛行機に空いた穴は、主翼と尾翼と胴体の至る所にある。将軍たちから寄せられた問いは、飛行機のどの部分の装甲を厚くして敵の銃撃に耐えられるようにするべきか、だ。

統計学者たちは、正解を見つけなければならなかった。間違った箇所に余計な装甲を施せば、飛行機の速度が落ち、ナチスの機関銃の餌食にされる。弱い箇所を補強しそこねれば、さらに多くの搭乗員が命を落とすことにつながりかねない。

上の図を見てほしい。ヨーロッパから戻ってきた飛行機に空いた穴の分布を示してある。さあ、ウォールドの立場に立ってみよう。大勢の命が懸かっている。あなたなら将軍たちに、どこを補強するように言うだろうか？　主翼か、尾翼か、胴体か、そのすべてか？

主翼か、尾翼か、胴体か、そのすべて、と答えたなら、残念ながら、多くのアメリカの飛行士を図らずも死に追いやったことだろう。

ウォールドには、将軍たちが見落としたものが頭の中で見えていた。目に見えない飛行機だ。連合軍の飛行機が、主翼や尾翼や胴体に被弾したときには、煙を上げてもたつきながらも、たいていなんとか基地に生還できた。飛行機は生き延びた。それ以外の箇所、特に機首付近の発動機を撃たれた飛行機は、軍隊の調査対象に含まれなかった。それはなぜか？　ドイツで燃え上がる残骸をさらしたからだ。それらは、戻ってこられなかった。

ドイツで撃墜された飛行機――もう存在しないために、連合軍が調査できなかった飛行機――だけが重要であることに、ウォールドは気づいた。もしウォールドがいなかったら、軍は敵の銃弾に強い箇所ばかり補強し、飛行機を重く、遅くしていたことだろう。だがウォールドは、弾痕がない箇所を補強するように将軍たちに言った。軍は彼の助言に従った。発動機の周りの装甲を厚くした。それで多くの命が救われた。こうしてウォールドは、連合国が戦争に勝つのに貢献した。

「生存者バイアス」の3つのレベル

ウォールドは、「生存者バイアス」と呼ばれるものを理解していた。「生存者バイアス」は、「選択バイアス」という統計学の概念の一部だ。肝心な点は単純で、「生き残った」事例だけではなく、考えうるすべての事例を調べる必要がある、ということだ。もう1つ、第2次世界大戦よりもはるかに古い例を挙げよう。穴居人は本当に洞窟に住んでいたのだろうか？　住んでいたという証拠はたっぷりある。なにしろ、世界中に何百という洞窟壁画が残っているから。争う余地などまったくなさそうだ。だが、じつは、はるかに多くの有史以前のピカソたちが草原地帯に住んでいて、木に絵を描いていたとしたら、私たちはどうしてそれを知りえようか？　それらの木々は、幹に描かれた芸術作品があったとしても、それらもろとも、とうの昔に姿を消してしまった。穴居人は、めったに洞窟に入って絵を描くことはなかったが、現に描いたときには、その芸術作品だけが残った、ということなのかもしれない。だから、生存者バイアスは、「穴居人効果」と言われることもある。世界についての私たちの理解は、手元にある証拠だけではなく、手元に証拠がないことによってもひどく歪められている場合が多いのだ。

　ウォールドの話は、生存者バイアスを無視することが現実の世界にもたらす危険の好例になっている。だが、ウォールドの見識は、生存者バイアスの、文字どおりの結晶でもある。彼の親族のうち8人も、その生涯でじつに興味深い貢献をしていたかもしれない。残念ながら、今となっては知りようがない。なぜなら、彼らはナチスによって殺されたからだ。連合国の飛行機がドイツ上空での任務の最中に撃墜される数を確実に減らすことで復讐《ふくしゅう》を果たしたエイブラハム・ウォールドその人も、１９５０年の数学の講演旅行の途中、乗っていた飛行機がインド南部のニルギリ丘陵に墜落して命を落としている。[3]

　腐敗しやすい人が権力に引きつけられる理由を理解するには、飛行機を調べる必要も、穴居人についての記録を正す必要もない。だが、生存者バイアスに関するウォールドの見識は、誰が権力を追い求め、誰が権力を手にし、誰が権力の座にとどまるかを理解するうえで重要だ。誰がそうするかは、ランダムではない。そして、もし目の前の証拠だけに注目していたら、世の中が実際にはどのように動いているかの解釈を、はなはだしく誤るだろう。

　ウォールドのロジックを、あなたの上司か、あなたの国の大統領または首相、あなたがとうとう吐いてしまうまでトラックを走り続けさせた（と私は聞いている）中学のフットボールのコーチに当てはめてみよう。なぜその人が権力を握っているのか？　その疑問に答えるには、生存者バイアスの３つのレベルを検討する必要がある。第1に、誰が権力を追い求めるのか？　誰が管理職やリーダーやコーチになりたがるのか？　この問いに答えるにあたっては、誰が権力を握ることを望まないかを突き止めるのが、望む人を突き止めるのに劣らず重要だ。権力を勝ち取ろうとする人だけが「生存者」なのだ。それ以外の人は、考慮の対象から排除されてしまう。

第2に、誰が権力を手にするのか？　中学のコーチは例外かもしれないが、権限のある地位のほとんどには、競争がつきまとう。そして、その競争は常に公平だとはかぎらない。制度にバイアスがかかっているかもしれない。そして、仮にバイアスがなくても、昇格するのがもともと得意な人もいれば、苦手な人もいる。その競争の「生存者」が権力の座にたどり着く。やってみても、うまくいかない人は、たどり着けない。

それから、生き残りの第3のレベルがある。誰が権力の座にとどまるのか？　多くの人が、ギリシア神話のイカロスに少しばかり似ている。あまりに高く舞い上がり過ぎて、太陽に焼かれ、地面に墜落する。私たちが注目する指導者たちは、良い指導者も悪い指導者も、十分な期間、権力の座に踏みとどまり、その権力を振るって影響を与える人であることが多い。ペドロ・ラスクラインについて、聞いたことがあるだろうか？　いや、私も聞いたことがなかった。もっともな話だ。在位期間が史上最短の大統領という、少しもありがたくない記録の持ち主だからで、彼は1913年のクーデターの間、およそ15分、メキシコを支配した。権力を獲得したものの、それを失ったり手放したりした人は、穴居人が木に描いた絵のようなものだ。彼らは消えてしまう。

私たちは、権力を追い求め、手に入れ、維持するという、3つの条件をすべて満たした人に注目しがちだ。これら3つのレベルで関門を首尾良く突破した人が、生存者バイアスでの生存者となる。強力な人物だと私たちが考えるのは、彼らだ。それ以外は、あまり目につかない。ドイツで墜落して黒焦げになった飛行機のようなものだ。だが、エイブラハム・ウォールドがしたように、隠れた証拠まで含めないかぎり、問題を誤解する羽目になる。そして、問題が理解できなければ、解決することはできない。

歴史が無情にも実証してきたとおり、権力の座に収まる人が全員、偉大な人物であるわけではない。現時点では、玉石混淆《ぎょくせきこんこう》だ。素晴らしい人が指導者となっている例もある。思いやりのあるコーチ、部下をやる気にさせる上司、他者のために生活を少しでも良くしようと真剣に取り組む政治家……。だが、それには似ても似つかない権威者も掃いて捨てるほどいる。彼らは嘘をつき、不正を働き、盗み、私利を追求する一方、他者を搾取したり虐待したりする。彼らは、ひと言で言えば、腐敗しやすい。そして、多くの害をなす。

理想的な代替現実の世界では、玉石混淆にはならない。代わりに、善人——話を単純にするために、彼らのことを「腐敗しない人」と呼ぶことにしよう——だけが、指導者や管理職や警察官になる。だが、権力を握ってほしくない人——「腐敗しやすい人」と呼ぶことにしよう——は、まったく権力を持たない。そのような理想的な世界を築くには、3つのレベルの全部について考えなくてはならない。腐敗しない人が確実に権力を追い求め、手に入れ、維持するようにしたいものだ。逆に、3つのレベルのすべてで、腐敗しやすい厄介な人々を防ぐため、あらゆる場所に障害物を設置しておきたい。もっとも、これは言うのは簡単だが、やるのは難しい。世の中の多くは、腐敗しやすい人々を引き寄せ、取り立てる制度だらけだ。それでも、この先の章で示すように、作り上げた制度は取り除くことができる。だが、まずは、誰が権力を追い求めるかに的を絞る必要がある。

「人食い皇帝」の支配欲は生まれつきだったのか？

誰が権力を追い求めるかは、けっしてランダムに決まるわけではない。特定のタイプの人が権力を渇望し、我が物にしようとする。そこから、「自己選択バイアス」の一種が生じる。私たちは、自分の人生の他の面では、自己選択バイアスを簡単に見つけることができる。たとえば、背の高い子どもは背の低い子どもより、高校のバスケットボールのチームに入ろうとする可能性が高い。だから、バスケットボール・チームは、母集団のランダムで代表的な標本にはけっしてならない。権力を追い求める人についても、同じことが言える。決まった特性を持っている人のほうが、そうでない人よりも権力を強く求める。権力は腐敗するという見方にばかり注意が向けられ過ぎる。その一方で、なぜ腐敗しやすい人が権力を追い求めるかには十分な注意が払われない。

それでは、指導的な立場に就きたがる人がいるのはなぜか？　従う立場に甘んじる人がいるのはなぜか？　生まれながらのリーダーがいるのか、それとも、人はリーダーになるのか？　そして権力欲は、青い目や巻き毛と同じで、遺伝的な形質にすぎないのか？

私は2019年のある肌寒い秋の日に、パリのサン＝ラザール駅の近くでマリー＝フランス・ボカサに会った。私が着いたときには、彼女はタバコを吸い、小さなグラスで白ワインを飲み、スマートフォンの画面をスクロールしながら待っていた。贅沢に着飾ってはいなかったが、洒落《しゃれ》た身なりで、ブランド物の眼鏡をかけ、真っ赤な口紅を塗っていた。[4]　腰を下ろす私に、彼女は微笑みかけた。いわくありげな人であることを唯一窺わせるのは、襟元を飾る特大のダイヤモンドで、常人の持ち物のようには見えなかった。そして、それはマリー＝フランスがただ者ではなかったからだ。

彼女は、極悪人の娘だった。

１９７９年9月、中央アフリカ帝国の首都バンギにフランス軍部隊が到着した。中央アフリカ帝国は、おそらくあなたが聞いたこともない貧しい国で、おそらくあなたが聞いたこともない冷酷な独裁者が支配していた。その独裁者が、マリー＝フランスの父のジャン＝ベデル・ボカサだ。ボカサが権力を握ったときには、宣誓就任しただけではなかった。戴冠式が行われた。[5] １８０４年のナポレオンの戴冠式を手本にしていた。そして、やはりナポレオンに倣って、皇帝ボカサ1世を名乗った。１９７７年の戴冠式のときには、厳格な服装規定があった。子どもは白い服を着た。中位の役人は青い服を着た。上位の役人は黒い服を着た。この戴冠ショーのスターであるボカサは、フランスでも最高のテーラーたちが縫い上げたオコジョのマントをまとっていた。頭には、80カラットのダイヤモンドを正面にあしらった、きらびやかな王冠を戴いていた。フランスの最も高級な宝石商に作らせたものだ。ボカサは、特注の金の笏《しゃく》を手に、やはり注文して作らせた高さ3・6メートル余りのブロンズのワシの像の前に立った。[6] 玉座のために政府は３００万ドルを支払った。王冠と笏に払った５００万ドルと比べれば、安い買い物だった。この戴冠式には、締めて２２００万ドルかかった。これは、政府の年間予算総額の約4分の1に相当した。

当時、この国の平均的な人の年収は２８２ドルだった。

旧宗主国のフランスは１９７９年までに、ボカサは危険な誇大妄想者（今さら、言われるまでもないだろう）で、退けるべき時が来たと判断していた。フランス軍の小規模な部隊が派遣されて、この独裁者を退位させ、フランスが選んだ後継者に取って代わらせた。ボカサのお気に入りの宮殿ヴィラ・コロンゴに到着した兵士たちは、まったく節度を欠いた贅沢な光景を目にした。ダイヤモンドの入ったいくつもの収納箱、金製品であふれんばかりの棚の数々、世界中のパパラッチに行き渡るほどのハイテクカメラがあった。兵士たちは、ボカサが自国民から掠め取った、吐き気を催させるほどの富の目録を作っているときに、宮殿の脇の池にはナイルワニが飼われていることに気づいた。[7]そこで、ワニを運び出すために、池の水を抜いた。水がなくなるにつれて、変色した白っぽいものがあちこちで黒い泥から突き出ているのが見えてきた。フランス軍兵士たちは、それが何かわかると、ゾッとした。30人ほどの犠牲者の、朽ち果てた骨――ボカサにあえて逆らった者たちの成れの果て――だったのだ。報道によると、そのうちには自分の妻とボカサが寝ると言って聞かなかったときに抗議した人々もいたという。彼らは、ボカサのペットのワニたちの餌として最期を迎えたのだった。

だが、ボカサの敵たちを食べていたのはワニだけではなかった。フランス軍の兵士がヴィラ・コロンゴの冷蔵庫を開けると、切り分けた2人分の遺体が見つかった。一方は、身元が確認できなかった。もう一方は、数学教師の遺体だった。2人の亡骸は、新鮮に保たれていた。人肉が特別な折にメニューに載るという話だった。ボカサが、訪ねてくる高官たちに振る舞った、と言う人々もいた。[8]「全然気づかなかったが、あなたは人肉を食べたんですよ」と、ボカサは訪問客のフランスの外交官に言ったそうだ[9]（ボカサは死ぬまで、自分が人食いをすることを否定していた）。

皇帝は人食い鬼だったのだ。彼は、権力を飽くことなく渇望した。だがその渇望は、時がたつうちにしだいに膨らんできたのか？　それとも、生まれつきのものだったのか？　他者を支配したり、虐待したり、殺したりしたいというボカサの欲望は、彼のＤＮＡに散在する不穏な断片に書き込まれていたのだろうか？

　ボカサは１９９６年に亡くなったので、取材のしようがなかった。そこで私は、次善策として彼と遺伝暗号の一部を共有する人と話す必要があった。選択肢はたくさんあった。ボカサには、17人の公式の夫人との間に生まれた少なくとも57人の子どもがいた（そしておそらく、非公式の夫人との間に、さらに多くの子どもがいただろう）。ボカサの子どもの大半は、今ではフランスに住んでいる。うまくやっている者もいれば、そうでない者もいる。2人が詐欺や薬物濫用で刑務所に入っている。[10] 3人が万引きで逮捕されている。そして、息子の1人、シャルルマーニュは、名前をもらったフランスの傑物とは似ても似つかなかった。彼はパリのある地下鉄の駅に君臨するのがせいぜいで、そこで暮らし、物乞いをしながら生き延びていた。31歳のとき、その駅で遺体となって発見された。

　マリー＝フランス・ボカサは、他の子どもたちのほとんどよりも良い暮らしを送ってきた。サン＝ラザール駅の近くで会ったのは、パリ郊外のアルドリクールから列車でやって来る彼女にとって、そこがいちばん便利な場所だったからだ。ボカサの他の子どもの多くと同じで、マリー＝フランスも子ども時代の多くを、そこにあった父親の邸宅の1つで過ごした。今でも依然として、彼のかつての住まいの近くに住んでいる。だが彼女は、遺伝的にも父親に近いのだろうか、と私は思った。父親を独裁者に仕立てたのと同じ、権力への渇望を持つことを、彼女は運命づけられているのか？

「私の持つ、唯一の家族のアイデンティティは、父によって形作られました」と彼女は私に言い、そこでひと口ワインを飲んだ。「私は母を知らずに育ちました。そして、父に、いわば刻印を打たれました。まるで私がボカサ・ブランドの一部であるかのように」[11]

たいていの人なら、人間を餌として与えられたワニや食人を思い起こさせるブランドと結びつけられていれば、地元の役所に駆け込んで、さっさと改姓申請書に手を伸ばすことだろう。だが、マリー＝フランスはそんな反応は見せなかった。ボカサ家の一員であることを誇りに思っていた。

「ボカサというのは、パワフルな名前です」。彼女はいたずらっぽく笑って言った。「変えたいとは、ちっとも思いません」

人間の行動についての議論はみなけっきょく、生まれか育ちかという昔ながらの論争に戻り着く。だから私は気を遣って、マリー＝フランスに簡単な抜け道を提供するために、次のように言った。彼女の父親の行動は、トラウマに満ちた子ども時代によって形成されたものかもしれない、と。人食い鬼は、生まれつきのものではなく、作り出された可能性がある。なにしろ、ボカサは幼い頃、植民地支配をしていたフランスの役人に父親を撲殺されている。その翌週には母親が自殺し、ボカサは孤児となった。子ども時代を台無しにするには、それで十分だが、それだけで彼は邪悪になったのだろうか?

マリー＝フランスはしばらく考えていた。「父は子ども時代に、タフでなければならないことを学びました。人は強くなくてはなりません」。彼女はグラスの中のシャルドネをグルグル回した。「けれど、悲惨な子ども時代によって、父の中に生み出された根本的な脆《もろ》さは見て取れました。そして中央アフリカも、その子ども時代の深刻な結果を目にしたのです」

父親に関しては、どうやらマリー＝フランスはストックホルム症候群の変種を患っているようだ。兄弟姉妹のほとんどは依然として、亡き父を指導者とするカルト集団にも少しばかり似たかたちで暮らしている、と彼女は言った。彼らはみな、ボカサ1世を独裁者ではなく英雄と見ている。最近まで、彼女は自宅に父親の大きな肖像画を飾って、毎日話しかけ、父に誇りに思ってもらえるような人間になれた、と請け合っていたという。そのように父親に認めてもらえることを、彼女は長年望んできたが、それはめったにかなうことのない願いだった。

「父は、ひっきりなしに気分が変わりました」と彼女は説明した。「今、陽気でくつろいでいたかと思えば、次の瞬間には激怒する、という具合に。いつも移り気で、予想がつきませんでした。そして、1日を通して同じ気分でいることは、けっしてありませんでした。気まぐれで、激しやすい人でした」。あるとき、マリー゠フランスの姉妹の1人が、父が毎日飲むウィスキーを持っていくのを忘れると、罰として服を焼いてしまったそうだ。

マリー゠フランスは、子ども時代についての回想録を書いているうちに、父親の残忍さと折り合いをつけられるようになってきた――幼い頃、激しい感情の起伏からかろうじて垣間見ていた残忍さと。だが、彼の真の遺産を受け容れはじめていたにもかかわらず、権力のせいで父が腐敗したという見方は拒絶した。「権力で父が変わったとは思いません」と彼女は言い張った。「父はずっと同じ人間でした。私自身は、何の変化も目にしませんでした。そして、父が権力の座に就いたときから、その座を離れるときまで、まったく変化が見られなかったことは確かです。父はずっと同じ人格の持ち主でした。同じポジティブな特性と、同じ欠点を持っていました」。だが、権力によってボカサが腐敗しなかったという彼女の意見がたとえ正しかったとしても、彼が権力の魅力に抗えなかったことは否定のしようがない。

彼の中の何かが、他者に対する支配を彼に渇望させた。権力が彼を引き寄せたのだ。

マリー＝フランスも、その権限への渇望を受け継いだのだろうか、と私は思った。そこで、皇帝ボカサは彼のブランドだけではなく何かそれ以上のものも彼女に与えたと思うかどうか、尋ねた。彼は自分の性格を彼女に刻みつけたのか、それとも、自分の名前を彼女の出生証明書に残しただけなのか？

マリー＝フランスはしばらく考えていた。「プラス面とすれば、私は父の気前の良さ、確かさ、快活さ、知性を受け継ぎました」

それから長い間、黙り込んだ。「それで、その反対の面はどうですか？」と、私がわかりきった次の質問をすると、彼女の声が途切れ途切れになった。

「私は……父の気性も受け継ぎました……権威主義的な性格と、感情の激しい揺れも」と彼女は言って、溜め息をついた。

マリー＝フランスは今、パリ郊外にある、元ボカサの邸宅の近くでサロン・ド・テ（ティールーム）を経営している。グラスでワインを飲む彼女は、美しく、魅惑的だった。だが、気掛かりな可能性について考えずにはいられなかった。状況が状況なら、彼女も人にお茶を振る舞う代わりに、お茶といっしょに人肉を振る舞う人間になりうるのだろうか？

マリー＝フランスはアルドリクールに帰る前に、ボカサ家の人間が再び中央アフリカ共和国を支配するべきだと思う、と言った。そのボカサ家の人間に、彼女がなる可能性があるのかどうか尋ねると、彼女は、野心的な政治家なら誰もが、その種の質問を受けたときにすることをした。彼女はニッコリ笑うと、その可能性は排除できない、と答えた。

ある意味で私は、マリー＝フランスに対して不公平だったかもしれない。私たちはみな、親とは別人だ。遺伝子で運命が決まるわけではない。だが、私たちの中の化学物質の取り合わせが、現に私たちの行動を形作っている。それならば問題は、権力を追い求める人の中で、遺伝子はどれだけの役割を果たしているのか、そして、どれだけが私たち次第なのか、だ。

「リーダーシップ遺伝子」は存在するのか？

ミネソタ大学で行われたある調査（「ミネソタ双生児《ツイン》研究」として知られている。野球チームのミネソタ・ツインズと混同してはならない）では、研究者たちが一卵性双生児と二卵性双生児を比較した。[12] 一卵性双生児は、同一の受精卵が2つに分かれ、それぞれから成長するので、遺伝暗号が100％同じだ。二卵性双生児は、兄弟姉妹が同時に母親の子宮で育っているにすぎない。同一の環境で育てられた一卵性双生児と二卵性双生児を比べることによって、遺伝子がどれだけの役割を果たしているかがわかる。それこそ、ミネソタ大学の研究者たちが突き止めたことだ。彼らは数百組の双子のゲノムを調べ、それから、全員に企業や地域組織で就いたことのある指導的地位を挙げてもらった。すると、驚くべき結果が得られた。指導者になるかどうかの予想に関して、個人差の30％が遺伝子で説明できたのだ。たいして多く思えないかもしれないが、人間の行動は何千もの要因が促しており、その気の遠くなるような複雑さを踏まえれば、これは目を見張るような数字だった。

この結果は、興味をそそる可能性も示した。ＤＮＡのどこかの断片が、私たちが生まれつき人を導くか、それとも人に従うかを決めることができるだろうか？[13] ヤン・エマニュエル・デ・ネーヴ（当時はユニヴァーシティ・カレッジ・ロンドン所属で、今はオックスフォード大学に移った）は、その答えを探すことにした。彼はチームを率いて、実権を握っている人と関連する遺伝暗号の断片を見つけようとした。彼らは、４０００人のゲノムを解析し、ＤＮＡの青写真の微小な化学物質の位置を１つ残らず突き止めた。同時に、その４０００人の経歴も調べ、誰が指導者の地位に就いたことがあり、誰が就いたことがないかも確かめた。２０１３年、デ・ネーヴのチームは、彼らが「リーダーシップ遺伝子」と呼ぶものの発見を発表した。彼らは、ｒｓ４９５０という遺伝暗号の断片を見つけ出した。その断片が、後の人生で権限のある地位に就くことと強い相関があるという。専門的に言うなら、遺伝暗号のその部分に、G対立遺伝子ではなくA対立遺伝子を1つ余計に持っていれば、指導者の地位に就く率がおよそ25％上がる、と彼らの調査は推定した。

私たちのＤＮＡに含まれる遺伝子のうち、およそ2万１０００個が特定されている。もしデ・ネーヴと彼のチームが正しく、リーダーシップ遺伝子を正確に特定したのだとしたら、遺伝暗号の小片を1つ余分に挿入するだけで、指導者を作り出せるのか？　私たちは、最上階の役員室に一直線に這《は》っていくような、超野心的なデザイナーベビーを、少しばかり余計にお金を出せば手に入れられるようになる寸前なのか？

早まってはいけない。こうした調査結果はみな、誇張されていて、誤解を招く。

もし、遺伝子と、たとえばアメリカの現在の指導者との統計的相関を見つけようとしたら、最も際立った遺伝的要因は、Y染色体を持つこと（男性であること）と、白人であることだろう。何かの理由で白人男性のほうが優れた指導者であるというわけではなく（まもなくそれが明白そのものになる）、現在、白人男性が他のどんなタイプの人よりも頻繁に、権力の座に就くだけのことにすぎない。それは、誰が権力を追い求めるかとは、別の難問だ。

当然ながら、デ・ネーヴの研究チームは、人種や年齢や性別といった人口統計学的特性を考慮に入れて、データを調整した。それでもなお、ｒｓ４９５０という断片が、指導者の地位に就くことと相関しているという結果になった。だが、それにはありとあらゆる種類の理由が考えられる。ｒｓ４９５０は、野心的、自信がある、愛想が良い、外向的、長身といった、現代社会で権力の座に就きやすくする特性と結びついているかもしれない。こうした特性のすべてが、遺伝的なルーツを持っているが、だからといって、その特性が人に権力をいっそう望ませるとはかぎらない。そのうえ、権力への道がすべて同等であるわけでもない。ひょっとしたら、皇帝ボカサに体現されていた特性である、権力への極端な渇望は、遺伝的に子孫に伝わるかもしれないが、保険会社の中間管理職の子どもたちは、そのような極端な渇望は受け継いでいないだろう。だから、私たちにはわからない。けっきょく、振り出しに逆戻りだ。

現時点の指導者たちと関連がある遺伝子を見つけることができたとしても、依然としてさまざまな交絡因子がある〔訳注　「交絡因子」とは、調査の対象以外でありながら結果に影響を与える背景因子で、因果関係の判断を惑わせるもの〕。人の行動が、本人の遺伝子によって促されているのか、環境、応援してくれる親、過去の経験、富、さらにはランダム性によって促されているのかを見極めるのは、極端に難しい。あなたは独裁者となるべく生まれたかもしれないが、環境がその特性をどうしても育《はぐく》まなかったのかもしれない。あなたは民主国家で育ち、子ども時代に敵たちに復讐を企んだときに、親があまり後押ししてくれなかったかもしれない。もしあなたが、ウズベキスタンの虐待的な家庭に生まれていたら、宮殿で暮らすまでになっていたかもしれない。おあいにくさま。

以上の点には注意しなければならないものの、遺伝子が人間の支配で重要な役割を果たすと信じるに足るもっともな理由がある。動物界から得られる証拠だ。つまるところ、私たちも動物であり、他の種では、遺伝子がリーダーとしての資質を決めているからだ。たとえばブチハイエナは、群れの階級制での地位を母親から受け継ぐようだ。もし母親ハイエナが最高権力者《トップドッグ》（いや、「ドッグ」というのは語弊がある。ハイエナはイヌ科の動物ではなく、ハイエナ科という独自の科に属するので）なら、子ハイエナも群れのリーダーとなることが事実上確実だ。[14]さらに、次のような証拠もある。ある研究者たちが選抜育種を行って、服従的なラットを服従的なラットと、支配的なラットを支配的なラットと交配させた。すると果たして、世代を経るごとに、彼らの行動はいっそう明白になった。選抜育種した孫ラットは、極度に服従的か極度に支配的になったのだ。マウスの場合は、ある研究で、SLC6A4という遺伝子に狙いを定めて、それを取り除くことでマウスを改変した。[15]その遺伝子を「ノックアウト」されたマウスは、親が支配的か服従的かにかかわらず、服従的になった。ゼブラフィッシュ（南アジア原産の小さな縞模様の魚で、家庭の水槽でよく飼われている）では、一連の実験によって、社会的支配が父親の社会的地位から現に受け継がれることが実証された。[16]だが、その支配は、部分的には父親から息子へと遺伝子が受け継がれたせいであり、また、部分的には父親が息子に水槽内の階級制で地位を獲得する方法を教えたせいであるようだった。世の中は複雑なのだ。遺伝子は明らかに重要だ。だが、重要なのは遺伝子だけではない（倫理と呼ばれる厄介なものがあるおかげで、人間を対象に同じような実験をすることはできない）。

というわけで、こういう結論になる。遺伝子は、誰が権力を手に入れるかに確実に影響を与える。なぜなら、あなたが他者に対して権限を獲得するのがうまくなるような遺伝的特性があるからだ（これについては、次章でさらに詳しく説明する）。だが、そもそも誰が権力を望むのかに遺伝子が影響を与えるのかどうか、与えるとすれば、どのような影響を与えるのかは、まだわかっていない。

ただ、権力をまったく望まない人がいることはわかっている。アメリカで企業を対象に最近行われた調査では、自社で指導者の地位に就きたいと強く願っている、と答えた人は34％しかいなかった。最高幹部になりたいという人は、わずか7％だった。[17] 権力は、誰もがむやみに欲しがるものではなさそうだ。それに、出世志向の強いその7％も、動機はさまざまだ。自分のコミュニティや会社のためになりたいという人もいる。他人に認められたい、あるいは名声を獲得したい、という人もいる。さらには、他者を支配したり虐待したりして満足感を覚えたくてウズウズしている人もいる。誰がどんな動機を持っているか、どうすればわかるのか？

この疑問は、ゲノム研究よりもはるかに昔までさかのぼる。古代ギリシア人たちは、「トゥモス」について語っている。トゥモスは多くのことを意味しうるが、しばしば「承認欲求」と訳される。そのような承認はたいていい、戦場であろうと、弁論の場であろうと、政治の場であろうと、リーダーになることで獲得できた。そこから一気に数千年早送りすると、ハーヴァード大学の心理学者の故デイビッド・マクレランドが「nPow」（「need for power（権力欲求）」の略）という尺度を開発した。[18] それは、他者を支配し、その支配を通して認められたいという欲望と相関している。他の人も、それぞれ違う尺度を提案してきた。たとえば、「社会的支配志向性」と呼ばれる尺度で、これは、他者を支配したいという個人的性向――と、上下関係を生み出す階級制との相性の良さ――を測定する。[19] 社会的支配志向性の信頼性の高い測定は、子どもたちを対象にしてさえ可能だ（私たちのほとんどは、自分自身の人生の主導権を握っているかのように感じられる程度の権力は欲しがるが、それ以上はあまり欲しがらない）。

それでも、すべて答えが得られたわけではない。人間は、白か黒かではなく、さまざまな程度で分布していることは明らかだろう。権力に中毒している人もいる。権力を完全に避ける人もいる。だが、その程度が生まれと育ちのどちらの影響を多く受けているかについては、依然としてはっきりした答えが出ておらず、解決が待たれる。まだ、どうしてもわからないのだ。

それでも、遺伝にまつわる不確かさはここでしばらく脇に置き、別の疑問について考えてみよう。私たち人間は、善良な人が権力を追い求める可能性を、多少は高めることができるだろうか？　採用方針を調整したり、どういう人が支配権を握るべきかについての認識を変えたりして、より穏やかで思いやりのある人が、自ら選択して競争に参加するように仕向けることができるだろうか？

攻撃的な人を引きつけてしまう警察署の採用活動

2020年春に警察官によるジョージ・フロイドの恐ろしい殺人事件が起こった後、アメリカでも世界中でも警察改革が注目された。だが、そこには問題があった。改革の取り組みのほとんどは、第2次世界大戦中の将軍たちがエイブラハム・ウォールドに正される前に犯していたものと同じ種類の過ちを犯していた。警察署は、すでに雇用している警察官たちの行動をどう変えるかにばかり頭を使い、雇用していない、目に見えない警察官候補者たちについては、ほとんど考えていないのだ。警察の活動を改善するには、すでに制服を着ている人々にはそれほど重点を置かず、制服を着ることを一度も考えたことのない人々にもっと目を向ける必要がある。

ドラヴィルは、ジョージア州北西部にある、人口わずか1万強の小さな町だ。オンライン旅行会社トリップアドバイザーのサイトを見ると、この町の最大の人気スポットはビュフォード・ハイウェイ・ファーマーズマーケットだった（僅差の2位は、マッサージのトリート・ユア・フィート）。州都アトランタの北東30キロメートル余りにあるドラヴィルの犯罪発生率は、アメリカの他の多くの小さな町の犯罪発生率よりもわずかに高いが、戦場のような状況にはほど遠い。ほとんどの年には、殺人は1件も起こらない。

それにもかかわらず、ドラヴィルの警察署はM113装甲兵員輸送車を1台持っている。旧南ヴェトナムの解放民族戦線の兵士や、イラクのファルージャの叛乱軍兵士や、アフガニスタンのテロリストとの戦いで使われてきた、「接近戦向けの戦場用車両」だ。地元のホームセンターかどこかで何かあれば、警察はいつでも出動できる態勢にある。

数年前、ドラヴィル警察署の名前が入ったバッジをつけることを考えている人が署のウェブサイトにアクセスすると、警察官募集の動画が待ち受けていた。[20] 15秒間、ロゴが画面で点滅する。黒を背景にした、恐ろしげな頭蓋骨のロゴだ。犯罪者を罰するために殺人や誘拐や拷問を行う、コミックブックの私的な制裁者パニッシャーを参照したのだろう。それから、「SWAT――DORAVILLE POLICE DEPARTMENT（特殊機動部隊――ドラヴィル警察署）」と書かれたM113装甲兵員輸送車が、砂塵《さじん》を巻き上げながらフルスピードで画面に現れる。ハッチが開く。黒い人影が発煙手榴弾を放り出す。

兵士のような恰好の６人の男性が車両から出てくる。迷彩服を着ており、町のコンクリート・ジャングルに展開する事態になったり、戒厳令を敷く必要が出たりすれば、すんなり背景に溶け込む準備ができている。みな、対人殺傷用の銃を手にしている。パニッシャーのロゴが再びパッと画面に映った後、一方の鉤爪《かぎづめ》には稲妻を、もう一方の鉤爪には銃をつかんだワシの姿が登場する。ＳＷＡＴ隊員のバッジだ。任務を完了した、兵士のような警察官たちは、装甲車両に戻る。Ｍ１１３装甲兵員輸送車は走り去る。最初から最後まで、ハードロック・メタルバンドのドープによる「Die Motherfucker Die」の耳障りな音声が流れている。

小さな町の警察署が制作したその動画を観た人のほとんどは、「馬鹿げている！」と思うだろう。だが、これを観て、「採用してくれ！」と思う人もいる。人がどちらのカテゴリーに入るかは、ランダムではない。その動画を観た後、占領軍の兵士のように行動することに引かれる人のほうが、応募書類を提出する可能性が高い。高齢の住民が交通量の多い通りを渡るのを助ける、地域住民支援職員になることに引かれる人は、おそらく応募しない。また、ドラヴィルの募集動画にはまったく出てこない、女性や少数派は、この警察署で歓迎されるだろうかと、もっともな疑問を抱くはずだ。権力を伴う地位に人を採用するときには、問題は誰がその仕事を手に入れ、誰が手に入れないかだけではない。それは、そもそも誰が応募するかの問題でもあるのだ。

１９９７年、アメリカ政府は余剰の軍事装備品を処分するために、「１０３３プログラム」を策定した[21]。余剰の装備を廃品の投棄場ではなく警察署に送る、というものだ。これは、双方にとって利益があるプログラムだった。いや、そのように見えた。その後の20年間で、ヘリコプター、軍用の品質の弾薬、銃剣、地雷探知機、耐地雷車両など、70億ドル超に相当する軍用装備品が、大小の警察署に払い下げられた。ミシガン州のセットフォード郡区（人口6800）の、人員2人の警察署は、地雷探知機とハンヴィー（高機動多用途装輪車両）を含む、100万ドル分の軍の装備を入手した。[22] インディアナ州ブーン郡（人口6万7000）の保安官事務所は、重装甲の水陸両用強襲艇を1隻持っている。[23] 郡内最大の「水域」は、孤立した農場家屋の近くの小さな池だというのに。テネシー州レバノン（人口3万6000）の警察署には、戦車が1両ある。[24]

使うことのできないおもちゃなど、どうして持つのか？　警句で言い換えれば、ハンマーを持っている人には何もかもが釘に見える。警察が戦車を持っていれば、スーパーマーケットさえ戦場に見える。そしてそのせいで、誰が警察官になろうとするかも変わってしまう。

はっきり言っておこう。厖大な数の警察官が、コミュニティに仕えたいというあっぱれな動機を持っている。だが、そうでない人もいる。「もしあなたが、弱い者いじめをする人や、偏狭で頑迷な人や、性犯罪者だったら、警察官はキャリアの選択肢として本当に魅力的になります」。ロンドン警視庁の元警視監のヘレン・キングは、そう言った。[25] そのとおりだ。大量の証拠がある。たとえば、警察官による家庭内暴力は重大な問題になっている。そのような虐待は、緊張したストレスだらけの仕事と相関関係がある、と主張する人もいる。だが、緊張と大きなストレスを伴う他の仕事では、同じような水準の家庭内暴力は見られない。それよりも説得力のある説明が考えられる。ひょっとすると、警察官のような権力のある職業に引きつけられる、虐待的な人がいるのかもしれない。他者を虐待しても罰を免れるのが楽だからだ。虐待者が警察官だったら、誰に電話すればいいのか？　「警察にとって難しいのは、そのような人を採用過程で篩《ふる》い落とすことです」とキングは私に語った。

適切な人を採用するためには、警察署のイメージが途方もなく重要だ。警察署に戦車や攻撃車両があれば、警察の任務に引きつけられる人や、採用されたときの行動が偏ってしまう。1033プログラムで攻撃車両の配備を申請するためには、正当な理由があることを示すために、各地の警察署は次のような項目を含む書類に記入する必要がある。「申請する装甲車両に想定される使用／任務要件を挙げよ」。地域の警察官たちが、自分の仕事を軍事任務と見なしはじめると、その任務を遂行するために、兵士のような人をより多く雇用することになる。

そして、まさにそうなった。報道機関のマーシャル・プロジェクトによれば、軍で勤務したことのあるアメリカ人は全人口の6％だが、アメリカの警察官の19％が元兵士だという[26]。政府のさまざまなプログラムと、多くの金銭的支援という動機とによって、退役する軍人が警察官になることが奨励されている。政府の補助金のうちには、退役軍人を雇用する警察署にしか与えられないものもある。それは、ほどほどであれば名案になりうる。ＳＷＡＴの有能な警部に必要な特性は、海兵隊の有能な大尉に必要な特性と、たしかに重なる。軍人は規律正しいことが多い。彼らはしばしば公務に引きつけられる。そして、警察官と同様、殉職することを厭わない。だが、ボストンやカンザスシティの市街で治安を維持するのは、バグダッドやカブールでパトロールをするのとは同じではない。それにもかかわらず、今日、兵士から警察官に転職した人が慣れているのは、バグダッドやカブールであることが頻繁にある。兵士の仕事と担当地区のパトロールをする警察官の仕事とは、同じであってはならないし、2種類のまったく異なる技能の取り合わせを混同し過ぎると、悲惨な結果を招きかねない。軍のハンヴィーではなく警察のハンヴィーに乗っているときに、以前に受けた訓練に従って殺傷能力のある武器を使用する人が、元兵士のうちにいたとしても、私たちは驚くべきだろうか？

だが、ここが肝心なのだが、この種の転職の影響が最も目立つのは、警察が軍隊であるかのように感じさせる警察署だ。研究によると、犯罪発生率や人口といった交絡因子を調整した後でさえ、以下のことがわかっている。余剰の軍用装備を多く購入した警察署は、もともと多くの一般市民を殺害しており、しかも、軍の装備品が届いた後、それぞれの年に彼らが殺した一般市民の数が大幅に増えるのだ[27]。一般市民を多く殺害する警察署が、軍隊化をいっそう進めたがる。そして、軍用装備が増えると、彼らはさらに多くの一般市民を殺害する。

それにもかかわらず、アメリカでの警察改革についての議論のじつに多くが、警察の手法の変更に的を絞っている。ディエスカレーション（緊張緩和）トレーニングや、ボディーカメラの着用、チョークホールド〔訳注　背後から腕を相手の首に回して行う締め技〕の禁止、警察が出動したときの監督の強化などだ。これらはみな、やるだけの価値のある改革だ。だが、どれも警察がやることを変えるのが目的だ。より根本的な原因、すなわち、誰が警察官になっているかには、十分な注意が向けられずにきた。自分は兵士だ、警察活動は戦争だ、と考えている過度に攻撃的な人の小集団を維持しようとして何百万ドルも費やすのと、そもそも警察にあまり攻撃的でない人を引き寄せるのと、どちらのほうが効果が出そうだろうか？　アメリカの警察署長たちには、現代版のエイブラハム・ウォールドが必要なのだ。彼らは自分の警察署に誰がいないかについて考えはじめるべきであることを、ウォールドのような人に説明してもらうといい。

ニュージーランドでは、まさにそういうことが起こっている。

警察官にふさわしい人物の応募を増やしたニュージーランド警察の試み

警察の防弾チョッキを身につけた1人のアジア系の女性が、見えない容疑者を追って全速で坂を駆け上がっていく。彼女はカメラの方に顔を向ける。「ニュージーランド警察は、大きな違いをもたらすことのできる新人を募集しています！」と呼び掛ける。たちまち画面が切り替わり、先住民族のマオリの警察官が、同じ容疑者を必死に追いかけているところが映し出される。「他者やそのコミュニティを気遣う人を！」と彼は言う。マオリ族の警察官は、歩行器を使いながら横断歩道をゆっくりと渡っている高齢の男性のそばを駆け抜ける。それから、ハッとして振り返り、戻ってくると、男性が安全に道を横断するのを助ける。その後2分以上、容疑者の追跡が続く。とうとう女性の警察官が犯人に追いつく。「それを下に落としなさい！」と、彼女は容疑者に向かって叫ぶ。1頭の犬が吠《ほ》える。犯人は犬だったのだ。犬は口を開け、盗んでくわえていたハンドバッグを放す。この緊迫した追跡劇の対象はずっと、ふさふさした毛並みのボーダーコリーだった。その瞬間、「あなたも他者を気遣って、警察官になりませんか？」という言葉が画面に映し出される。[28]

これは、ニュージーランド警察が２０１７年に開始した、おどけた警察官採用キャンペーンの動画だ。ジョージア州ドラヴィルの募集動画とはあまりにも対照的なので、ほとんど笑ってしまうほどだ。武器はまったく映っていない。謳《うた》われている警察活動の目的は、地域社会の役に立つことと直結している。全体を通して、愉快なギャグがちりばめられているので、この動画はＳＮＳで爆発的に広まった

（人口480万の国でYouTubeで170万回視聴された）。「警察活動のことはとても真剣に考えていますが、真面目《まじめ》一辺倒ではありません」と、ニュージーランド警察の住民担当最高責任者代理ケイ・ライアンは言う。[29]

「ハングリー・ボーイ」という別の動画では、警察署は1つ実験を行った。[30] ひどい栄養不良のように見える子どもを、ある町の中心部に送り出し、ゴミ容器を漁って食べ物を探させた。そして、彼に出会った人々の反応を隠しカメラで録画した。そのまま通り過ぎる人もいれば、立ち止まって、お腹が空いているのか、と尋ね、助けようとする人もいた。思いやりを示した人々は、募集広告で強調された。「これらの人は、気遣いを見せました」という言葉が画面に現れる。「あなたも、そうしませんか？」。広告は、「あなたも他者を気遣って、警察官になりませんか？」というロゴで終わる。そこには次のような意味合いが込められていた。立ち止まって子どもを助けるような人こそ警察官になるべきだ。そのまま通り過ぎていった人は、応募する必要がない。あなたが弱者への思いやりのある人なら、ニュージーランド警察は、あなたに加わってほしい。

ニュージーランド警察は、パニッシャーではなく、ヘルパーが欲しかった。迷彩を施した戦闘服や「Die Motherfucker Die」は、募集動画にはいっさい出てこなかった。警察官は、武装した占領軍兵士のように振る舞うべきだと考えているニュージーランド人がいたら、栄養不良の子どもを助けたり、いたずら好きの犬を追い掛けたりする動画を観た後、応募しそうにない。だが、それには何か意味があるのか？　ニュージーランド警察の採用戦略のおかげで、誰が警察官になるかが現に変わったのか？

ニュージーランド警察は、過去数年間に1800人の警察官を新規採用した。募集動画は、女性と少数民族、特にマオリ族の警察官やアジア系の人と太平洋諸島系の人に光を当てた。「白人男性を望んでいないということではありません」とライアンは私に語った。「彼らは、どのみち応募しますから。それだけのことです[31]」

年のいった白人男性から10代のマオリ族の女性まで、応募者は誰もが、正式な採用審査が始まりもしないうちに、評価のために警察官とともに20～40時間、町を巡回する。「地域社会に対処するにあたって、あまりに軍隊式のアプローチや敵対的なアプローチを取るようなら、問題です」とライアンは説明した。「署の警察官が、『ちょっと待った。この人は応募の理由が間違っている』と言いますから」。ニュージーランド警察は、地域の警察官に兵士のような装備を与えたり、軍からの採用を重視したりしないし、首都ウェリントンの市街で兵士のように振る舞う人は、最初から絶対に警察官に採用しない。警察活動には自然に引きつけられない人を勧誘するようなかたちで、募集と選抜を行う。

それが功を奏した。応募者数の合計が24％増えた[32]。これは重大だ。なぜなら、まもなく見るように、よりふさわしい人に権力を与えるうえで、競争の高まりが欠かせないからだ。女性の応募者は29％、マオリ族の応募者は32％増加した。今日、ニュージーランドでは警察官のおよそ４人に１人が女性であり、それに対して、アメリカでは10人に１人強にすぎない。また、ニュージーランドの警察官は、この国の民族ごとの内訳をほぼ反映している。これをアメリカと比べてほしい。アメリカでは、何百という主要な警察署で、巡回する地域社会よりも平均で30％、白人が多い（２０１４年にミズーリ州ファーガソンで、武器を所持していない黒人が警察官に殺害された後、暴動が起こった。このとき、地元社会の住人の３人に２人が黒人だったが、ファーガソンの警察官の10人に８人超が白人だった）。それが生み出す明らかな問題の数々に加えて、警察活動には人種的なバイアスがあるという認識から悪循環が生じる。警察は人種的少数派を虐待する、と人々が信じていたら、人種的少数派を虐待したがる人が警察官の募集に応じる可能性が高まる。警察改革に伴う難しさの1つがここにある。警察活動を改善するためにはもっと優れた人を採用する必要があるのだが、優れた人材を採用するには警察活動を改善しなければならないのだ。

ニュージーランドは、その問題に真正面から取り組んだ。彼らは、ドイツで墜落したために目につかなかった飛行機に相当するもの、すなわち、警察官の職に応募していない、目につかない適任者に注目した。その結果、ニュージーランドは世界でも有数の、効果的で、職権濫用の少ない警察を持つに至った。1990〜2015年に、警察に殺されたニュージーランド国民はわずか21人しかおらず、これは平均すると1年当たり0・8人だ。[33] はるかに大きな人口を抱えているアメリカに合わせてそれを調整すれば、アメリカの警察官は年に約50人を殺す計算になる。ところが実際には、2015年だけで1146人の一般市民を殺害している。[34] どうやらアメリカは、ニュージーランドから学べることが1つ2つありそうだ。

警察官が何をするかは重大だ。だが、誰が警察官になるかは、いっそう重要かもしれない。そして、採用方針を適切に策定しなければ、不適格な蛾ばかりを権力という炎に引き寄せてしまう。ときには、この問題がいっそう悪化することがありうる。ドラヴィルからウェリントンまで、警察官になりたい人はどこでもたいてい大勢いる。だが、権限のある地位があまり魅力的ではないときには、何が起こるのか？　競争がなければ、自己選択だけで決まってしまう。もし、権力のある仕事に応募する人が1人しかいなければ、権力に飢えた愚か者が、いともやすやすと権力の座に就くことができる。支配欲の強い人のうちでも最悪の部類を盛大に歓迎するようなものだ。そして、私たちの住む地域を取り仕切っているのが、まさにその種の人間であることが、あまりに多過ぎる。

権力に引きつけられた住宅所有者管理組合《ホームオーナーズ・アソシエーション》の独裁者

ロジャー・トレス（本名ではない）は、闘士だ。比喩的な意味で、だけではない。彼はかつて、総合格闘技で実際に戦っていた。彼の戦歴は堂々たるものだ。12勝。そのうちの4勝がノックアウトだ、と彼は私に語った。それを裏づける、公式ウェブサイトのリンクも教えてくれた。「私のニックネームは大砲《キャノン》でした。激しい打撃を与えるので」とトレスは自慢した。[35]だが、トレスと妻がアリゾナ州の日差しの降り注ぐコミュニティに家を買ったとき、何年間も抜け出すことができないアリーナでの対決に参入することになろうとは、2人には思いもよらなかった。

１９７０年には、「住宅所有者管理組合《ホームオーナーズ・アソシエーション》」（ＨＯＡ）と呼ばれる組織が管理しているコミュニティに暮らすアメリカ人は約１００万人しかいなかった。今日では、その数は４０００万人に達する。[36]そこにマンションの管理組合を含めると、さらに３０００万人増える。これらの超地域密着型の準政府機関は、組合費として毎年約９００億ドルを集め、公共料金やメンテナンス費、修繕費、共益費を支払っている。これは、フロリダ州の税収総額の約2倍だ。

ＨＯＡはたいてい、こまごまとした規則も定める。非常時の修繕や改善に備えた資金に充てる収入の一部は、規則違反の罰金で賄われる。規則違反の摘発を実施するほど、その資金が増える。だが、政府の収税吏と違って、ＨＯＡの執行者は遠いワシントンにいる官僚ではない。住民の隣人だ。

そこで問題が出てくる。地域を巡回し、たとえば通りの先に住むスーザンが歩道の縁石から30センチメートル以内という規則を破って、60センチメートルの所にゴミ容器を出したときに、重い罰金を科すことを望む人がいるだろうか？　前述のトゥモス（承認欲求）を満たす栄光に満ちている仕事とは、とうてい言えない。

ロジャー・トレスの住むアリゾナ州の小さなコミュニティでは、ＨＯＡの理事長になるための競争は、あまりなかった。「みんな、無関心そのものでした」と彼は言った。[37]「誰も注意を払いません。理事会の空きを埋められないことがしばしばでした。誰も引き受けたがらなかったからです」。理事を務める人は、誰かがやらなければならないから、無理やりやらされたのだった。ところが、マーティン・マクファイフ（これも本名ではない）が現れたことで、状況が一変した。彼にとって、ＨＯＡの仕事は負担ではなかった。天職だったのだ。

ＨＯＡは、責任を引き受けてくれるように人々に頭を下げて回っているようなものだったので、マクファイフが名乗りを上げたときには、理事会は飛びついた。彼は、対抗者のいないまま選挙に立候補した。だが、彼が当選した後、問題が起こった。「とんでもなく嫌な奴だったんです」とトレスは言った。「だから、誰もいっしょに仕事をしたがりませんでした」。トレスは、これは偶然ではなかったと考えている。マクファイフは意図的に理事会のメンバーの気に障ることをし、もうやる価値がないと思わせようとしていたらしい。そして、まさにそのとおりになった。もともと理事になりたくなかったメンバーたちは、再選の時期が来ると、もう立候補しなかった。そして、マクファイフは後任者を好き勝手に選んだ。撃墜されなかった飛行機は、彼の飛行機になった。彼は、独裁者さながら、手際良く権力基盤を固めた。

そしてマクファイフは、やはり独裁者さながら、その小さなコミュニティを支配した。ある日曜日、トレスは家を出ようとしていた。翌日はゴミ収集日だったが、ＨＯＡには厳しい規則があり、日曜日の正午より前には、ゴミ容器を通りに出してはいけなかった。トレスは急いでいた。時計を見ると、午前11時55分だった。彼はゴミ容器を外に出した。5分後、正午きっかりに、ＨＯＡの執行者が自動車で通り掛かった。トレスは罰金を取られた。

トレスが罰金に抗議するたびに、新たな罰金が科された。マクファイフの一味に逆らおうとした罰だった。トレスのヤシの木々が突然、規則違反と見なされた。それで罰金。ヤシの葉の1枚が枯れかかっているかもしれないように見えた。それで、罰金。「彼は、木々を毎年思い切って刈り込み、いつもニンジンみたいに見えるようにさせたがりました。そういうのが好きだから、というだけで」とトレスは説明した。

とうとうトレスは我慢できなくなり、反撃することにした。彼は、規則が恣意的に適用されている、と正式に苦情を申し立てた。その申し立てからまもなく、郵便が届いた。まったく新しい規則書で、新たな規制だらけだった。信じられないほど細かいものがあった。「砂利はアリゾナ州原産のものでなければならなくなりました」とトレスは振り返った。「うちだけのために作った規則さえありました。まったく名誉に思えましたよ」。トレス家は、敷地に防犯カメラを設置してあった。一家の庭の近くで、よそのティーンエイジャーたちが麻薬をやっていたからだ。新しい規則書は、防犯カメラの設置を禁じていた。「うちの装飾用の石が、マクファイフは気に入らなかったんです」とトレスは言った。「だから、今度の規則書は、規定していました。ソフトボールよりも大きい装飾用の石は、高さの3分の1まで地面に埋めておかなければならない、と」。その規則変更の後も、嫌われた石をトレス家が取り除かないでいると、1つ、また1つと、なくなりはじめた。

トレス家はそれに抗議するために、この地元HOAの独裁者を怒らせるようなことをした。抵抗のしるしとして、庭にピンク色のフラミンゴの置物を置いたのだ。ほどなく、近所の人々も同じことをした。至る所に、ピンク色のフラミンゴが現れた。マクファイフは激怒した。また、確信は持てなかったが、州外の砂利が彼の粛清を生き延びたのではないかと思って苛立った。

マクファイフは、断固たる行動に出た。この地域の住民全員が、「重要なホームオーナー・アップデート」という、トレス家を徹底的に中傷する特別版の書類を受け取った。「彼らは枯れたヤシの木の葉を刈り込むことを依然として拒絶したうえ、今度はピンク色のフラミンゴの群れを加えた。……トレス一家は本当にあなた方の『良き友』で、思いやりがあって助けになる隣人なのだろうか？」。トレス家の名を挙げて標的にするニュースレター（それも、何通もあった）には、派手な大文字や、「これは『企み』のように思える。こういうやり口は前にも見たことがある。それは地域の衰退に終わる！」といった文言が織り交ぜられていた。あるニュースレターは、「由々しき事態だ。……グズグズしてはいられない」と締めくくられていた（マクファイフに公平を期するために言っておくが、彼は取り換えが必要な電灯を7つ、数え上げている）。このコミュニティの運命が懸かっていた。いよいよ地元のホームセンターからM113装甲兵員輸送車を回してもらい、水陸両用強襲車両を投入する時だ（これは完全に真面目な話だが、ＨＯＡの会合では参加者がひどい喧嘩腰《けんか》になるので、理事会は警察官にお金を払って立ち会ってもらっていた）！

この時点で、トレス一家はマクファイフが予期していなかった行動に出た。彼の規則書を逆用したのだ。彼らは、ほとんど知られていなかった付則を援用し、リコール選挙を強要した。理事会のメンバーは一掃された。「マクファイフは、お払い箱になると、頭がおかしくなりました」とトレスは語った。「彼は毎日のように地域を回り、気に入らないものは何でも写真に撮りはじめました」。その後、彼が発行したニュースレターを、私は見せてもらった。場違いとされるサボテンや、最近、彼が好むほど水をやっていないキョウチクトウなどの写真だらけだった。どれもみな、正気とは思えなかった。次の選挙で、マクファイフは敗北の灰の中から不死鳥のように蘇《よみがえ》る機会を得た。だが、獲得したのは３票だけだった。

トレスは家を売り、ＨＯＡが管理する住宅には二度と住まないことを誓った。「昔ご近所だった人たちと話していて知りましたが、私たちの家を買った人も、マクファイフの個人的な好みに合うようにはヤシの木を刈り込んでいないようです。きっと、あいつは歯ぎしりしていることでしょう」とトレスは言った。

こうした話はいくらでもある。もっぱらＨＯＡによる権限の濫用（多くが横領も含む）を記録する組織やインターネットのサブカルチャーさえ、いくつも存在する。こうした経験は、価値ある教訓を示してくれる。権力には必ず自己選択バイアスが伴う。むやみに銃を撃ちたがる警察官だろうが、ＨＯＡの権力に飢えた独裁者だろうが、権力はひたすら他者を支配したがる人々を引きつける傾向にある。

ありがたいことに、権力が持つこの傾向をいったん認識すれば、それに対抗できる。ニュージーランド警察が気づいたように、違う種類の蛾を炎に引き寄せようとすることが可能になる。企業は手順の見直しを行い、自社の従業員の採用と維持と昇進の仕組みを変え、権力を探し求めないかもしれないけれど権力を効果的に振るうだろう人を引きつけるようにすることができる。政党は、名乗りを上げてくる人を待つのではなく、地域社会の住民のうちで、良い指導者になれそうな人に声を掛けることができる。もしＨＯＡが地域の独裁者に支配されるのを避けたかったら、近隣の人を困らせることよりも、もっと適切な理由から理事になりたい人を採用するために、何か動機づけ（それなりの報酬も含む）を用意することを考えるべきだ。そして最後に、これにはさまざまなタイプの蛾を引き寄せるだけではなく、より多くの蛾を引き寄せることも重要だ。権力の周りをひらひら舞う蛾が多いほど、腐敗しやすい人を撃ち落としつつも、腐敗しない人を多く後にとどめることができる。だが、競争がないとき――炎に一番乗りした人なら誰でも他者を支配できるとき――には、ヤシの葉にこだわり、フラミンゴのことが頭から離れない、権力に飢えた独裁者を招き入れて身動きが取れなくなってしまう可能性が高い。

第4章　権力を与えられがちな人たち

なぜ私たちの石器時代の脳は、私たちに不適格な人にばかり権力を与えさせるのか？

中国で重宝される偽の白人ビジネスマン

ミッチ・モクスリーはバックダンサーではないが、ミュージック・ビデオで踊ったことがある。モデルではないが、「中国の最もホットな100人の独身男性」の1人として中国版『コスモポリタン』誌のバレンタインデー号に載ったこともある。[1]人口13億の中国には、選考対象の独身男性は数億人いる。それでも、編集者たちはモクスリーを選んだ。しかも、写真さえ見ずにそうした。

編集者たちは運が良かった。モクスリーは、その雑誌に打ってつけだった。彼の髪は、ハサミや高価な製品を使い慣れている人が入念に整えたかのように見える。モクスリーは、高級ホテルのバーでどっしりしたウィスキーグラスを手に、モンゴルや北朝鮮での取材旅行で仕入れた奇想天外な話で人を楽しませていても、まったく場違いでない人物に見える。だが、モクスリーが選ばれたのは、それが理由ではない。彼が際立っていた理由はただ1つ。中国に住んでいる白人男性だったことだ。

モクスリーがフリーランスのジャーナリストとして北京でかろうじて生計を立てていたある日、友人から電話があり、中国東北部の平凡な小さな町東営《ドンイン》で仕事をしないか、と誘われた。東営にただ1つ自慢できるところがあるとすれば、それは孫子（孫武）の生誕地であると伝えられていることだった。孫子は、「戦《いくさ》の極意は隠密に事を運ぶことである。それを頼りに軍はあらゆる策を講じる」という趣旨の、賢明な助言を行った。モクスリーは、そうした秘密作戦に参加しようとしていた。だが、それは戦場でのものではなく、ある工場でのものだった。

「あまりよく知りませんでした。何かの式典のために外国人を集めたがっている、ということ以外は」とモクスリーは私に語った。[2] この単発の仕事は、期間は1週間、報酬は1000ドルだった。「その友人が、行きたいか、と訊くので、『ああ、もちろん』と、即答しました」。品質管理という話が漠然と出た。モクスリーは、正直に率直に応じるべきだと思った。「言っておくけれど、品質管理も、そもそもビジネスそのものも、まったく経験がないよ」と、彼は友人に告げた。すると、友人は答えた。「まったく問題なし。スーツを持ってきてくれ」

次の木曜日の朝7時45分、モクスリーは他のアメリカ人2人、カナダ人2人、オーストラリア人1人と、東営行きの飛行機に乗り込んだ。雇われた仕事の内容については、全員、見当もつかなかった。明らかに思えるのは、彼らが新しい工場でビジネスマンのように見えるのが肝心であることだけだった。直前に散髪を済ませ、ぴかぴかの真新しい靴と、体に合わない安物のスーツを用意したモクスリーは、その仕事に、それなりの準備ができていた。

東営に着いた6人は、初日の仕事のために工場に行った。彼らは大歓迎され、オフィスに案内された。各自に机が用意されていた。「どの机の上にも、会社のマークが入ったヘルメットと、『D&G―DOLOE&GOB8ANA』と書かれた特大のジッパーの付いたオレンジ色の安全ベストが置かれていた」と、モクスリーは後に著書『私の検閲官への謝罪（*Apologies to My Censor*）』で回想している。[3]だが、偽物はその安全ベストだけではなかった。モクスリーら、掻《か》き集められた白人男性たちも偽者で、この工場の待望の開設にかかわる架空のカリフォルニアの親会社から派遣されたふりをするために送り込まれたのだった。彼らが中国人のように見えたなら、誰の目も引かなかっただろう。だが、カリフォルニア州から大物たちが東営にやって来たとしたら？　嫌でも目につく。

「私たちはオフィスに座って、雑誌を読んだり雑談をしたりしました」とモクスリーは言った。「それから、1日一度、工場を巡回しなければなりませんでした。毎回、メモを取ったり、あれこれ点検したりするふりをしました」。ひととおり見て回ると、また雑誌に戻る。それが仕事だった。彼らの1人は、「ネクタイを締めた白人男性」のレンタル業と呼んだ。

関心を抱いた投資家とビジネスマンを装って数日過ごした後、大掛かりな開設式が行われた。市長が出席した。正装した女性たちが赤い絨毯《じゅうたん》の上で微笑んでいた。モクスリーの偽の同僚の1人で、アーニーという名の男性が立ち上がり、手渡された祝辞を読み上げた。「彼が選ばれたのは、いちばん年長に見えたからです」とモクスリーは説明した。[4]彼は、DOLOE&GOB8ANAの洒落た安全ベスト姿で、このなんとも不思議な催しを見守った。祝辞が終わると、花火が打ち上げられた。お祝いに、中国のポップミュージックがスピーカーを通して流れてくる。「工場は、まだ建設半ばでした。あのリボンカットの式典が何のためだったのか、いまだにわかりません」とモクスリーは振り返った。

モクスリーの経験は、例外ではなかった。むしろ、中国の奇怪な産業の一環であり、その業界では事業に信憑性《しんぴょうせい》を持たせるための小道具として外国人が使われる。白人女性が新しい酒場にセックスアピールを加えるために雇われることもある。こんな例もあった。デイヴィッド・ボレンスタインという名の映画監督が雇われて、成都《チョントゥー》の農村部でステージに立った。ボレンスタインは、彼が率いる偽のバンドとともに、「アメリカのトップ・カントリーミュージック・バンド、トラヴェラー」として聴衆に紹介された。[5]彼らは、その役にはとうてい似つかわしくなかった。ボレンスタインはクラリネットを演奏したが、クラリネットがカントリーミュージックの定番楽器ではないことは、誰も知らないようだったから、かまいはしなかった。リードシンガーは「スペイン人女性で、英語は話せないし、まともに歌うこともできなかった」[6]。

こうした話は、別世界の奇妙なものに思える。だが実際には、人間社会についての根本的な真実の反映にすぎない。私たちは人や物が誰かや何ができるかよりも、どう見えるかしか頭にないことが多いのだ。権力にしても同じだ。もしあなたがリーダーのように見えれば、リーダーになりやすい。私たちは東営にいようと、デンヴァーにいようと、紛れもなく間違った理由から、あらゆる種類の人に権限を与える。あの中国の工場では、白人の男性であるという理由で、ミッチ・モクスリーから信憑性が流れ出ていった。だが、西洋社会ではどれほど違うというのか？　私たちはなぜ、じつに多くの支配力をじつに少数の人に与えてしまうように見えるのか？

リーダーは白人男性だらけ

アメリカの大企業の上位500社のうち、468社が男性によって経営されている。[7] つまり、女性が舵取りをしている企業はたった6%ほどなのだ。これら500社のうち、461社は白人が率いており、アメリカ人の40%は非白人であるのにもかかわらず、非白人のCEO〔最高経営責任者〕は8%足らずしかいない。

アメリカでは、白人男性は全人口のおよそ30%を占めている。それなのに、フォーチュン500〔訳注　『フォーチュン』誌が選ぶアメリカの企業総収益上位500社〕のうち、431社のCEOが白人男性で、これは全体の約86%に当たる。ちなみに、フォーチュン500の白人男性CEOでジョンという名の人の数（27人）は、アジア系のCEOとラテンアメリカ系のCEOの数（それぞれ16人と11人）の合計に等しい。黒人のCEOは4人しかいない。ラテンアメリカ系と黒人のCEOのうち女性は1人もいない。次ページの表を見ると、フォーチュン500のCEOの割合の実状と、アメリカの人口に占める割合の違いがわかる。

こうした数字は、他の国でもたいしてましではない。たとえばイギリスでは、2020年夏の時点で、上位100社（FTSE100〔訳注　ロンドン証券取引所の上場企業のうち、時価総額の上位100社〕）のうち、女性が経営している企業は5社しかない。このリストでは、スティーヴという名のCEOのほうが女性のCEOよりも多い。

この歪《ゆが》みは、知名度の高低にも表れている。各部門の男性リーダーの名を挙げてみてほしい。もしあ

人口区分	アメリカの人口に占めるおよその割合(%)	フォーチュン500のCEOに占める割合(%)
男性	50	94
白人男女	60	92
白人男性	30	86
白人女性	30	6
黒人男性	6.5	0.8
黒人女性	6.5	0
ラテンアメリカ系男性	9	2
ラテンアメリカ系女性	9	0
アジア系男性	3	3
アジア系女性	3	0.4

なたがほとんどの人と同じなら、スティーヴ・ジョブズやマーク・ザッカーバーグ、イーロン・マスク、ビル・ゲイツといった名前がたちまち頭に浮かんでくるだろう。ではＩＴ業界の女性リーダーの名前を挙げてほしい。最近、１０００人のアメリカ人を対象とした調査で、まさにその質問が投げ掛けられた。すると、92％の回答者が、１人として名前を挙げられないことを認めた。８％が、名前を挙げられる、と答えた。だが、実際に名前を挙げるように迫られると、そのほとんどが答えられなかった。実際に挙がった名前のうち、上位２人は誰だったか？　なんと、アレクサとシリだった[8]〔訳注　「アレクサ」と「シリ」は、それぞれＡｍａｚｏｎとＡｐｐｌｅが開発したバーチャルアシスタント〕。

　こうした歪みは、社会の人種差別や性差別を反映しているだけではない。並外れた才能を持つ女性や少数民族の人が、白人男性の支配する大企業に入社するのを妨げる可能性があるから、重大だ。イギリスのビジネス界における権力の不均衡に大々的に取り組んだ元政治家のトレヴァー・フィリップスは、上級管理職の偏った人口構成を、「雪に覆われた峰々とバニラ・ボーイズ問題」と呼んでいる。[9]女性や少数民族の人が、企業の階級制の頂点を眺めたとき、白い雪に覆われた峰々か白い肌のバニラ・ボーイズしか見えなかったら、もっと多様性のある経営陣がいる企業を探す人が出てくる、と彼は主張する。そのせいで、大企業の問題が深まりうるという。なぜなら、有能な女性や少数民族の人が、素早く昇進する可能性がある、小さなスタートアップ（新興企業）に移ることがあるからだ。「彼らは、先行きにまったく希望が持てないとか、自分は会社が体裁を繕うためのお飾りにすぎないとか考えています」と、彼はBBCニュースで語った。

これは、ビジネス界だけの話でもない。2020年現在で、国際連合の193の加盟国のうち、女性が率いているのはわずか16か国で、全体の8%をかろうじて上回るだけだ。[10]そして、これまで女性の国家指導者を一度でも出したことのある国は、58（全体の30%）しかない。アメリカももちろん、残り70%に含まれる。

前進は見られるが、あまりに遅い。2000年には、国家の立法機関の選出公職者のおよそ7人に1人が女性だった。今日では、やっと4人に1人になった。[11]前よりましではあるが、相変わらずひどいものだ。そして、男女平等といった問題で世界のリーダーであるはずの、裕福な先進民主国家にズームインすると、それらの国々が口先だけで、掲げた理想には従っていないことがわかる。1990年に、女性は日本の国会議員のうち2%に満たなかった。今日でも、依然としてたった10%だ。アメリカの連邦議会では、1990年の7%から今日の23%へと、3倍以上に増えた。だが、考えてほしい。政治権力における女性の割合となると、アメリカはおよそ25%という世界平均を今なお下回っている。

一見すると成功物語と思えるものでさえ、見掛けよりも悪いことがよくある。国家の立法機関における女性議員の割合で世界をリードしているのは、アフリカ中部の小国ルワンダであり、議会の61%が女性だ。だがそれは、男性の独裁者ポール・カガメが利己的な手腕を発揮して、自分の方針に黙従する女性で議会を満たしたからにすぎない。男性ではなく、彼の独裁的な支配を無批判に受け容れる、何の権力も持たない女性を多数派にしておけば、西側の資金提供国から対外援助をより多く引き出せるという寸法だ。[12] 彼はしばしば、女性を指導者としてではなく象徴的な小道具として使う。なんと気の滅入る話だろう。

現実から目を逸らしてはならない。私たちも権限のある地位に残酷で無能な人を就かせてしまう。一見すると、それには少しばかり戸惑う。なぜなら、権力は相関的なものだからだ。言い換えると、人は単独では権力を持ちえない。権力を持つには、支配する相手が必要だ。したがって、権力は取得するのではなく授けられる。あるいは、霊長類の専門家フランス・ドゥ・ヴァールに言わせれば、「従う者がいなければ、リーダーにはなれない」[13]。だから、当然の疑問が生じる。なぜ私たちは、ひどい、無能で、凶悪でさえある人間に自らを支配させるのか？　そして、ネクタイを締めた白人男性がなぜこれほど多くのさばっているのか？

有史以前の時代までさかのぼる、私たちの脳の進化の欠陥が一因、というのがその答えだ。進化に問題が起こった経緯を見て取るには、シグナリング（シグナル伝達）とステータスシンボルを詳しく調べる必要がある。

権力の「シグナリング」

もしあなたがスプリングボックなら、生きていくうえでの最大の心配は、誰かのランチにされてしまうことだろう〔訳注　スプリングボックは、南アフリカ原産のレイヨウ〕。具体的には、ライオンやチーターや群れを成す野生の犬のコース料理でもとりわけ美味しい一品にされてしまうことを、あなたは心配するだろう。それではあなたなら、ライオンやチーターや群れを成す野生の犬が近くでこちらを漠然と見ながらよだれを垂らしているのに気づいたら、どんな行動を取るだろうか？

本能的に宙に跳ね上がり、確実に捕食者の目に留まるようにするなどということは、ありえないと思うだろう。ところが、スプリングボックはまさにそうする。名前にふさわしく、本当にスプリングのように可能なかぎり高くジャンプする。脚を揃えて伸ばし、できるだけ不動に保ちながらそうする。オリンピックのアイスダンスで、情け容赦のないロシア人審査員に採点されているかのようだ。地面に勢い良く降り立ったときには、自分が捕食者の目に入ったという自信を持つことができる。任務完了。だが、なぜそんなことをするのか？　空腹のときに食料品の買い物に行ったことのある人なら誰もが知っているとおり、飢え切った生き物に何か美味しい物をチラッとでも見せるのは、およそ名案とは言えない。

スプリングボックのこの行動は、「ストッティング」あるいは「プロンキング」と呼ばれている。進化生物学者が立てた仮説によると、その目的は、飛び跳ねた瞬間にスプリングボックがどれほど素晴らしく身軽に感じているかを捕食者に示すことだという。[14] もしチーターが手早くランチを済ませようとしていたなら、別の場所を探すべきだ。飛び跳ねるスプリングボックは、自分が簡単には捕まらないことをはっきりさせたからだ。

この種の行動は、動物界のありとあらゆる場所で見られる。それらは「シグナリング理論」の例になっている。誰もが多くの手間を省くことを可能にする情報を素早く伝達するように、さまざまな種が進化した、というのがこの理論の主張だ。[15] ストッティングやプロンキングがなければ、チーターはどのスプリングボックがウサイン・ボルト顔負けの運動能力を持っているかを突き止めるには、追い掛けてみるしかないだろう。それはチーターとスプリングボックの両方にとって得策ではない。双方が、無意味な追い掛けっこに貴重なエネルギーを浪費する羽目になるからだ。スプリングボックは飛び跳ねるように進化した。そしてチーターは、とびきり気難しいオリンピックの審査員さえ満点をつけるような相手は避けることを学んだ。飛び跳ねる能力は、スプリングボックの身軽さと速度を正確に伝えるので、プロンキングは「正直なシグナル」として知られている。正直なシグナルは至る所にある。鮮やかな色をしたカエルを思い浮かべてほしい。そのシグナルを無視して食べたら、毒に中《あた》る。食べた本人の責任だ。カエルは警告を試みたのだから。

だが、すべての動物がそこまで正直なわけではない。ヘビのなかには、じつはまったく無害であるにもかかわらず、有毒であるかのような色合いをしている者がいる。また、シオマネキという不正直なカニもいる。笑ってしまうほど大きなハサミを持っており、それを使って、配偶者獲得の競争相手になりかねないライバルのオスに、近づくな、と警告する。[16] そのハサミは、野球場で売っている、「私たちが1番だ《ウィー・アー・ナンバーワン》」と書かれた大きなポリウレタン製の手袋の動物界版のように見える。ただし、相手を威嚇する効果があることが期待されているが。シオマネキが戦いに敗れると、その威圧的なハサミも引きちぎられてしまうことがよくある。ハサミはまた生えてくるが、前より弱々しく、この先、対決しても負けることはほぼ請け合いだ。幸い、他のシオマネキは、再生したハサミと元のハサミとの区別がつかないので、依然として戦いを仕掛けるのを避ける。こうして、派手ではあっても役立たずの新しいハサミが効果を発揮する。本物そっくりのおもちゃのピストルを見せびらかして銀行強盗を働こうとする犯罪者の動物版というわけだ。これは、「不正直なシグナル」として知られている。

　シグナリング理論には、他にも重要な面がある。ある誇示行動にコストがかかるかどうか、だ。シグナリングには欠点があるだろうか？　もしあるとすれば、コストがかかることになる。クジャクは、コストがかかる正直なシグナルの好例だ。オスのクジャクの飾り羽は、配偶者としての望ましさを正確に伝達するが、飾り羽のせいで動きが鈍るので、捕食者に捕まりやすくなる（プロンキングは、若干コストがかかる。スプリングボックは宙に飛び跳ねるために、貴重なエネルギーを使わざるをえないからだ）。それに対して、まったくコストのかからないシグナルもある。赤い縞の入ったカエルは、何も費やさずにシグナルを発することができる。そのシグナルは、常にそこにあるからだ。

　これらの面（正直か、それとも不正直か、コストがかかるか、それともかからないか）は、権力に関しては、人間の行動を分析するときにも役に立つ。私たちは自分が強くて支配的か、弱くて服従的かについて、正直なシグナルと不正直なシグナルを絶えず発している。知らずにそうしているときもある。意図的にそうしているときもある――家1軒分ほどの値がする派手な自動車で誰かが駆け抜けていくのを目にすることがあるだろう。だが、シグナリング理論は興味をそそる仮説を提示する。権力のある人は、たんに権力があるように見せるのが得意なだけなのだろうか？

地位や権力を伝える方法

1月のある晴れた日の午後、私はそれを突き止めるために、カリフォルニア州バークリーでダナ・カーニー教授に会った。彼女は心理学者で、カリフォルニア大学バークリー校のビジネススクールの教授もしており、そこでは権力にかかわることを何でも調べている。2010年、彼女の研究は世界的に有名になった。彼女はエイミー・カディとアンディ・ヤプの2人とともに、驚くべきことを示す研究論文を書いた。人は、彼女らが「パワーポーズ」と呼ぶものを採用する――より多くの空間を占め、強さと自信のオーラを発する姿勢を取る――ことで、たちまち実際よりもはるかに強力な人間であるかのように感じ、行動することを発見したのだ[17]。彼女らはまた、パワーポーズを取ると、その場の主導権を握っているように感じるのを助けるホルモンの急上昇を引き起こすことも発見した。そして、誰もがこの単純な手法で「一瞬にしてより強力になる」ことができる、と述べ、この発見には、「実世界での実用的な効果」がある、と主張した。カーニーの共同執筆者のエイミー・カディは、この研究についてTEDの講演を行った[18]。その講演は、今日に至るまでTEDの講演でダウンロード回数の第2位を守っており、6000万人が視聴した。

ただ、1つだけ問題があった。他の研究者たちが、カーニーらの結果を再現しようとしてもできなかったのだ。同じポーズで同じ実験をしても、まったく何の効果もないようだった。カーニーは誠実に対応し、「『パワーポーズ』の効果は現実のものではないと思う」と述べた[19]（反証が積み重なっているにもかかわらず、カディはこの研究が有効だと主張し続けている。この論争にも促されて、心理学の世界ではいわゆる「再現性の危機」が起こった。そのおかげで、研究の実施と確認と発表の仕方に大幅な変更がなされた)。

だが、おそらくパワーポーズが人の気分をたいして変えないにせよ、自分をどう示すかが、他者が受ける印象に影響を与えることは間違いない(フォーマルな催しにカジュアルな服装で出掛けたことのある人なら、わかってもらえるだろう)。カーニーの他の研究には、私たちが他者に対してどう振る舞うべきかを判断しようとして、素早く相手の品定めをする例がいくつも見られる。[20] それは瞬時のことだ。私たちの脳は、細かい、一見些細な手掛かりから複合的な評価を下すのが驚くほどうまい。そうした手掛かりを足し合わせて全体像を作り上げ、地位の高い人、低い人、その間の人、といった判断をするのだ。

私たちは、地位を伝達する方法を意識的に自覚していることがある。大きな家やロレックスの腕時計やブランド物の衣服はすべて、あり余る富を意図的に(そしてコストをかけて)伝達する例だ。とはいえ、裕福な人がみな、富を見せびらかしたがるわけではない。この違いは、「資産家」と「成金」という分類で捉えられることがよくある。たとえばケネディ家の人間やイギリス女王よりも、スタートアップ起業家の25歳の億万長者が、ダイヤモンドをちりばめた黄色いフェラーリに乗っている姿を私たちは目にする可能性のほうが段違いに高い。あり余る富のシグナルは、貧しい生い立ちの人の間で特によく見られる。それは、彼らが成功して今や新たな地位を占めていることを世間に示す仕組みだ。このシグナリングは、くだらない物を使って行うときに最も効果がある。なぜなら、まったく実益のない物に喜んでお金を浪費するほど裕福であることを示しているからだ(貧困から身代を築いた麻薬の密売人の自動車には、実用的な機能のない、ケバケバしく飾り立てた高価なホイールキャップがついていることが多いのも、そのせいかもしれない）。カナダとアメリカの北西部の先住民社会では、「ポトラッチ」という祝宴が開かれ、地位の高い人や家族が富を意図的に消費し、それだけの余裕があることを示す。[21] ライバルどうしが、どれだけ消費できるかを競い合う場合もある。あまりにコストが大きくなって一方がついに身を引くと、その人は面目を失い、しばしばコミュニティの中での権力と地位もそれに応じて低下する。

　地位を獲得するための仕組みとしての、そのような富の派手な誇示は、19世紀末に経済学者のソースタイン・ヴェブレンによって「誇示消費」と名づけられた。[*22] フランスの社会学者ピエール・ブルデューは後に、以前に考えられていたのとは裏腹に、そのような誇示行動は完全に理に適っている、と主張した。それは金銭を社会関係資本〔訳注　社会における人々のネットワークや信頼関係〕に変換する行為にすぎないからだ。[23] たとえば慈善家は、世のため人のために大金を出すというだけで、しばしば世間で指導者と見なされることになる。ビル・ゲイツはジェフ・ベゾスよりも、それがよくわかっているようだ。

　人間が地位を伝達しようとして富の誇示行動を本能的に利用することは、研究者たちによって立証されてさえいる。私たちは、考えもせずにそうする。プロンキングをするスプリングボックがおそらく、宙に跳ね上がって自分がいかに元気かをチーターに見せつけようなどと意識的に決めはしないのと、ちょうど同じようなものだ。ある実験で、男性たちが慈善団体に寄付するように頼まれた。寄付するかどうかや、どれだけ寄付するかは、人それぞれだった。そしてそれは、どれだけ裕福か、どれだけ気前が良いかなど、予想できるありとあらゆる種類の要因に基づいていた。だが、それから研究者たちは、魅力的な異性のメンバーを加えるという変更を加えて実験を行った。そこそこ魅力的な女性がその場にいるときに慈善団体への寄付を募られると、男性は前より多く出した。素晴らしく魅力的な女性がその場にいるときに寄付を求められると、男性たちはあり金をはたく可能性がさらに高まった[24]。魅力的な女性の前では、現金をちらつかせるのが地位を伝達する確実な方法だと、男性が意識的に、あるいは無意識的に信じていることは明らかだった（ちなみに女性の場合は、魅力的な男性がその場にいるときでも、寄付のパターンが変わらなかった）。

シグナリングは、地位の誇示行動にとって重要な近道になる。なぜなら私たちは、銀行の預金残高や仕事上の肩書を額に貼りつけて歩き回るわけではないからだ。貧窮している人は見ればわかることが多いが、外見からだけでは、裕福な人や権力のある人を見分けるのははるかに難しい。億万長者たちでさえブルージーンズをはく。そして、動物たちと同じで、多くの人間も自分に都合の良いように不正直なシグナルを使う。偽物のロレックスの腕時計やレイバンのサングラスを安く売る道端の露店は、人間が内に飼っているシオマネキの願いをかなえるのを助ける。だから、地位を示す最も効果的なシグナルは、本当にコストがかかるのだ。コストがかからなかったなら、もはやそれほどの効果はなくなる。

たとえば、17世紀のフランスでは、レースがステータスシンボルだった。レースは高価な製品だった

＊　ヴェブレンはミネソタ州ノースフィールドにあるカールトン大学というリベラルアーツの小さな大学を卒業した。ノースフィールドのモットーは、「牛と大学と満足」だ。カールトン大学は私の母校でもあり、したがって私は、この余計な情報をどうしても伝えずにはいられない。

からだ。当時のエリート層の女性は、莫大なお金を費やして、自分のレースが最も精緻で目立つようにした。その後、機械編みのレースが登場し、一般大衆にも手が届くようになった。するとレースは、ほとんど一夜にして価値を失った。[25]

　ステータスシンボルが逆転することさえありうる。昔は、日に焼けた肌は低い地位を明確に示していた。炎天下の畑で汗水たらして働いていて、屋内で悠々自適の暮らしを送れないことを意味していたからだ。[26]ところが1930年代までには、このシグナルの意味がすっかりひっくり返っていた。肌が日に焼けている人は、オフィスや工場の暗い奥まった場所からは遠く離れた土地で日差しを浴びながらバカンスを楽しむほど豊かであることを意味するようになった。濃い色の肌は、金持ちや権力者であることの、いわば証明書となった。だがその後、日焼けマシンが発明されると、メキシコ料理店の隣にあるディスカウントの日焼けサロンに行っただけで、メキシコに行ってきたかのように肌を焼くことが可能になった。こうして、日焼けをコストのかからない不正直なシグナルとして利用できるようになるとまもなく、その効力は目減りした（今日、日焼けマシンの利用は別のシグナルを発している。すなわち、皮膚癌《がん》になることを厭わない、というシグナルだ）。

　ヒトという種は、このような恣意的なシグナルに執着する。なぜそうするかと言えば、外見が人生の階段を上るのを助ける――あるいは転がり落ちる一因となる――ことを理解しているからだ。見た目は重要だ。だが、こうした形態のシグナリングは、ミッチ・モクスリーが経験した「ネクタイを締めた白人男性」の問題を理解するうえでは、ほとんど役に立たない。なにしろ、女性や、指導者志望の少数民族の人も、ロレックスの腕時計やレイバンのサングラスを買い、高級車を乗り回すことができるのだから。有名な指導者をあまり出していないコミュニティは、プロンキングの人間版を果てしなく繰り返すこともできる。それでも、権力の格差は根強く残る。では、なぜ私たちは誰に権力を握らせるかに関して、一貫してひどく偏った決定を下し続けるのか？　ここでまたしても時間をさかのぼり、私たちの種の起源を理解する必要がある。

石器時代の祖先による指導者選び

今度ダイエットに挑戦して失敗しても、自分を責めてはいけない。石器時代の祖先のせいにするといい。過去数百万年の間に、私たちの脳はどんどん大きくなり、近縁のチンパンジーの脳の3倍に達した。だが、過去20万年ほどは、同じ大きさを保っている[27]。そこから進化心理学者たち——厖大な時間スケールで人間の精神がどう変化したかに焦点を当てる人々——は、「私たち現代人の頭蓋骨には石器時代の心が収まっている」と結論した[28]。たとえば、昔、生き延びるために、私たちの心は糖分に対して強い肯定的な反応を示すように配線された。20万年前、糖分はヤムイモや果物などの、栄養上有益な食べ物から得られた。だが、当時の果物はやたらと甘くはなかった。選抜育種などなかったからだ。進化生物学者のダニエル・リーバーマンによれば、私たちの狩猟採集民の祖先が食べた石器時代の果物の大半は、ニンジンほどの甘さだったという[29]。私たちの脳は、甘いシリアルではなく、少し甘い果物向けにできている。同様に私たちは、脂肪分を含むものは手に入るときには何でもただちに摂取するように進化した。かつて、人間の食べ物に含まれる脂肪分はとても乏しかったからだ。私たちは今日、加工された糖分や脂肪分を、かつては不可能だった割合で血流に直接送り込む。それに伴う現代の糖尿病と肥満の急増は、

「進化のミスマッチ」の例であり、私たちの体と脳が進化したときの生活様式が、もう存在しなくなった結果だ[30]（進化心理学者たちも、ミスマッチの例を挙げている。今日、地球上の圧倒的多数の人は、ヘビやクモに事実上まったく脅かされていないのにもかかわらず、それらに対して依然として本能的な恐怖を抱く[31]。だがヘビやクモは、かつて狩猟採集民にとって主要な死亡原因だった）。

こうしたミスマッチが起こるのは、人間社会が唐突に変化するからだ。過去には、糖分や脂肪分に対する脳の渇望に従った人々のほうが生き残りやすかった。今日、石器時代の本能に従う人は、肥満になったり糖尿病を発症したりする可能性が増し、死ぬ可能性さえ高まる。また、私たちは今やクモよりも自動車を恐れるべきだ。ところが、私たちの暮らし方における突然の根本的な変化のすべてに、脳が追いついて適応する時間がまったく足りなかった。

だから、もし石器時代の心が食生活や恐れにまつわるミスマッチを生み出したとすれば、指導者の選択についてもそれに相当するミスマッチを生み出してきたのではないかと考えるのは、理に適っているように思える。私たちは、石器時代の祖先が最も望ましいと思ったような指導者の特性を好むように、頭がプログラムされているのだろうか？　たとえば、剣歯虎《けんしこ》を撃退したり、ガゼルを狩ったりするのが得意になるような特性が、用紙を供給する企業の中間管理職の仕事をうまくこなせるようにする特性と同じかどうかを問うのは、もっともなことに思える。

私たちが身体的な外見を、指導者選びのときの近道として使うことを示す証拠はたっぷりある。それは新しい現象ではない。プラトンも『国家』でそれを取り上げ、無能ではあっても、他者よりも背が高くて力の強い船長が、愚か者たちの乗った船を率いている様子を説明している。プラトンの言うことにも一理ある。

私たちが指導者を選ぶときには、石器時代の脳と、ヒトという種の進化史のせいで、女性よりも男性を、背の低い男性よりも背の高い男性を、自分たちに似ていない人よりも最もよく似ている人を選ぶことを、科学は示しているようだ。

アムステルダム自由大学の進化心理学教授マルク・ファン・フフトは、過去数十年間、このような偏った好みと、それを生み出したミスマッチを調べてきた。彼は著書『なぜ、あの人がリーダーなのか?』(アンジャナ・アフジャと共著)で、これらの好みが振るう力の大きさは状況次第であるものの、そうした好みが常に存在していることを示した。とはいえ、これが決定的な点なのだが、このような認知バイアスが存在するからといって、それが不可避だったり、許容可能だったり、「自然」だったりするとはかぎらない。こうした馬鹿げた衝動を無効にすることは可能だ(そして、不可欠でもある)。ところが、私たちの多くの中に、もう通用しなくなった石器時代の思考法が残っていることを認めるまでは、それを直すことはできない。

第2章で見たように、狩猟採集社会は現代社会よりも平たかった。だが、それらの社会にも、依然として非公式な指導者がいて、たとえば、みなを組織して狩猟の遠征に出ただろうし、集団での意思決定のときにある程度の影響力を獲得したかもしれない。そのような非公式のリーダーシップは、特定のタイプの人に適していた。ファン・フフトが説明しているように、「祖先の人間たちの間でのリーダーシップは、狩猟や戦争といった、身体的活動で発揮されることが多かった。リーダーは模範を示し、しばしば先頭に立って指導したので、健康やスタミナや堂々たる体軀《たいく》といった、選択の手掛かりがあったことだろう」[32]。

それは、たんに大きい人や力の強い人への好みにとどまらなかった。指導者は、進化の過程で積極的に選ばれた。狩猟や、ライバルのバンド（小さな生活集団）との戦いのときに身体的に弱い指導者を選んだバンドは、メンバーが死ぬ可能性が高まったので、そのような誤りを犯した人は、人類の遺伝子プールから間引かれた。生死の瀬戸際に、身体的に強い指導者を選んだバンドは、生き延びる可能性が高く、そのような選択をする傾向が強まった。

このように考えてみるといい。過去20万年には、およそ８０００世代の人間が存在してきた。そのうちの７９８０世代ほどが、大きくて強いことが生存にとって主要な利点である社会で暮らしていた。それは、ヒトという種の歴史の約99・８％に当たる。その認識から、「進化的リーダーシップ理論」と呼ばれるものが生まれた[33]。私たちの社会的な世界は変化したが、脳は変わっていない。人間が学習した指導者選択の理由は、現代にはもう現実を反映していない。だから、そのような時代後れの本能は捨てる時が来た。

石器時代の脳は強そうな男性をリーダーに選びがち

10年ほど前、名門大学の科学者たちが、研究室管理者の職に応募した学生たちを評価するように依頼された。彼らのもとに履歴書が送られた。彼らは用意された評価書を使い、応募者を採点して、資格や技能や経験に基づいて初任給を提案する必要があった。「私たちは、学部生が科学の分野でのキャリアを進めるのを助ける、新しい指導プログラムを創設している、というのが表向きの説明でした」と、スキッドモア大学准教授のコリーン・モス゠ラクシンは私に語った。[34]「私たちは教員たちに、研究室管理者職への応募書類のそれぞれについて、率直なフィードバックをしてくれるように頼みました」

教員たちは知らなかったが、履歴書は偽物だった。応募者の資質はさまざまで、この仕事にふさわしい人も、ふさわしくない人もいたが、肝心な操作が行われていたのは、冒頭だった。捏造《ねつぞう》した履歴書には、男性と女性の名前のリストからランダムに選んだ名前が書かれていた。だから、同一の履歴書が、サラあるいはアレクサンダー、デイヴィッドあるいはアン、ジェイムズあるいはケルシーによって提出されたものに見えた。違いはそれだけだった。それ以外は、応募者の資質は均等に分布するようになっていた。公正な世界では名前は評価には関係がないはずだ。だが、私たちは公正な世界には暮らしていない。

教員たちの評価は、一貫して男性の応募者を高く採点し、提案する初任給の額も多かった。[35]評価をしている教員が男性であろうと女性であろうと、違いはなかった。彼らは全員、女性に対する偏見を見せた。そのような長年の性差別に、社会はゆっくりと目覚めつつある。だが、まだ肝心の疑問に答えが出ていない。そのバイアスは、文化的に学習されただけなのか、あるいは、女性差別も、私たちの有史以前の過去に根差しているのか?

人間が歴史を記録しはじめて以来、その記録から女性は締め出されてきた。ケンブリッジ大学教授のメアリー・ビアードは著書『舌を抜かれる女たち』で、太古から現代までの性差別の無数の例を紹介している。古代の世界では、女性が権力を手にしなかったというだけではなく、女性に権力を与えるという考え方そのものが馬鹿げた概念と見なされることが多かった。ビアードが説明しているように、紀元前4世紀には、「アリストファネスが喜劇をまるごと1つ費やして、女性が政権を奪取するという『滑稽《こっけい》極まりない』夢想を描いている。その滑稽さの1つは、女性が公衆の前で適切に話せないことだった」。ビアードが際立たせているが、女性が権力の座に祭り上げられたときには、3つのことの1つが起きがちだった。第1に、そうした女性は男性的だと評される。つまり、できるかぎり男性を真似したときにだけ、権力の獲得を目指すことができるというわけだ。第2に、そうした女性がしゃべると、動物が「吠えている」とか「キャンキャン言っている」というふうに描かれる。人間の言語による発話という男性の才能を発揮することが、身体的に不可能というわけだ。そして第3に、彼女らは狡猾《こうかつ》で他者を巧みに操る、権力の強奪者とされる。そして、どうにかして権力の座にたどり着くと、その権力を濫用するという。

2000年ばかり時間を早送りしても、こうした性差別的な言葉は、相変わらず残っている。それがあまりにひどかったので、1915年にはフェミニストの著述家シャーロット・パーキンズ・ギルマンは、『フェミニジア』という小説を書かずにはいられなかった[36]。この小説の舞台は空想の世界で、そこでは女性たちはもっぱら女の子を産む。男性は存在しない。女性が統治している。ギルマンが想像したユートピアには、戦争も、他者の威圧もない。

言っておくが、『フェミニジア』は若干極端に見えるけれど、より多くの女性を指導者の地位に昇進させるのは、公正であるばかりでなく、賢くもあることを、山のような証拠が示している。ジェンダー本質主義者になるのを避けることは重要だ（ジェンダー本質主義は、男性と女性は根本的かつ相容れないかたちで得意なことと不得意なことがあるとする。女性に対する抑圧を維持するために、何世紀にもわたって使われてきた見方だ)。だが、平均すると女性のほうが男性よりも独裁的になりづらく、民主的な方法での支配に熱心であることが、多くの研究によって実証されている。[37] また、想像しうるかぎりのリーダーシップの指標のほぼすべてで、女性は男性と同等以上の成績を収めるというのも本当だ(ここには皮肉にも、他の要因が絡んでいるかもしれない。それは、現代の男性優位の社会で、女性がトップレベルの役割に行き着く難しさだ。女性は頂点に上り詰めるまでに男性よりも多くの壁にぶつかるので、出世した女性は、間違ってトップまで来てしまったような凡庸な男性よりも優秀かもしれない。頂点にたどり着く難しさに見られるこの違いが、データの偏りを生むことがありうる。少数の優秀な女性と、平凡な人が少なくとも一部を占める男性とを比較しているからだ)。

要するに、権力を振るうことに関して、男性である利点がないことは明らかだ。それなのに、社会はそのような利点がたしかに存在しているかのように振る舞う。政治指導者に関して、性別による違いがどれほど奇妙か、少し考えてほしい。ウラジーミル・プーチンは、まるで時計で計ったかのように定期的に、上半身裸で乗馬しているところや、柔道の稽古をしているところや、その他のかたちで戦士のように力を誇示しているところの写真を公表する。このようなシグナルが効果を発揮しうるのは、私たちの石器時代の脳が、リーダーシップの資質を身体的な大きさと結びつけて捉えている面が依然としてあるからだ。だが、これは馬鹿げている。あなたが外科手術を受けるところを想像してみよう。担当の外科医が、頼んでもいないのに腕立て伏せを20回やり、自分の優れた身体能力を示したとする。あなたは別の外科医を見つけるとともに、おそらく、最初の外科医に医師免許を授与した機関に通報するだろう。だが、政治指導者となると、現代社会は男性的な強さの誇示に報いることが多い。進化のミスマッチのせいで、そのようなシグナルは今やまったく意味がない。なにしろ、たいていの人が覚えているように、アンゲラ・メルケルとジャシンダ・アーダーンは、現代屈指の有能な政治家だったのだから。この2人がベンチプレスでどれだけ持ち上げられるかなど、誰であれ、気にするべきだろうか？

進化心理学の説はみな論争の的になるので無理もないが、リーダーシップにおける性差別が石器時代の脳と結びついていることを、仮にあなたが疑っているにしても、文化的な女性差別の範囲の外にまで及ぶ、さまざまな研究結果を無視するのは、さらに難しい[*]。現代のコンピューター画像処理技術のおかげで、研究者はきわめて正確に顔の画像を操作できる。1回クリックするだけで、顔の典型的な男性らしさを強めたり弱めたりすることが可能だ。そこで、こう考えた研究者たちがいた。ある人の写真を撮り、そこから受ける男性らしさの度合いをわずかに高めたら、その顔に対する私たちの気持ちはどう変化するだろう？　男性らしさと、それに対する気持ちとの関係は、あなたが思っているほど単純ではない。リーダーシップについての実験では、女性の顔よりも男性の顔のほうが頻繁に選ばれる。これは、あなたの予想どおりだろう。だが、リーダーシップにまつわる選択の実験の参加者が、紛争のリスクや継続中の戦争といった、安全保障上の脅威に対抗する指導者を選ぶように言われたときには、興味深いことが起こる。これらの実験では、男性らしさの効果が増大するのだ[38]。実験からは、私たちは危機に際して、より男性らしく見える指導者を無意識に好む可能性が高まることがわかる。不合理ではあるが、その効果が本物であることをデータが示している。

ファン・フフトはこの見方――石器時代には優秀な戦士や狩人になれただろう身体的特性を持った男性を、現代の私たちが指導者に選ぶ傾向があるという見方――を、「サバンナ仮説」と呼んでいる。「進化は、私たちを導く者のテンプレートのセットを私たちの脳に焼きつけた。そして、（たとえば、戦時のように）協調が必要とされる具体的な問題に遭遇したときにはいつも、それらのテンプレートが作動する」と彼は説明する。[39] 権威主義的な有力者が、恐れを掻き立てたり対立を引き起こしたりして権力基盤を固めるのも、それが一因だ（「有力者」、つまり「力を有する者」という言葉があるのは、けっして偶然ではない〔訳注　「有力者」に当たる原書の言葉は「strongman」、すなわち、文字どおりには「力の強い人」〕。彼らは、脅威に気づいたときには強そうに見える人を頼みとするという私たちの狩猟採集民の本能を作動させているのだ。私たちは、リーダーシップにまつわる偏見に満ちた性差別的なこれらのテンプレートが、自分たち（あるいは、少なくとも私たちの多く）の内には存在しないふりをすることもできれば、その存在を認めて、それを克服する努力をすることもできる。だが、その努力を始めても、それは戦いの一端でしかない。自分たちの性差別的な文化によって学習したり悪化したりした内なる女性差別も、克服しなければならないからだ。

　サバンナ仮説は、男性指導者を好むバイアスにだけかかわるものではない。もしこの仮説が正しいのなら、私たちはただ男性に引かれるだけではなく、大柄で、堂々たる体躯の男性に引きつけられるだろう。そして、まさにそのとおりなのだ。権力を手に入れるには、背が高いと有利だ。そして、それは今

＊　進化心理学に対する主な批判の1つは、その核心にある主張を検証して確認することができない、というものだ。時間をさかのぼり、20万年前の人々を対象とする実験を行うことはできない。したがって、包括的な結論に対して慎重になるのは、もっともなことだ。

に始まったことではない。

背の高さへの偏好という進化のミスマッチ

2000年以上前、アレクサンドロス大王は、捕虜になったペルシアの女王シシュガンビスの謁見を許した。アレクサンドロスのそばには、親友のヘファイスティオンがいた。彼のほうがアレクサンドロスよりも背が高かった。ヘファイスティオンのことを大王だと勘違いしたシシュガンビスは、ただちに彼の前にひざまずいて命乞いをしたという[40]。理解できるとはいえ、重大な侮辱だ（いずれにしても、アレクサンドロスは彼女の命を助けた）。それでも、それが意味するところは明らかだった。身長は、地位を判断する優れた材料だと思われていたのだ。

およそ2000年後の1675年、プロイセン軍は「ポツダム巨人軍」という歩兵連隊を編制した。この連隊の唯一の際立った特徴は、所属する兵士が長身であることだった。このエリート連隊に入隊するには、身長が最低6フィート2インチ（約188センチメートル）なければならなかった。当時とすれば、並外れた背の高さだ。プロイセン王のフリードリヒ・ヴィルヘルム1世（在位1713～40年）は、どうやら普通の君主よりも変わっていたようで、病床にあったとき、これらの長身の兵士たちを目の前で行進させて、自らを元気づけた。彼は、訪れていたフランス大使にポツダム巨人軍を披露した折には、「世界一美しい娘や婦人には関心がないが、背の高い兵士たちに私は目がない」と言った[41]。王の執着はとどまる所を知らず、彼はヨーロッパ中の長身の人々を拉致して兵士にしたと言われている。あるときなど、（当時とすれば巨額の）1000ポンドも払って、ロンドン市街でアイルランド人の巨人を捕まえる作戦を実施した[42]。このような拉致の企ての費用が嵩《かさ》むと、背の高い人に子どもをもうけさせようとし、長身の男性を無理やり長身の女性と結婚させ、長身の赤ん坊には未来の兵士とわかるように、赤いスカーフで印をつけた。フリードリヒ・ヴィルヘルム1世は、馬車に乗るときには、背の高い兵士たちに、手を馬車の上にかざしながら両側を歩くようにさせ、腕の長さを誇示させた[43]。

フリードリヒ・ヴィルヘルム1世のおかしな性癖は脇に置くとして、身長に対するこのこだわりは、すべて意味がなかった。彼が支配していた頃の近代の戦闘では、背の高さは際立った特徴としては事実上無効になっていた。銃と、引き金を引きたくてウズウズしている指さえあれば十分だった。歴史ならではの詩的なかたちでこの点を証明するかのように、ポツダム巨人軍は解体された。イエナ＝アウエルシュタットの戦いで、背の高いプロイセン兵士たちが、巨人にはほど遠いナポレオン・ボナパルトに打ち負かされたときのことだった。

フリードリヒ・ヴィルヘルム1世が信じていたように、これらの長身のプロイセン兵たちが見事なまでに美しかったかどうかは、議論の余地がある。だが彼らは、進化のミスマッチの見事な例であることは間違いない。フリードリヒ・ヴィルヘルム1世は、もう大きな利点を与えてくれない特性に基づいて彼らを選んだ。彼は、ポツダム狙撃兵連隊を編制していたほうがよかったのだが、身長に執着してしまった。奇妙で不合理に思える。とはいえ、近代以降の社会での私たちの選択をより綿密に調べてみればみるほど、私たちには身長にこだわった18世紀のプロイセン王との共通点が多いように思えてくる。

アメリカの大統領たちは、それぞれの時代の男性よりも一貫して背が高い[44]。研究者たちが計算してみると、他のさまざまな要因を考慮に入れた後でさえ、背の高い候補者が、背の低い競争相手（たち）よりもたいてい多くの票を獲得していることがわかった[45]。背の高い大統領は、再選される率も高い。これは歴史の気まぐれだと思われるといけないので、研究者たちは実験を行い、参加者に同じ人物の写真を見せた。ただし、デジタル処理で背景を操作し、一方ではその人物が平均よりも背が高く見えるように、もう一方では低く見えるようにしておいた。それから、参加者たちをランダムに二分し、一方には背が高く見える男性と女性の写真を見せ、もう一方には背が低く見える男性と女性の写真を見せた。すると、背が高く見える男性のほうが指導者らしいと認識された[46]。大きな影響があったわけだ。だが、女性に関しては、指導者らしさの認識を形作るうえで、身長の果たす役割は格段に小さかった。これは、「石器時代の脳仮説」にうまく当てはまる。身長は、男性の狩人や戦士にとって、より重要だろうから（そうはいうものの、どうやらこの違いは、ハイナル・バンという名のオーストラリアの野心的な政治家には関係なかったようだ。彼女は選挙に立候補する前の２００２年に、足の骨を切断して引き伸ばし、約７・６センチメートル背が高くなれた。彼女は当選した[47]）。

だが、これは政治家だけにとどまらない。18世紀のドイツから今日のアメリカとイギリスまで、さまざまな時期にさまざまな場所で行われた研究から、背の高い人のほうがキャリア全般を通じて収入が多いことがわかっている[48]。ある調査では、数インチ背が高い人のほうが、生涯収入が平均でおよそ20万ドル多いことがわかった[49]。これには合理的な理由はないが、それでもこの違いは、現代のミスマッチとしてなお持続している。

というわけで、私たちは女性よりも男性に、背の低い男性よりも背の高い男性に、権力を与える。そうする一因は、私たちの時代後れの脳に根差している。だが、それはこの難問の一部でしかない。人種についてはどうなのだろう？

人種差別の起源と「内集団」と「外集団」への選別

おそらくあなたは日々の暮らしの中で、何百人、何千人とまではいかなくても、何十人もの赤の他人に出会うだろう。スーパーマーケットや会社の建物といった馴染みの場所でも、まったく見ず知らずの人と擦れ違う。もしあなたが、よく飛行機に乗る人や、大都市の住民だったら、自分と違う言葉を話したり、違う服を着たり、違う文化の出身だったりする人と出会うことは、日常茶飯事のはずだ。

だが、狩猟採集民だった私たちの祖先にとって、そのような出会いはきわめて稀だった。縄張り争いがあっただろうから、未知の土地に踏み込むのは、ロシアンルーレットをするのに等しかった。生物学者で著述家のジャレド・ダイアモンドは著書『昨日までの世界』で、狩猟採集民はあらゆる人を、味方と敵とよそ者の3つのグループに分類する、と主張している。味方は、自分の所属するバンドを形成する数十家族か、あるいは良好な関係にある他のバンドの者だ。敵は、顔は知っているが、同じ地域に住むライバルのバンドの者だ。第3のよそ者たちは、めったにいない。だが安全のために、彼らは潜在的な敵である、と自動的に想定しなければならない。有史以前には、狩猟採集民は地球の裏側からやって来た人に出会うことはありえなかった。つまり、異なる人種の人との遭遇は、事実上ないも同然だった。したがって人種差別は、身長や性別による偏見と同じように何十万年もかけた心理の進化によっては、強化されようがなかった。それに、ヒトという種の起源を考えると、石器時代の狩猟採集民のほとんどは、現代のヨーロッパ人やアメリカ人には似ても似つかなかっただろう。それでは、人種差別はすべて、文化によって学習されたのだろうか？

不幸なことだが、私たちの石器時代の脳は、自分と違う外見の人に対する深刻な偏見を生み出す。ヒトという社会的な種は、生き延びるために、さまざまな手掛かりを素早く使い、誰かが自分と似ていて、したがって味方か、あるいは似ておらず、敵の可能性があるかを判断するように進化した。この衝動から、社会学者が「内集団」と「外集団」と呼ぶものへの、人の選別が起こる。内集団の人は歓迎するべきであるのに対して、外集団の人は避けたり、追い払ったり、殺しさえしたりするべきだ、ということになる。肝心なのは、外集団の人は、私たちが潜在的な脅威と見なす人々である可能性が高い点だ。これについては、ほどなく戻ることにする。

完全に不合理であるのにもかかわらず、今日もなお、認知の近道として、これらの気づきづらくて偏狭な分類の仕組みに多くの人が頼っている。イギリスの研究者たちが、サッカーファンを集めて心理学の実験を行った。マンチェスター・ユナイテッドのファンでない人は、候補者の選考段階で落とされ、参加できなかった。だが、参加者たちは自分が選ばれた理由は知らなかった。それから、2つの互いに無関係な課題を与えられた。2番目の課題は、近くの建物で行われると告げられた。ところが、実際の実験は、彼らが最初の建物から2番目の建物に移動する途中で行われた。参加者は全員、怪我《けが》をして助けを必要としているように見える人（じつは、研究チームのメンバー）に出会った。出会う状況は同じになるように設定してあったが、条件を1つだけ、ランダムに変えてあった。参加者の3分の1は、マンチェスター・ユナイテッドのユニフォームを着ている人に出会った。3分の1は、ライバルのリヴァプールのチームのユニフォームを着ている人に出会った。残る3分の1は、どちらのチームとも無関係のシャツを着ている人に出会った。立ち止まって助けた人は、相手がマンチェスター・ユナイテッドのユニフォームを着ているときにはなんと92%もいたが、無関係のシャツを着ているときには35%、ライバルのユニフォームを着ているときにはわずか30%しかいなかった。着ているものの違いで、助ける率に3倍の違いが出たのだ。[50]

別の実験では、大学生たちが、勝つためには協力と信頼が欠かせない、チームで行うゲームに参加した。彼らは、リーダーを選ぶときに2つの選択肢を与えられた。これまで負け越しているけれど、たまたま同じ大学の人か、勝ち越しているけれど別の大学の人だ。すると学生たちは、成績が悪いにもかかわらず同じ大学の人を一貫してリーダーに選んだ。[51] 私たちは、なぜこんなことをするのか？ 私たちは、内集団と外集団を判定する有史以前のテンプレートのせいで行動が変わってしまう。それが不合理で、自分のためにならないときにでさえ、そうだ。私たちは、一体感を覚える相手を信用する。だが、「自分たちと同類」に見えない人には不信感を抱く。

現代世界では、祖先の脳から受け継いだこれらのテンプレートが、何世紀にもわたって文化から学んだあからさまな人種差別や暗黙の人種差別と相まって、異民族、それも特に少数民族の集団に対する、いっそう偏見に満ちた評価を生む。気の滅入るような研究結果によって、それが実証されている。白人の西洋人はときどき、黒人が潜在的脅威を持った「よそ者」であるかのように振る舞うというのだ。この現象が、現代社会を苦しめている体系的・制度的な人種差別をさらに悪化させている。

権力を得るうえで童顔は有利か不利か?

あらゆる人間の顔は、どの程度まで童顔に見えるか(専門用語では「童顔度」)で採点することができる。無数の実験で実証されているように、私たちは他者を評価するとき、この特性に本能的に注意を向け、それに基づいて相手についての判断を下す。刑事司法制度では、判事と陪審員は、たとえ被告人の年齢が同じときにさえ、被告人が童顔のときには、それほど童顔ではないときよりも、本人の行動に対する責任や過失を小さいものとして扱うという証拠がある。[52]私たちは、童顔イコール無実と、自動的に思い込むらしい。その結果、童顔の人のほうが、もっと引き締まった、大人らしい顔つきの人よりも、脅威を感じさせないことが多い。

だが、話はそれほど単純ではない。

権力を得るうえで、童顔が有利に働くか、それとも不利に働くかは、人種次第であることが調査でわかっている。研究の結果は、以下のことを示しているようだ。黒人は白人に、脅威を感じさせる存在と見られる可能性が高い。それは1つには、私たちの脳に残っている石器時代の「よそ者」テンプレートのせいであり、また、長いグロテスクな歴史を通して学習され、内面化された人種差別のせいでもある。これは意外ではない。だが、白人は黒人を脅威と見なしがちである一方、実験によれば、彼らは童顔の黒人をそのように見なす傾向が弱いという。さらに調べてみると、白人が優位な社会では、童顔の黒人のほうが、あまり童顔ではない黒人よりも権力を獲得しやすいことがわかった。[53]白人は、大人らしい顔の黒人を脅威と見なすので、そのような黒人は出世しにくくなっている。この調査によると、この関係は、白人の間では逆転しているそうだ。同じような調査では、童顔の白人のCEOは、脅威ではなくむしろ軟弱という印象を与えることがわかった。白人が優位な社会では、童顔は黒人に有利になり、白人には不利になるらしい。これは恐ろしく不合理だ。ところが、それが合わさって影響を与え、社会の中にすでに存在している人種的偏見を募らせているようだ。

要するに、原始的な脅威の本能に基づく不合理な顔の評価が、依然として私たちの現代世界に不平等を根づかせているらしいのだ。優れた適性を持つ少数民族の人を尻目に、それほどの適性のない白人が指導者の地位に就くことが多い理由も、これで部分的には説明がつくだろう（ただし、そのような白人偏重が正しいという根拠にはまったくならない）。だが、これは顔だけの問題ではない。研究者たちが求人情報を見て、エミリーやグレッグといった名前で偽の履歴書を送ると、ラキーシャやジャマルといった名前で同一の履歴書を送ったときよりも、はるかに多くの返事の電話がかかってきた。黒人に多い名前は、客観的な適性とは無関係に差別されたのだった。

とはいえ、朗報もある。内集団や外集団への所属は、人種で決まる必要がない。マンチェスター・ユナイテッドのファンの調査からわかるように、私たちはじつにさまざまな理由で他者との一体感を覚えることができる。人種差別は、応急処置やサッカーのユニフォームで克服することはできないものの、より幅の広い形態の共通のアイデンティティを生み出すことは、ただ西洋人で白人であるからではなく、最も優秀で才能があるからという理由で、人が指導者になることを確実にするための、（長い道のりの）きわめて重要な第一歩となる。

差別や偏見を克服するための4つの措置

では、私たちには何ができるか？　第1に、階級制がある集団はどれも、指導陣の人口構成についてのデータを用意するべきだ。前述のフォーチュン500のCEOのリストがあれほど目立つのは、データがすぐ手に入るからだ。人種差別や性差別の横行がひと目で見て取れる。だが、多くの組織では、人種や性別による重大な偏りを、そこで働く人は簡単に数量化できない。問題を解決するには、まずそれが存在していることを知る必要がある。

第2に、万能の解決策にはならないものの、可能なときにはなるべく、個人情報を伏せて能力のみを基準とする採用と昇格を行うべきだ。多くの場合、それは実行できそうにない。なにしろ小企業では、名前が伏せられていても、誰の履歴書かわかってしまうからだ。それに、社長候補の選考は、個人情報抜きではほぼ不可能だろう。だが、大きな組織や新規採用の場合には、応募者を匿名化すれば、より公平な決定が下せる。

第3に、採用委員会のメンバーはできるかぎり多様にするべきだ。人間は、自分に最もよく似た人々を依怙贔屓《えこひいき》するように頭がプログラムされているらしいことを考えると、そのような偏狭さが取り除かれれば、より良い決定を下せる。

そしてこれが最後だが、第4に、こうした措置は人生のずっと早い段階で取る必要がある。馬鹿げているように聞こえるかもしれないが、可能なときにはいつも学校の課題や試験を匿名にすれば、子ども時代に教師の偏見のせいで生じる深刻な不平等を減らせるだろう（私がイギリスで教えているユニヴァーシティ・カレッジ・ロンドンでは、私が採点する小論文は、すべて匿名化されている。そのほうが制度が公平になる）。これらの措置のどれ1つとして、私たちの精神や文化、人種差別的で性差別的な歴史に深く根差している制度的不平等を打破することはないだろう。だが、そのどれもが、ささやかながら有意の改善をもたらす。そうした改善が積み重なれば、自分と違う外見の人々への、学習された偏見や大昔からの偏見を、いずれ突き崩すことができるだろう。

私たちは、人間の間に階級制が存在する理由も、腐敗しやすい人々はその階級制の最上層へ上ろうとする可能性が高い理由も、すでに突き止めた。そして今や、石器時代の脳のせいで私たちが特定のタイプの人に権力を与えてしまう理由もわかった。だが、まだ取り組まなければならない疑問が残っている。腐敗した人や腐敗しやすい人は、どうしてやすやすと権力を手に入れられるのか？　あけすけに言えば、なぜ社会の指導者のじつに多くが、ナルシシスティックなサイコパスのように見えるのか？

第5章　なぜサイコパスが権力を握るのか？

感傷とは、敗者の側に見られる化学的異常である。

——シャーロック・ホームズ

マフィアのボスのように振る舞った学校のメンテナンス職員

リッチ・アグネロは、自分の教室の暖房に関して、特に変わった好みがあったわけではない。ニューヨーク州スケネクタディで特別支援教育を担当していたので、頭を悩ませるべきことは他にいくらでもあった。だが、２００５年末の冬のある日に、そうも言っていられなくなった。彼の教室が、凍えるほど寒かったからだ。鋳鉄製のラジエーターは、触ると冷たかった。そこで授業をするのは危険だった。「科学を教えている友人の所に行って、小さな温度計を借り、壁にテープで貼りつけました。組合に職場環境について伝えられるように」とアグネロは私に語った[1]。彼は繰り返し苦情を言ったが、温度は少しも上がらなかった。彼はとうとう自分で処理することにし、自宅から小さなヒーターを2台持ち込んだ。

翌日アグネロが教室のドアの鍵を開けていると、誰かが後ろに忍び寄ってきたのに気づいた。「そこで振り向くと、スティーヴ・ラウチが立っていました。まるで私が人道に対する罪でも犯したかのような顔をして」とアグネロは振り返った。[2]「彼は私に怒鳴りつけはじめ、ヒーターを指差しながら言いました。『あれは規則違反だぞ。ここに持ち込むことは許されないんだ』」。10年前、「ジス・アメリカン・ライフ」というポッドキャストのプロデューサーのセラ・コーニッグと話していたとき、アグネロはその瞬間のラウチの逆上ぶりを、「目を剝き、額に青筋を立てていました」と説明した。[3]アグネロは、ここは落ち着きを保つのが得策と思い、状況を説明した。規則違反のヒーターの弁明に、温度計を指し示した。ラウチは承知しなかった。そして、憤然として立ち去った。

ラウチは、スケネクタディ学区のメンテナンス職員だった。彼は、学区の上層部から明確な任務を与えられていた。学区の光熱費を削減せよ、と命じられたのだ。彼は状況をはっきり理解した。電気と暖房を切り詰めてお金を浮かせれば、上層部を確実に満足させられる。それに成功すれば、昇進さえ待ち受けているかもしれない。

「痛い目に遭わされた教師たちの話を聞いています。コンピューターをひと晩中オンにしたままにしたり、あろうことか、厳禁のコーヒーメーカーか何かを教室で使ったりしたら、ラウチは用務員に植木《うえき》鋏《ばさみ》を持っていかせ、規則違反の機器のコードを切断させたのだそうです」。アグネロのヒーターは、コードは切断されなかった。だが、持ち去られてしまった。

「翌日、出勤して階段を上がっていると、顔見知りの学区の電気技師が、私の小型のヒーターを1つずつ両脇に抱えて、駆け下りてきました」とアグネロは言った。彼が抗議すると、電気技師は「メンテナンスの本部オフィスに言ってください」とだけおずおずと応じ、バンに乗り込むと、急いで走り去った。「私は思わず笑いはじめました。『いったい、これはどういうことだ?』という感じで」。スティーヴ・ラウチとのこの揉め事を思い出すと、アグネロは今も笑ってしまう。だが、そこまで幸運ではない人々もいた。

ラウチは、学区の序列の上層部にはほど遠かった。年収は4万2000ドルで、学校のメンテナンス職員としては悪くなかったが、どうということはなかった。そんなとき、急激な昇給につながる道を見つけた。同僚の1人、ルー・セミョーンが、ちょうど学区の省エネ責任者に任命されたばかりだった[4]。その地位に就いたおかげで大幅な昇給があり、さらに昇進する道が拓けた。ラウチはその職が欲しかった。そこで、日頃からよくやっていたように、今度も悪巧みをした。誰も自分に権力を与えてくれないのなら、自ら手にするしかない、というわけだ。

ラウチは、ライバルを蹴落とす陰謀を思いついた。学区の上層部は、セミョーンがお金を節約するのを助けるために、電気使用量を把握するのに役立つ新しいソフトウェアシステムを、大枚をはたいて導入した。そのシステムは無駄を特定し、集中管理方式で照明をつけたり消したりする。だが、その新しいソフトウェアは、セミョーンには扱うのが難しく思えた。そこで、ラウチが管理を申し出た。彼はセミョーンに最新情報を定期的に知らせ、万事順調にいっている、と請け合った。だがラウチは、セミョーンがいないときにそのソフトウェアを密かに操作しはじめた[5]。ラウチが電気の使用量を増やせれば、セミョーンはクビになるかもしれず、そのときには、学区は新しい責任者を探すだろう。あるときラウチは、学区内でも電気の消費量が飛び抜けて多いフットボール・スタジアムの照明を、キャンパスが無人の祝日にまる一日つけっ放しにした。別のときには、週末にすべての建物の照明がついたままになるようにした。それが図に当たった。セミョーンは職を解かれた。ラウチは上司たちを説得し、後釜に座った。それは小さな王国だったかもしれないが、ラウチは王にのし上がったのだ。

「おい、ルー」と、ラウチはセミョーンに最後に会ったときに言った。「言っておきたかったんだが、お前は好いカモだったんだよ[6]」。謀《はかりごと》を巡らせて権力を追い求める人のじつに多くがそうであるように、ラウチもライバルを打ち負かすだけでは気が済まなかった。相手を侮辱せずにはいられなかったのだ。だが、ラウチが思いを遂げたことは疑いようがなかった。学区の省エネを任された後、彼の年収は10万ドルの大台に乗った。そして、いざ自分が光熱費の削減に取り掛かると、チャールズ・ディケンズの『クリスマス・キャロル』に登場するスクルージばりの守銭奴になった。リッチ・アグネロのヒーターは、絶対に許せなかった。年末が迫り、寒さが厳しくなってさえも。

だが、スクルージとは違って、ラウチが徳に目覚めることはなかった。むしろその逆で、彼の振る舞いはますます傍若無人になった。部下たちにセクシャルハラスメントを働いた。抗議した人は脅迫された。秘書が職場で雑談しているときに何気なく、ラウチは「自分の好み」ではない、と軽口を叩くと、劣悪な職場に異動させられた[7]。そして、恒例のクリスマスのスピーチでは、普通なら上司が全員にねぎらいの言葉を掛け、乾杯の言葉を述べるときに、ラウチは、自分にはけっして逆らうな、さもないと「叩き出す」ぞ、と警告した。「フィクサーは俺だけだ」とラウチは腹立たしげに言った[8]。もし現代版のタイニー・ティムがいたら、ラウチはおそらく、彼の電動車椅子のコードを充電中に植木鋏で切っていただろう〔訳注　タイニー・ティムは、『クリスマス・キャロル』に登場する病弱な子ども〕。

ラウチは、仕事で権力を強めると、新たな王国の征服に乗り出した。学区の組合だ。だが、組合の権力闘争に参入するために動きだすと、誰かが内部告発することにした。その人物は匿名の手紙を書き、メンテナンス部門の責任者としてラウチが重ねてきた悪行の数々を詳しく並べ挙げた。[9] 彼は組合幹部にはふさわしくない、とその手紙には書かれていた。

ラウチは激怒した。誰かが彼を裏切ったのだ。それが誰か目星がつく、とラウチは思った。ハルとデボラのグレイ夫妻だ。ハルはメンテナンス・オフィスでラウチの下で働いていた。デボラは組合で働いていた。2005年5月1日、グレイ夫妻はラスヴェガスでの休暇に飛行機で向かうために早起きした。ハルが外に出ると、赤いペンキがスプレーで至る所に吹きつけられていた。2人の家のありとあらゆる場所に、「RAT」という文字がでかでかと書かれていた[10]〔訳注「RAT」は「裏切り者」の意〕。消すのにできるだけ多くの費用がかかるようにするため、ペンキは可能なかぎり多くの場所に吹きつけられていた。夫妻は呆然《ぼうぜん》とした。ラスヴェガスで大勝ちしたとしても、とうていその費用を埋め合わせられそうになかった。

この汚損行為が知れ渡ると、ラウチは部下たちによる「巡礼」を画策し、「正体不明」の犯人の手並みを敬いに行かせた。彼らは（勤務時間中に）学区が所有する車両に乗り込み、片道20分かけて見に行った。[11] そして、職員の1人ひとりが、グレイ夫妻が当然の報いを受けて嬉《うれ》しい、とラウチに報告することを強要された。

ゲーリー・ディノーラという学区職員が、2006年にラウチの振る舞いについて、学区の教育長に苦情を申し立てた。ラウチはそれを知った。ある日、ディノーラが家から出てくると、自動車のタイヤがみな切り裂かれていた。ワイパーの1つには、火のついていない爆発装置が仕掛けてあった。何を伝えようとしているかは、見逃しようがなかった。

まもなく、汚損行為や爆発物は、あえて自分を裏切ろうとしている人々をラウチが脅す常套手段《じょうとうしゅだん》になった。以前にラウチからハラスメントを受けたロン・クリスは、ラウチを非難しようとすると、自分のトラックを激しく傷つけられた。ラウチは、その1件を周りに自慢した。「ロン・クリスをここから追っ払ってやった」と、ラウチは誇らしげに言った。「奴は自分のきれいな新品の小型トラックを、ホームセンターによく停めていた。駐車場のど真ん中に。そうすれば手出しできないと思って」[12]。ラウチがマフィアのボスのように思えるなら、それは偶然ではない。彼は、映画『ゴッドファーザー』のドン・コルレオーネの写真をオフィスに掛けていた[13]。「5年以上、私たちは恐怖の中で生きていました」とクリスは私に語った。

ラウチの部下たちが恐怖に陥っている一方で、上司たちは大喜びだった。ラウチが強引に光熱費を削減したおかげで、学区は何百万ドルも節約することができた。ラウチは、うまくやってのけたのだ。彼は自分の権力を揺るぎないものにするために、仲間たちを組織して帝国を築き、下の人間が彼を標的にして行う内部告発から自らを守ろうとした。教育委員会のあるメンバーが金銭的な窮地に立たされたときには、ラウチは資金を融通した[14]。ゴッドファーザーに成り上がった元メンテナンス職員が、現金入りの封筒で助けてくれる、という構図だ。

だが、誰もが誤りを犯す——ラウチのように緻密に策を練る人間でさえ。ラウチは、ライバルになりそうな相手を爆発物を使って脅そうとしたときに、導火線代わりにするつもりだったタバコを残した。そのタバコには、微量のＤＮＡが残っていた。[15] 捜査班は、前々からラウチの関与を疑っていたが、こうしてそれを証明する機会を得た。ある朝のこと。いかにもアメリカらしく、積み上げたホットケーキと特大のオムレツを出す、スケネクタディのピーター・ポーズという、お気に入りの食堂の1つでラウチは食事をした。[16] 警察は、彼が食べおえるのを待った。そして、彼が立ち去ってから、残されたフォークを回収し、鑑識に回した。ＤＮＡが一致した。導火線代わりの、火のついていないタバコに付着していたＤＮＡは、ラウチのものだった。

だがこれだけの証拠では、ラウチと彼が行った他の犯罪とを結びつけることは、まだできなかった。そこで警察は、ラウチの友人の1人で麻薬常習者になった元警察官を雇い、盗聴器を身につけさせてラウチの言葉を録音した。その録音に耳を傾けると、妄想に蝕《むしば》まれ、異常を来した精神の営みが聞き取れる。あるいは、ロン・クリスが私に語ったように、ラウチが「病んだ自我」を持つ「ナルシシスティックな嘘つき」であることをその録音は物語っている。[17]

ある録音では、ラウチは学校のメンテナンス職員に異例の誇大妄想を示している。「俺が死んだら、やつらはずっと、スティーヴが何をしたとか、俺には何ができたとかについて、話し続けるだろう」と、ラウチは同一の会話で一人称と三人称の間を行き来しながら自慢した。[18] ラウチは自分が「絶滅危惧種」の1人であることを残念がり、「俺はみんなのヒーローだ……みんな運が良い。スティーヴがいるんだから」と言っている。[19] 厚かましさを上塗りするかのように、母親が双子で産んでくれたらよかったのに、と締めくくっている。そうすれば、「俺にも頼りにできるスティーヴがいただろうから」。

秘密録音が行われた別の折には、ラウチは例の元警察官に、自家製の爆発装置を見せた。見せびらかした後、ラウチはそれを人目につかないように植物の陰に隠した。それは、中学校内のラウチのオフィスでのことだった。その録音を聞いた捜査官たちは、素早く動いた。子どもたちが危険にさらされていたからだ。彼らはラウチの身柄を拘束した。警察は、爆発物に加えて暗視ゴーグルも見つけた。高校の体育館の床磨きには不要だが、真夜中に住宅にペンキを吹きつけるときにはおおいに役に立つ。

２０１０年に、ラウチは23年～無期の懲役を言い渡された。

ラウチは極端な例だが、権力を濫用する上司というのは、職場ではごくありふれている。自信過剰で尊大ではあるものの比較的無害なうぬぼれ屋から、はるかに邪悪な人まで、さまざまだ。本章では、腐敗した人や腐敗しやすい人がじつにうまく出世する理由を見てみる。彼らは、どのようにしてそれをやってのけるのか？　また、サイコパスのほうが良い指導者になれるのか、という不穏な疑問にも取り組む。

まず、ラウチのような極端な人間、すなわちサイコパスやナルシシスティックな陰謀家を見てみよう。そういう人間は、めったにいない。あなたの上司やコーチや、あなたの自動車を停止させる警察官が正真正銘のサイコパスである可能性は低い。だが彼らは、いったん権限のある地位に就くと著しく有害なので、特別に考察する価値がある。ラウチのような人にはどんな動機があるのかがわかったら、今度はもっとありきたりの劣悪な上司に目を向け、自信過剰と傲慢さが、権力のある人に共通の特性である理由を考えてみる。

「ダークトライアド」の特徴

スティーヴ・ラウチは、「ダークトライアド」と呼ばれるものの典型的な特徴を示している。[20]ダークトライアドは、その呼び名から想像がつくように、3つの要素から成る〔訳注 「トライアド」とは「3つ組」の意〕。マキャヴェリズムとナルシシズムと精神病質《サイコパシー》だ。マキャヴェリズムは、イタリアの政治哲学者ニッコロ・マキャヴェリのたった1つの考え――「目的は手段を正当化する」――を凝縮したカリカチュアだ。したがってマキャヴェリズムは、陰謀、対人操作、他者への道徳的無関心を特徴とする性格特性だ。ギリシア神話のナルキッソス（自分自身にすっかり心を奪われたために身の破滅を招いた美青年）にちなんで名づけられたナルシシズムは、傲慢、自己陶酔、誇大、他者からの承認への欲求を示すことの多い性格特性を指す。そして、ダークトライアドのうちでも最も暗い特性である精神病質は、共感を抱くことができず、衝動的で、向こう見ずで、攻撃的で、他者を操作するというかたちでしばしば表れる。これら3つの特性のどれもが、さまざまな程度で存在しうる。それぞれの特性が少しずつ、気づかれないままにあなたの血管の中にさえ流れているかもしれない（そして、この文を読んでいる人のうちには、診断未確定の、ナルシシストでマキャヴェリストで精神病質の人がわずかにいるかもしれない）。もっとも、私たちのほとんどは、これらの特性をごくわずかの、無害な量しか持っていない。だが、これら3つが同一人物の中に極端に多く存在すると、本人にとって問題が生じる。そして、周りの人にとっても。

あらゆる心理学的プロファイリングや精神医学的プロファイリングと同じで、ダークトライアドの測定もいくぶん主観的だ。かつて、診断のための標準的な手段は長い質問紙だった。やがて2010年に2人の研究者が、たった12問の質問で事実上同じ結果を得られることに気づいた。それらの質問は、「汚い12《ダーティ・ダズン》」として知られるようになった。ダークトライアドを宿す心の持ち主かどうかを、素早く大ざっぱに測定するための質問だ。[21] それには、「自分の思いどおりにするために、他者を操作する傾向がある」「良心の呵責《かしゃく》を欠く傾向がある」「威信や地位を追い求める傾向がある」といった項目が含まれている。多くの人は、これらのいくつかに「はい」と答えるが、「はい」と答える回数が多い人は、ダークトライアドの特性の水準が高い場合が多い。

　もちろん、マキャヴェリストのサイコパスは、およそ完璧とは言えない行動をいつも自己報告式の質問紙で告白するとはかぎらない。嘘の回答をする人を見破るには、もっとしっかりした診断方法が必要だ。たとえば、臨床的な精神病質の診断のためには、被診断者は、質問というより取り調べのように感じられるかたちで長々と質問される。暴力的な違反者や犯罪者を診断するときには、尋問の間にその人が言うことを、証人の供述や事件簿と比べて、被診断者が嘘を言っていないかどうかを確認する。[22] だが、ダークトライアドの特性を持った大勢のサイコパスが巧みに他者を騙《だま》して、自分は優しくて思いやりがあり、支配権を握るべきだ、と信じ込ませてきた。そして、刑務所以外では、証人の供述も事件簿もない。私たちは、自分たちの間に潜んでいるラウチのような人物を、自力で見つけ出さなければならないのだ。では、どうすればそういう人を見極められるだろう？　そして、絶対に彼らを指導者にさせないようにできるだろう？

サイコパスとはどのような人たちか？

ヴィクトリア湖の周りの東アフリカと中央アフリカには、ミルマラクネ・メラノタルサという蜘形類《ちゅけいるい》のアリグモがいる[23]。他のクモの種は丸い体を持っているのに対して、アリグモは体が長く、アリによく似て、頭部、胸部、腹部の3つの部分から成っているかのような外見をしている。他の蛛形類とは違って、4対8本の脚を全部使って歩く代わりに、アリグモは3対の脚しか使わず、前の1対は宙に上げてアリの触角を装う。動きもアリと似ている。最近の調査でわかったのだが、彼らは「絹糸でできたアパート」のような巣で共同生活さえする[24]。まるで、アリのコロニーの手の込んだ真似さながらだ。研究者の1人が述べたように、「アカデミー賞に値する演技」だ[25]。

このような手の込んだ物真似には理由がある。いや、より正確に言うなら、2つの理由がある。第1に、アリグモは捕食者に食べられないで済む。彼らが真似るアリたちは、餌食にするには手強いからだ。第2に、アリのふりをするクモは、クモの卵をご馳走にしやすい。クモは普通、アリのことは心配しない。アリがクモの卵を食べようとしたら、クモの巣にかかってしまうからだ。だから、クモは警戒を緩める。そのため、アリグモは気づかれずに忍び寄り、苦もなく巣の糸の上を歩き回り、クモの卵というご馳走にありつく。『ナショナルジオグラフィック』誌のエド・ヨンが書いているとおり、「要するにそれは、クモに食べられるのを避けつつ自らはクモを食べられるようにするためにアリのような恰好をしているクモなのだ」[26]。恐ろしい欺きの上級クラスと言える。

サイコパスは、アリグモと共通点が多い。彼らはクモの卵は食べないし、両腕を触角のように宙に差し上げながら、絹糸でできたアパートで暮らしているわけでもないが、自分とはまったく違うもの、すなわち、正常に機能している脳を持つ人々を、しばしば真似ようとする。そして、その真似をしながら、そういう人々を餌食にすることが多い。

今から200年余り前、フィリップ・ピネルという名のフランスの医学者がゾッとしながら見守るなか、1人の男が犬を蹴り殺した[27]。男は、まったく良心の呵責を感じずに、終始無駄のない動作でそうした。ハンマーで釘を打ったり、ゴミを外に出したりするような、ありきたりの仕事でもこなすようだった。ピネルはこの種の行動のカテゴリーを新たに考え、「manie sans délire」と呼んだ。「道徳的狂気」と訳されることがあるが、直訳すれば「精神錯乱を伴わない狂気」とでもなる[28]。

たとえば、無力な動物か子どもが激しい苦悩を見せているところといった、不穏な画像を正常な人に次々に見せると、情動と結びついている脳の領域が盛んに反応する。神経科学者はまだ共感を理解しようと努力している段階にあるのだが、共感は、「ボトムアップ」のものと「トップダウン」のものの2つのシステムを通して働くらしい。トップダウンのシステムは、「心の理論」あるいは「メンタライジング」と呼ばれるものに由来する[29]。私たちはこのシステムを使い、他者が感じていることや、他者がどんな意図を持っているかを理解しようとする。ボトムアップのシステムは、「ミラーニューロン・システム」と結びついていると考えられている。ミラーニューロン・システムでは、私たちの脳の活動が、私たちの目撃している人の脳の活動を鏡のように反映する[30]。たとえば、何かひどい臭いを嗅いだかのように誰かが顔をしかめているのを見ると、あ、な、た、もひどい臭いを嗅いだかのように、あなたの脳の同一の部位が活性化することが、脳スキャン画像からわかる[31]。神経科学者たちは、これが「情動感染」という現象の仕組みの候補の1つだとしている。幸せそうな人を見ると自分も幸せに感じ、悲しそうな人を見ると悲しくなる、というのが情動感染だ。ほとんどの人にとって、誰かが激しい苦痛や苦悩を感じているのを目にするのは、ひどく不快なものだ。

ところが、誰もが同じわけではない。苦しみに対しての反応が大きい人もいる。科学者は機能的磁気共鳴画像法（ｆＭＲＩ）スキャナーを使うと、痛みを感じている人を見たとき、脳の活動が基本状態からどれだけ変化するかを数量化できる。共感は信じ難いほど複雑だが、科学者はこの方法で間接的に共感をおおよそ測定できる。

ヴァレリア・ガッツォーラとクリスチャン・キーザーズはこの知見に基づき、サイコパスで共感を測定した。この調査では、暴力的なサイコパスと臨床診断された21人が2人の研究室に連れてこられ、スキャナーの中に入ったサイコパスは、人が別の人に痛めつけられている動画を観た。すると、研究者たちの予想どおり、他の人々では起こるようなニューロンの発火がまったく起こらなかった。通常は情動と関連している脳の部位が、サイコパスでは鈍感で冷ややかだった。他者の痛みが、彼らには気にならなかった。

だが、まだ1つ謎が残っていた。どれでもいいから精神病質についての本を開くと、おそらく最初のページに「表面的な魅力」という言葉が載っているだろう。サイコパスは口がうまい。信じられないほど人好きがすることが多い。ただし、うわべだけのことではあるが。彼らといっしょにいると、わくわくするように思える。彼らの成功のカギは他者を操作することなのだが、そのためには相手に警戒を解かせなくてはならない。相手に同情できない人が、どうしてこうも効果的に他者に好かれるようにできるのか？　ガッツォーラとキーザーズはそれを突き止めるために、暴力的なサイコパスたちをもう一度スキャンすることにした。だが、今回はガッツォーラ教授には1つ考えがあった。彼女はサイコパスたちに、他者に同情する努力をするように、はっきり伝えた。人が苦しむ様子を眺めているときに、その人に共感するように、と。その実験では、結果はまったく違った。サイコパスたちは、正常な人々のものと似た共感の神経学的反応を見せたのだ。[32]そこでガッツォーラとキーザーズは、驚くべき結論に達した。サイコパスたちは他者への共感を覚えることができる、と。ただし、自然にはそうはならない。彼らはトップダウンとボトムアップの処理の調整の仕方が、他の人の場合とは違うのだ。

サイコパスを指導すれば普通の人と同じように振る舞わせることができるのなら、正常な脳にサイコパスの脳のように考えさせることも可能だろうか？　ある程度は可能だ。「人は、もし誰かをクビにしなければならないことがわかっていると、共感力を抑制し、やるべきことをやれるようにする」とガッツォーラは説明する。「もし相手にとって自分が魅力的なデートの対象になりたければ、自分の共感力を高めて、相手の情動のごくわずかな手掛かりにも注意をそっくり向けるだろう」。「正常な」脳は、たいてい初期設定によって共感のスイッチがオンになっている。一方、サイコパスの脳は、初期設定によってそのスイッチがオフになっているらしい。

脳に対する磁気刺激法などのテクノロジーを使って、共感のスイッチを部分的にオフにすることもできる。研究者たちは、「非侵襲的脳刺激法」を使い、正常な人々の共感力を一時的に下げることに成功している。[33]人は特定の箇所を刺激されると、ゾッとするような画像を見ても通常ほど影響を受けない。私たちは束の間、思いやりのないサイコパスの頭の中に入っていける。サイコパスは、テクノロジーの助けなどなくても自分の自然な状態を無効にして、共感のスイッチをオンにできるようだ。彼らは、その頭の中のスイッチを必要に応じてオンにできる。ひょっとすると、彼らは情動を、標的を定めた武器のように使っているのかもしれない。ただし、自分に都合の良いときにだけ。

それでも、サイコパスが自然に他者に同情することはないからといって、彼らに情動がないわけではない。それどころか、彼らには極度に自然な情動が1つある。それは怒りだ。彼らの脳は、思いやりに関しては砂漠のように不毛でも、攻撃性に関しては熱帯雨林のように豊饒《ほうじょう》だ。だとすれば、問題は、このような異常な脳は、支配権を握るのが得意になるような利点を、サイコパスに与えることができるかどうか、だ。

役員室にいる「スーツを着たヘビ」のようなサイコパス

サイコパスのことを考えると、悪名高い人物が頭に浮かぶ。たとえば、テッド・バンディのような連続殺人犯だ。バンディはサイコパスの典型的な特性である表面的な魅力を利用し、犠牲者たちを誘惑した。だが、サイコパスを調べている専門家たちに話を聞くと、みな同じことを指摘する。刑務所行きとなったサイコパスはしくじった人々だという。たとえばスティーヴ・ラウチは、自分の精神病質の特性を隠すのがうまくなかった。憤激を抑えられなかった。彼は誰かを恐れさせたり、誰かの家にペンキを吹き掛けたりしたとき、自慢したいという誘惑に逆らえなかった。悪意に満ちたクリスマスのスピーチは、気づかれずには済まされなかった。ラウチは、アリグモのように溶け込むことはできなかった。彼は、アリグモが脚を持ち上げて触角を持っているふりをするのと同じようにする必要があるときに、爆発物を仕掛けてしまった。彼は、自分の正体を隠し通すのに欠かせない自制心を持ち合わせていなかった。

だが、巧みに溶け込むことのできるサイコパスは大勢いる。うまくやってのけたサイコパスは、役員室に収まっている。法案に署名している。ヘッジファンドを管理している。精神病質の専門家ロバート・ヘアの言葉を借りれば、彼らは「スーツを着たヘビ」だ[34]。こうしたヘビたちが権力のある地位にスルスルと滑り込もうとするときに、ダークトライアドが役に立つ場合がある。

私たちがどのように人を採用したり昇進させたりするか、考えてほしい。その人の成功のカギは、魅力とカリスマと好感度が握っている。採用面接は演技の場だ。応募者は、履歴書や、それに添えた効果的な自己ＰＲや、有力な推薦状を持って会場に行く。だが、いったん入室したら、そこにいる人々にいかに気に入ってもらえるか——そして、自分がその職にふさわしいという認識を持ってもらえるか——が勝負だ。心配していたり、自信がなさそうだったり、おどおどしたりしていたら、雇用される可能性が低くなる。だが、自信があって、言動が上品に見え、どんな質問を投げ掛けられても答えられたら、選ばれる可能性が高まる。ナルシシストでマキャヴェリストのサイコパスにとって、標準的な採用面接は打ってつけのフォーマットだ。彼らは、自分について話すのが大好きだ。彼らは自分の欲しいものをどう手に入れるかについて、戦略を立てる。目的は手段を正当化する——たとえそれが、自分についての嘘をつくことや、証明書や推薦状を捏造することを意味しても。そして彼らは、表面的な魅力とカリスマを目立たせる天賦の才を持っている。私たちの雇用の仕方のせいで、ダークトライアドが不相応なまでに報われてしまうのだ。

科学者たちは、採用面接での成績と「印象管理」とを評価することで、この現象を追ってきた[35]。人が自分を他者にできるかぎり良く見せようとするときにはいつも、印象管理をしていることになる。それ自体には、どこも悪い所はない。誰もがそうする。正常なことだ。だが、必要以上の大きくて役に立たないハサミを持つシオマネキとちょうど同じで、私たちも印象管理をしているときに不正直なシグナルを発することがある。他者に自分を良く見せようとして嘘をつく人さえいる。ところが、サイコパスやマキャヴェリストを採用面接のときに測定すると、他の人とはじつに興味深いかたちで違うことがわかる。予想に違《たが》わず、マキャヴェリズムの傾向が強い人はそうでない人よりも、採用面接のときに多くの話をでっち上げたり、誇張したり、嘘をついたりする。だがサイコパスは、自分が受けている面接に合わせて、話をでっち上げたり、誇張したり、嘘をついたりする。不正直な人のうちには、他の応募者よりも優位に立とうとして、履歴書を粉飾する人がいる。一方、サイコパスは面接ごとにカメレオンのように対応し、面接官が新規採用者に求めているだろうと思うものに合わせて自分を完全に変える。サイコパスは、どの応募のときにも履歴書に記入する学生時代の評価点を必ずわずかに水増しするなどということはせず、銀行で面接を受けるときには経済学の学位を持っていることにし、法律事務所で質問されているときには法律関係のインターンシップの経験をでっち上げる。完全に偽りの人格を手際良く作り上げるサイコパスもいる。彼らが知能の高いサイコパスだと（多くがそうだ）、うまく騙し通すことができる。

　別の調査では、研究者たちは1000人弱の企業従業員を対象にして、ダークトライアドの特性を評価した。すると、ナルシシストは収入が多く、マキャヴェリストは社内で出世するのが上手であることがわかった。一方、精神病質が強い人は、そのせいで将来のキャリアが損なわれるようだった。[36] おそらく、うまく溶け込めずに「しくじった」サイコパスや自制心のないサイコパスが足を引っ張っていたのだろう。衝動的で攻撃的で、暴力的でさえある自分の行動をうまく管理できないサイコパスは、職場でその報いを受けることを示す証拠がたしかにある。上司に向かってわめき散らしたり、冷水器を殴りつけたりしても、昇進につながるはずがない。それに、およそ利口とは言えないサイコパスも当然ながらいる。だが、ダークトライアドの特性は、単独で存在しているわけではないことが多い。3つの特性が協調して作用すると、精神病質を形成するうちでもとりわけ破壊的な要素のいくつかは、効果が鈍るばかりか、強みに変わることさえありうる。役員室に収まっているサイコパスは知能が高く、他者を支配しようとするなかで、自らを律する術《すべ》を身につけたのだ。

そこで、職場における精神病質の専門家として世界でも指折りの3人であるポール・バビアクとクレイグ・ニューマンとロバート・ヘアは、企業の階級制の上層部に、ダークトライアドが多少見られるだろうか、と考えた。彼らは、7社の管理職200人以上を調べた[37]。これらの人々は全員、幹部養成――企業の階級制の上層に昇進させるための訓練プログラム――のために企業に選抜された点が共通していた。

バビアクらの発見のうちには、少しも意外ではないものもあった。調査対象の圧倒的多数は、最高点が40点の精神病質チェックリストで、0点か1点か2点しか取らなかった（テッド・バンディは39点だった）。バビアクらはこのチェックリストに、精神病質の調査でよく使われる2つの境界を定めた。22点前後かそれ以上なら、サイコパスの「可能性あり」、あるいはサイコパスになる「潜在性あり」で、30点を超えると、間違いなくサイコパスだった。

幹部になるための訓練を受けている200人超の管理職のうち12人、つまり6％弱が最初の境界に達した。だが、この調査参加者の約4％に当たる、なんと8人が30点を上回った。33点の人が1人、34点の人も1人いた。刑務所に入っている男性犯罪者の平均は？　22点だ。

たしかに、200人余りのたった1枚のスナップショットでは、企業の世界の典型とは必ずしも言えない（それに、参加者は全員アメリカ人だったので、文化的な偏りがある）。それでも、民間部門のリーダーシップの片鱗《へんりん》がそこには窺われるので、穏やかならぬものがある。精神病質に関して社会全体のサンプル調査をすると、500人に約1人が、サイコパスの境界である30点を超える。企業の管理職志望者を対象としたある調査では、その割合は25人に1人だった。この結果は例外かもしれないが、この調査からは、人口全体と比べて企業の幹部では、サイコパスの割合が約20倍にもなることが見て取れる（100人に1人がサイコパスであることを示す調査もあり、その場合には、人口全体と比べて、企業幹部ではサイコパスの割合が5倍となる）[38]。そして、ここがいちばん興味深いのだが、25点を超えた9人のうち、「2人がヴァイスプレジデント、2人が取締役、2人が部長かそれに匹敵する地位、1人がその他の管理職だった」点だ[39]。サンプル中のサイコパスたちは、たんに上層部までたどり着こうとしていただけではなかった。すでにそれを成し遂げていたのだった。

これはおそらく、ただの偶然ではないだろう。ダークトライアドの特性には、2つの効果があるのかもしれない。そのような腐敗しやすい人々に権力を渇望させるが、それとともに、権力を手に入れるのを得意にさせることも可能なのだ。そして、それはけっきょく、冷酷な利己主義にレーザー光線のように的を絞る能力に尽きるのかもしれない。

サイコパスは冷徹で計算高い

ある調査で、日本の研究者たちが「最後通牒ゲーム」という単純な課題を設定した。[40] ルールは簡単だ。プレイヤーは１００円を楽々手に入れることができる。２人のプレイヤーの一方がランダムに選ばれて提案者になる。もう一方のプレイヤーは応答者となる。提案者は１００円の分割案を提示する。ゲームの参加者が公平なら、50円ずつ分けることを提案するだろう。もし利己的なら、80円と20円、あるいは90円と10円といった分け方を提案するかもしれない。だが、1つ条件がついている。もし応答者がその申し出を拒絶すれば、2人とも1円ももらえない。このゲームは、私たちが生まれ持った公平性への願望と経済的な利己主義とを競わせるようにできている。たとえば、もしあなたのパートナーが利己的で、95円と5円の分割を提案したら、平手打ちを食らわせたくなるかもしれないが、客観的に考えれば、その申し出を受けるほうが経済的な利益には適っている。そうすれば5円もらえ、申し出を拒めば1円も手に入らないからだ。だが、私たちには利己的な行動を罰したいという本能的な願望があり、それが利己主義に優先することがよくある。実験を行うと、人々は70円／30円という分配を限界と見る傾向を示す。それ以上不公平だと、提案者と応答者はたいてい1円ももらえない結果になる。

このゲームをしている人々の精神病質の特性を評価したらどうなるか、と日本の研究者たちは思った。サイコパスのほうが合理的で、不公平性を気に掛けないだろうか――自己利益に適うかぎりは？　善か悪か、公正か不正か、公平か不公平かという疑問から自分を切り離すことができるような、冷徹で計算高い爬虫類《はちゅうるい》の脳を、彼らは持っているのか？　調べてみると、まさにそういう結果になった。精神病質の度合いが高い人ほど、利益になるのであれば不公平な申し出であっても気にせずに受け容れた。さらに詳しく調べるために、研究者たちは「皮膚伝導度反応」も測定した。奇妙なことに、私たちは情動を喚起されると、皮膚の電気伝導度が上がる。したがって科学者は、皮膚の伝導度を測定すれば、情動的反応をおおざっぱに捉えることができる。日本の調査では、精神病質の特性がない人が公平な提案を受けると、皮膚電導度はあまり変化しなかった。ところが、彼らを餌食にしようとするヘビのような人間から不公平な提案を受けたときには、激しい情動が湧き起こった。彼らは動揺した。一方、精神病質の特性が強い人は、提案が公平でも不公平でも、皮膚電導度には識別可能な違いが出なかった。彼らにはあまり影響がないようだった。

別の調査では、やはり同じ最後通牒ゲームをやらせたが、その間、参加者の脳を磁気共鳴画像診断装置（ＭＲＩ）でスキャンした。その調査では、精神病質の傾向が強い参加者と弱い参加者の間であまり違いがなく、どちらも不公平な提案を同じ回数だけ拒絶した。だが、その決定を下しているときに、脳の異なる部位が活性化していた。正常な人々は、不公平な提案を受け容れるか拒絶するかを決めているときに、規範的意思決定――何が正しいか、何が間違っているかの判断――にかかわる脳領域の活動が最も盛んになった。その決定は道徳上のものであり、世の中はどうあるべきかについての情動的手掛かりと結びついていた。[41]だが、精神病質の検査の得点が高い人々では、この脳領域は比較的不活発なままだった。その代わりに、80円／20円の分割を提案されたとき、サイコパスではずば抜けている脳領域、すなわち怒りと関連した領域が活性化した。彼らが動揺したのは、これは世の中があるべき姿ではないからではなく、自分にふさわしいと思っている結果が得られなかったのは、彼らに対する侮辱だと見なしたからだった。これは微妙な差異に思えるかもしれないが、じつは重要な違いだ。ラウチのように、しくじるサイコパスは、自分の怒りを制御できない。そして、暴力に訴えかねない。彼らは誰かに80円／20円の分割を提案されると、おそらくその申し出を拒絶し、相手の家を焼き払うだろう。だが、成功するサイコパスは、その怒りを管理でき、しかも思いやりに突き動かされることがない。彼らの多くがこの組み合わせを使って、階級制の中で昇進していく。彼らはろくにためらいもしないで同僚を踏み台にし、出世する。血も涙もない爬虫類の脳の助けを借りて、スーツを着たヘビになる。

こうした特性のおかげで、ダークトライアドはキャリアに関する選別効果がある。権力に飢えた、ナルシシストでマキャヴェリストのサイコパスは、たとえば慈善活動などには、たいてい引きつけられることがない（ただし、アリグモのように餌食たちの間で目立たないようにするためであれば、話は別だが）。オックスフォード大学の研究専門の心理学者で、『サイコパス』の著者のケヴィン・ダットンによれば、サイコパスの多い職業を10挙げると、以下のようになるという。CEO、弁護士、テレビ／ラジオのパーソナリティ、セールスパーソン、外科医、ジャーナリスト、警察官、聖職者、シェフ、公務員。[42]別の調査の結果は、ダークトライアドの特質を持った人は支配的なリーダーシップ――他者を支配することを伴うリーダーシップ――を発揮できる機会が得られる地位、とりわけ金融やセールスや法律の分野での地位に強く引きつけられることを示している。ダットンは自分のリストに政治家を含めていないが（おそらく、サンプルとなる数がかなり少ないからだろう）、首都ワシントンはアメリカのあらゆる地域のうちでサイコパスの割合が際立って高いという調査結果がある。*・43 ダークトライアドの特性を持つ人の割合が特に大きい地域は、社会の中で影響力がとりわけ強い場所が多い。有害な人は、少数でも大きな影響を及ぼしうる。

少しずつ実態が浮かび上がってきた。サイコパスは稀だが、他の人よりも権力に引きつけられるし、権力を手に入れるのもうまい。したがって、権限のある地位の過剰な割合を占めている。では、彼らはその権限で何をするのか？　彼らは他者のことなど気にも掛けずに昇進するとしたら、より大きな権力を手にしたときに、さらに人々を傷つけがちなのだろうか？

大学で哲学の入門講座を取った人なら誰もが、次のような筋書きについて考えたことがあるはずだ。あなたの村の人が全員、過激派ゲリラから身を隠している。ゲリラたちは、大人も子どもも見つけ次第殺害するためにやって来た。あなたは見つからずに済み、誰もが生き延びられそうだという、かすかな希望の光が差してきた、まさにその瞬間、1人の赤ん坊が泣きだす。人々は必死で落ち着かせようとするが、何をやってもうまくいかない。もしその赤ん坊が泣きやまなければ、村人は皆殺しにされる。あなたは他の人々全員を救うために、赤ん坊を窒息させるだろうか？

この苦渋の選択も、合理性と私たちの最も根深い道徳的本能とを競わせる。もし赤ん坊を窒息させなくても、その子はやはり死ぬだろう――たんに、あなたではなくゲリラの手にかかって。もしあなたが赤ん坊を殺せば、他の全員が生き延びるが、あなたが自らの選択でその赤ん坊の生命に終止符を打ったことになる。この耐え難い筋書きによって、私たちは痛烈に両断される。赤ん坊を窒息させるという人

＊　2位はどういうわけかメイン州で、ノースカロライナ州とテネシー州の割合が最も低いが、こうした結果の一部は、おそらく統計学的な「ノイズ」だろう。

もいる一方、そのような邪悪な行為は思い描くことすらできない人もいるだろう。だが、サイコパスは、どちらにするべきか、そこまで悩まない[44]。彼らは、あまり思いやりがなくて実利的な傾向にあり、邪悪でも自己の利益に適う行動を選ぶことが、調査によってわかっている。自らを救うために何か不埒《ふらち》なことをする段になっても、サイコパスはそれほどためらわない。

この発見は、憂慮するべき結論を示唆している。現代社会では、道徳的な内省とは無縁でいるのが得策なのかもしれない。道徳意識を持たないＣＥＯや大統領や首相が出てくるかと思うと、ゾッとする人もいる。その一方で、耐え難い道徳的選択に絶えず直面する人が、思いやりを無視して現実的な費用便益に焦点を合わせられることを、心強く感じる人もいる（問題は、精神病質の指導者が、自分にとっての費用便益だけを考慮に入れるのか、それとも、他者のことも考えるのか、だ）。幸い、これらの疑問は検証することができる。冷徹で計算高い脳は、そうでない脳よりも性能が良いのか？　共感の束縛を解かれることは、１つの才能なのか？

ブリティッシュ・コロンビア大学のリーン・テン・ブリンク教授が私に語ってくれたように、証拠はそうではないことを示している。「サイコパスは、魅力的でカリスマ性を持っているように見えるので、出世します。ところが、精神病質的な特性をあまり持っていない人ほど有能ではありません[45]」

テン・ブリンクは選挙で選ばれた議員の調査を行った。すると、驚くべきことがわかった。ダークトライアドの傾向が強い人のほうが、もっと正常な脳の人よりも再選されやすいが、法案を成立させるのが下手だった。彼らは投票者を説得して自分に権力を与えさせたが、その権力を効果的に使えなかった。だとすれば、ダークトライアドは社会にとって二重の意味で有害だ。ダークトライアドのせいで、権力を濫用する人が出世するが、その後は期待外れの働きしかしないからだ。

　テン・ブリンクは、１０１人のヘッジファンド・マネジャーの調査も行った。ヘッジファンド・マネジャーのプロとしての腕前は、彼らのあげる投資収益によって簡単に測定できる。[46] 経済成長が続いている時期にたまたま運に恵まれた人を選んでしまうのを避けるために、この調査では２００５〜２０１５年の10年間にわたる成績を調べた。すると、精神病質が強いほど、成績が悪いことがわかった。それは、ダークトライアドの特性を持つ人は衝動的である度合いが高く、無謀な冒険をするから、というのが1つの説明になる。サイコパスは、自分が他の人々よりも利口だと考えている。彼らは私たち同様、リスクを求めるが、そのツケを払わずに済ませられることを見込んでいる。ツケが回ってくるのは愚か者たちだ、と思っている。だから、精神病質のヘッジファンド・マネジャーは慎重さなど持ち合わせていない。一か八かの賭けをする。そして、ときおり大損する。

　サイコパスは一貫してリスクを無視する、とテン・ブリンクに言われた私は、考えはじめた。これで独裁者たちについて多くのことの説明がつく、と。過去10年間に、私は数人の元独裁者を調べ、会って話を聞いてきた。彼らはみな、常人とは違っていた。魅力的な人もいれば、奇妙で超然としている人もいた。全員が高慢だった。だが、誰もが共通のリスクを抱えてもいた。独裁者の地位にあるのは危険だ。サダム・フセインも、ムアンマル・カダフィも、ニコラエ・チャウシェスクも、それを思い知らされた。アメリカや日本やフランスでは、権力を失った指導者は、本を書いて販売促進のブックツアーに出る。政界の長老になる。裕福で、尊敬されながら、高齢で亡くなる。だが、独裁者はそうはいかない。ほとんどの独裁者は、次の3つのうち、どれかのかたちで権力の座を去る。真夜中に国外への飛行機の片道切符を手に、あるいは手錠をされて、はたまた棺に納められて。私が数えてみると、権力を失ったアフリカの独裁者の半分近くが、国外に亡命するか、独房で衰弱するか、処刑されるかしていた。[47] こうした末路をたどるかどうかは、五分五分ということだ。ハイチではさらに分が悪く、大統領の3人に2人がそのような苛酷な運命をたどる（とりわけ残虐な時期にハイチの大統領が政権に終止符を打たれた様子を順に挙げると、次のようになる。国外追放、国外追放、爆死、収監、国外追放、処刑、国外追放、そして、これが特に身の毛もよだつのだが、「怒り狂った暴徒にフランス公使館から引きずり出され、公使館を囲む鉄製のフェンスに串刺しにされ、八つ裂きにされた」[48]）。

そこで疑問が湧いてくる。そのような実状を知りながら、いったい誰が「やってみたい！」などと思うのか？　あいにく、そう思う人がいる。ダークトライアドの特性を持つ人々だ。彼らは、自分は特別だ、だから前任者たちを見舞ったリスクは自分には当てはまらない、と思い込んでいる。「あいつらは間抜けだったから八つ裂きにされた。だが、私は金輪際そんな目には遭わない」と。そのうえ、独裁者は、ダークトライアドの頂点にいる人にとって、夢の仕事だ。マキャヴェリストのように権謀術数の限りを尽くし、ついには完全な支配権を獲得する機会が得られるからだ。精神病質のおかげで、彼らは誰でも好き勝手に選んで虐待できるし、拷問さえもできる。そのうえ、ナルシシスティックな面にとってはなおさら嬉しいことに、彼らがそういう行為に及ぶ間、誰もが称賛してくれる。「ボス、今日は足の爪を引っぺがしたときが、とびきり見事でしたね」などと、部下がおべっかを使う。

ありがたいことに、独裁者の虐待に苦しまなければならない人は、私たちのなかにはほとんどいない。だが、独裁者を権力の座へと押し上げるダークトライアドの特質は、私たちが日常生活で出会う人の何人かを助けている可能性もある。一部の職業には、マキャヴェリズムや精神病質やナルシシズムがある程度必要なのかもしれない。ダットンの『サイコパス』は、そう主張している。人はダークトライアドの特質が多過ぎると、機能不全の極悪人になるが、脳の異常を自分に有利になるように活用する術を見つけ出した「うまく機能しているサイコパス」は大勢いる、とダットンは言う。この考え方は新しいものではない。私たちにとって、精神病質は水準が高過ぎたり低過ぎたりすると良くないが、ほどほどで、制御されていれば、ストレスの下でうまく立ち回ったり、不合理な情動に基づいて間違った決定を下すのを避けたりするのに役立つ、と社会学者のジョン・レイが１９８０年代に述べている。[49]

ダットンとレイの言うことには一理あるかもしれない。冷徹で、ストレスや情動に影響されないと、きわめて有益な職業もある。ダットンは、外科医や特殊部隊の兵士といった例を挙げている。両者は、情動を最大限まで鈍らせたときに、最も力を発揮する。うまく機能しているサイコパスは、けっしてプレッシャーに押し潰されることのない、優秀な爆弾処理技術者にもなれる。以前の研究でわかったのだが、精鋭部隊の隊員や爆弾処理技術者は、強烈なストレスにさらされていても、心拍数が急激に増えなかった。じつは、極度のストレスの下でいつも以上にリラックスする者さえいた。[50] このような生理学的に異常な性質のおかげで、彼らは重圧のかかる任務を、圧倒されることなくこなせる。社会を少しばかり明るくできるように、ダークトライアドをうまく導く方法があるのかもしれない。

だが、１つ問題がある。サイコパスがうまく機能しているかどうか、どうすれば判断できるのか？　サイコパスは、他者を巧みに操るような表面的な魅力を苦もなく発揮する。彼らは、嘘やごまかしの名人であることが多い。もし、あなたが判断を誤ったらどうなるのか？　機能不全のサイコパスがうまく機能しているサイコパスのふりをして、特殊部隊に紛れ込んでいたらたまらない。選別検査や心理評価は役に立つが、絶対確実ではない。たとえ、誰かが「うまく機能している」サイコパスだと正確に識別できたとしても、あなたはこれからその人に体を切り裂かれるのだと知ったら、手術を受けたいだろうか？

　幸い、ほとんどの上司はダークトライアドの傾向が極端に強いわけではない。あなたが不運でなければ、あなたの管理者は本格的なサイコパスではない。これにはほっとすると同時に、心配も湧き起こってくる。もし権限のある地位に就いている人の圧倒的多数がサイコパスではないのなら、神経学的に正常なのにケチな暴君が、この世にあふれ返っているのはどういうわけなのか？　言い方を変えれば、サイコパスはみな自信過剰だが、自信過剰な人の多くはサイコパスではない。そして、彼らは至る所にいる。もし私たちが、人を巧みに操るダークトライアドのサイコパスたちを運良く避けられるのだとしたら、自分の生活のじつに多くの面を自信過剰の愚か者たちに支配されるという不運に見舞われることが、なぜこれほど多いのか？

自信過剰な人が出世する理由

　あなたに自信過剰な上司がいるというこの謎には、ミーアキャットが意外な光を与えてくれるかもしれない。マングース科のミーアキャットは、緩やかな群れを成して食べ物を探し回る。次の食事を求めてカラハリ砂漠をさまよう。だが彼らは、行き場所をどうやって決めるのか？　科学者は、彼らが「ムーブ・コール」を発声できることを発見した。[51] 彼らがその「コール」を発するとき、メッセージは明快で、出発する時が来た、ということだ。ムーブ・コールは無視されることもあるし、そのコールをきっかけに移動が始まることもある。なぜ違いが出るのか？　科学者たちは次々に実験を行い、奇妙なことを突き止めた。誰がそのコールを発したかは関係なかった。社会的な階級も無関係だった。肝心なのは、ムーブ・コールを発しているミーアキャットがどれだけ自信ありげに見えるか、だった。自信が大切なのは採用面接のときだけではない。ミーアキャットたちにとっても重要なのだ。

アフリカの野生の犬にはムーブ・コールはない[52]。その代わり、群れの1頭が猟に出たくなると、くしゃみをする。ミーアキャットとは違い、くしゃみをした犬の地位が大切だ。もし支配的な野生の犬がくしゃみをすると、あと1、2頭がくしゃみをして同意をするだけで、群れは狩りに出掛ける。だが、下位の犬が自分の思いを通したければ、10頭ほどの犬にいっしょにくしゃみをしてもらう必要がある。

人間は事実上、ミーアキャットと野生の犬の両方を合わせた振る舞いを見せる。階級が物を言うが、自信も重要だ。私たちは階級制で自分の上にいる者に従うが、自信のある人には——自信過剰の人にさえ——もっと従う傾向がある。確信の持てない状況で確信を見せる者がいれば、私たちは心をつかまれる。

屈指の科学雑誌『ネイチャー』に最近掲載されたある論文は、自信過剰が存在するのは、かつてそれが人間の生存を助けていたからだ、と主張した[53]。生き延びるために日々悪戦苦闘していた遠い昔には、幸運の女神は大胆不敵な人に微笑んだ。この発見の背後にある計算は複雑だが、個人のレベルでは、自信過剰な人は食べ物のような稀少な資源を獲得する可能性が高かった。たとえば、ライバルと対決する段になったら、少しばかり偉そうに振る舞ったり、攻撃的なまでに過剰な自信を見せたりすると、そうでなければ得られなかったような食事にありつけることがある。はったりが功を奏したからにほかならない。自信過剰と空威張りの誇示行為を適切に行えば、ライバルを——自分より強いライバルでさえ——震え上がらせることができる。もちろんライバルに見破られて、逆に叩きのめされたり殺されさえしたりするリスクは常にある。だが、他には飢え死にという選択肢しかなかった時代には、そのような賭けに出るのは理に適っていた。

同様に、社会のレベルでも、自己満足と用心深さは飢え死にを意味しかねなかった。その結果、生存のための戦いでは、たとえ成功の見込みが低かったとしても、何かやってみるほうが優ることが多かった。したがって、集団は少し自信過剰の指導者に従うことを学んだ。ミーアキャットのムーブ・コールの人間版として、「あのサバンナのどこかに水場があることは、理論上ありうるけれど、実際にあるかどうかはまったくわからない」というのは、「あそこには必ず水場がある。さあ、ついてこい！」というのに比べると、はなはだ心もとない。もしあなたが、渇きですでに死にかけていたら、何もしないでいるのはたいてい最悪であり、確かだと勝手に思い込んでいる人に従うほうがまだましですらある。

今日ほとんどの人間は、食事が得られなかったりオアシスを見つけられなかったりして死ぬようなリスクには直面していない。だから、しばしば間違っているにもかかわらず、いつも自分は正しいという確信を抱いている人に従うのは危険で、たいした見返りは期待できない。これも進化のミスマッチの1つに数えられる。自信過剰になるという、過去には適応的だった行動は、私たちの暮らす世界が変わってしまったために、今や「非適応的」だ。それにもかかわらず、自信過剰が相変わらず蔓延《まんえん》している。キャメロン・アンダーソン教授とセバスチャン・ブライオン教授が一連の調査を行うと、実験で編成した集団の中では、無能でも自信過剰な人々が素早く社会的な地位を獲得することがわかった。能力が簡単に測定でき、誰の目にも明らかなときにさえ、自信過剰な人は他の人々から実際以上に有能だと認識された。この点では、私たちはミーアキャットに少し似過ぎている。

2019年にビル&メリンダ・ゲイツ財団への研究助成金申請を調べたところ、同様に、提案する研究の潜在的な影響について、より幅広く大胆な言葉を使ったもののほうが、幅が狭く、より専門的な言葉を使ったものよりも、多くの助成金を受けていることがわかった。[54] ところが、提案された研究が実施された後、幅広い成果をあげられると主張していたものと、より専門的な主張をしていたものとの質は、同等だった。そして、気の滅入るような問題点もあった。性別による大きな偏りがあったのだ。女性はたいてい、裏づけることができる正直で慎重な言葉で書いていた。一方、男性には大言壮語がよく見られた。私たちには、自信過剰を受け容れやすい傾向があるので、男性のほうが多くの助成金を得ていた。しばしば間違っているにもかかわらず、いつも自分は正しいという確信を抱くことが、私たちの世界のあまりに多くの場面で依然として必勝法なのだ。

出世する精神病質のメンテナンス職員から、有能な同僚たちを出し抜いてのける自信過剰な愚か者まで、大勢の人が、本来就くべきでない、権限のある地位に就いている。だが、本書ではここまで、権力を追い求め、手に入れる、腐敗しやすい個人に的を絞ってきた。ラウチや、アリゾナ州の住宅所有者管理組合のマクファイフや、中央アフリカ共和国の皇帝ボカサのように、他の人よりも権力に引きつけられる者もいる。そのような権力に飢えた人々のなかには、他者を操ったり脅したりして出世するのがうまい、自信過剰なサイコパスやナルシシストやマキャヴェリストがいる。

だが、私たちが懸念するべきなのは、腐敗しやすい個人だけではない。

私は社会学者だから、人々と制度との相互作用を調査している。私たちはまだ、自分がその中で活動している制度には責任がないとするわけにはいかない。スティーヴ・ラウチは、スケネクタディで有害だった。彼の最悪の衝動は、もっと監督が行き届いた学区では、抑え込めただろうか？　文化は重要なのか？　彼は、ニューヨークではなく南京《ナンジン》でメンテナンス職員をしていたら、もっと有害になっただろうか？　それとも、あれほど有害にはならなかっただろうか？　この種の疑問に答えるためには、米について少し考え、人類によるはなはだしい残虐行為のいくつかが自転車の普及によって促された経緯を調べ、独裁政権を引き継いだ男性からスキーのレッスンを受け、ミツバチの巣の構造を研究する必要がある。

第6章 悪いのは制度か、それとも人か？

五体満足で健康な乳児を10人余りと、彼らを育てるための、私の注文どおりの世界を与えてくれれば、請け合ってもいい。どの子であろうと無作為に選んで、どんな種類の専門家にでも仕立て上げてみせる——本人の才能や好み、性向、能力、素質、先祖の人種とは無関係に、医師、弁護士、芸術家、大商人、そして、そう、物乞いや泥棒にさえ。

——行動主義の創始者ジョン・ワトソンの1925年の言葉

主食が米か麦かで行動や考え方が異なる？

人々がスターバックスでコーヒーを飲んでいるときにどう振る舞うかを眺めていると、人類について何が学べるか？　じつは、非常に多くのことがわかる。

研究者たちは、中国の6つの都市にあるスターバックスのさまざまな店舗でおよそ9000人の客を観察した。[1]研究者たちは、ただ朝のコーヒーを飲んでいる普通の人のふりをしながら、2つの調査のためのデータを記録した。第1の調査では、独りで座っている客と、誰かといっしょに座っている客の数を数えた。次に、第2の調査では、「椅子テスト」と名づけた実験を行った。[2]研究者たちは、通常はテーブルの下にきちんと収まっている椅子を1脚引き出して通路に置いた。おかしな場所にあるように見えたが、もっと重要なのは、それがスターバックスの店内を移動する人なら誰にとっても邪魔だった点だ。それから研究者たちは腰を下ろし、観察した。どれだけの人がその椅子をあるべき場所に戻し、どれだけの人が、椅子がそこにあるのをただ受け容れ、よけて通ったか？

すると、こういう結果になった。中国の6都市のうち2つでは、独りで座っている客のほうがずっと多く、残る4都市では、客の圧倒的多数が2人連れ以上だった。では、スターバックスの立地次第で、独り客が多かったり少なかったりするのはなぜか？　研究者たちがさらにデータを分析すると、もう1つ謎が出てきた。独り客が多い2つの都市では、椅子を片づけた人がはるかに多かったのだ。この行動の違いはあまりに大きかったので、ただの偶然ということはありえなかった。

研究者たちには思い当たることがあった。そこで彼らは、日本とアメリカのスターバックスでも同じ「椅子テスト」を実施した。すると、椅子をどける人の数はアメリカでは日本の倍だった。これもまた、データのランダム性のためとは思えなかった。いったいこれはどうしたことか？

中国の6つの都市を地図で見てみると、あるパターンが浮かび上がってくる。椅子を動かす独り客は北部に多かった。友人と来店して椅子をそのままにする客は南部に多かった。人々が地元のスターバックスでどう振る舞うかは、地理にまつわる何らかの要因で説明できるのだろうか？

これらの調査は、「米理論《ライス・セオリー》」と呼ばれるものを検証するために企画された。中国の南部は何千年にもわたって米を栽培してきた。米は協力を要する作物だ。十分な収穫を得るのに必要な灌漑《かんがい》インフラは、1家族ではとうてい整備できない。そのうえ、近隣の人々は助け合わなければ生きていけない。もし、ある家族が自分の田んぼに先に水を引いてしまったら、他の家族は水が足りなくて作物が台無しになりかねない。協力しないと、誰もが飢え死にする可能性が高まる。

それとは対照的に、長江の北側では、中国の多くの共同体は昔から小麦を主食としてきた。小麦は米と違い、人々の間の協調や協同はほとんど必要としない。自分の畑に種を蒔《ま》けば、もうそれでいい。どの家族も、他の家族の作物への影響を考えずに独自に作業を進めることができる。何百世代も経るうちに、作物の選択が文化に影響を与えるだろうか、と科学者たちは問いはじめた。こうして「米理論」が誕生した。シカゴ大学のトマス・タルヘルムは、この理論を提唱してきた。この理論の中核を成す前提は単純で、何千年にもわたって米に頼ってきた地域は共同社会の色合いが濃くなるのに対して、小麦が豊かに実る地域はより個人主義的になる、というものだ。

私たちの行動が、私たちが育った文化や暮らしている文化によって無意識のうちに影響されることは、広範な研究によってすでに証明されている。個人主義的な文化では、人々は独立独歩を好む傾向が強い。自分独りで物事をこなすことが多いが、環境が自分に適していないときには、率先してその環境を変える可能性も高い。逆に、共同社会の文化で暮らす人々は、他者といっしょでなければ外出しない傾向があり、率先して自分の環境を変える可能性が低い。彼らは、外部の環境をあるがままに受け容れ、自分を周囲に適応させがちだ。

スターバックスの調査をした研究者たちが見つけたのも、まさにその違いだった。小麦中心の地域の出身で、独りでコーヒーを飲み、椅子を動かした人々は、個人主義的なアメリカ人と似た行動を取った。米が主食の地域の出身で、仲間といっしょにコーヒーを飲み、椅子をそのままにした人々は、共同社会で米作をする日本人たちと同じように振る舞った。スターバックスの店舗で観察された客で、直接農業にかかわっている人は、仮にいたとしてもごく少数だっただろう。それでも彼らは、先祖がどのようにして主食を調達していたかの影響を受けているようだった――スターバックスで人々がどのように行動するかといった、ごく日常的な事柄にさえも（私自身、よく独りでスターバックスに行ってコーヒーを飲む。残念なことだ。バリスタに、私の名前は「『ｉ』の入っているブライアン（Ｂｒｉａｎ）」と言ったら、「Ｂｒｉａｎｉ」と書かれたカップを渡されたという愉快な話を聞かせる相手がいないから〔訳注　「ブライアン」という名前には「Ｂｒｙａｎ」という綴りもあり、著者はそちらと区別するためにわざわざ「『ｉ』の入っている（ｗｉｔｈ ｉ）」と断ったのだが、それが通じず、「Ｂｒｉａｎ」に「ｉ」をつけ加えたものと解釈されて、「Ｂｒｉａｎｉ」と綴られてしまった〕）。

文化に影響されるのは、行動だけではない。考え方も文化によって違う。「電車」「バス」「線路」という3つの単語のリストがあったとする。さて、少し考えて、同じカテゴリーに属する単語を2つ選んでほしい。

もし「電車」と「バス」を選んだとしたら、あなたは「分析的」に考える人である可能性が高い。両者はともに交通の手段なので、同じカテゴリーに入る。もし、「電車」と「線路」を選んだとしたら、あなたは「包括的」に考える人である可能性のほうが高い[3]。両者は互いに関係しているから、同じカテゴリーに入る。電車には線路が必要なので。平均すると、日本人は包括的な思考をする傾向にある。一方、アメリカ人は平均すると、分析的な思考をしがちだ。そして、一般的には共同型の社会である中国では、米と小麦の違いがこの場合にも表れる。小麦を栽培する地域の中国人は、米を栽培する地域の中国人よりもはるかに頻繁に「電車」と「バス」をひとまとめにする。

今度あなたが独りでスターバックスに行ったり、椅子を動かしたり、頭の中で何であれ分類したりしたときには、もっと米を食べて育っていたら同じ行動を取っただろうか、とぜひ考えてほしい。そのようなすっきりした万能の理論というものは、きまって過度に単純化されており、誇張されている。手の込んだ統計分析からどんなことが導かれようとも、私たちの運命は祖先が何千年も前に耕していた田畑に記されてはいない。とはいえ米理論は、少なくとも部分的な説明は提供してくれる。私たちの行動や思考が、祖先の栽培していた作物のような、今や目に見えなくて遠く隔たっているように思えるものに、わずかにでも影響されうるのなら、権力の座にある人の振る舞い方が、労働文化や、上司からの圧力、周囲の悪い人々からの悪い行動の学習などの違いに多くの影響を受けるだろうことは、容易に想像できる。

私たちが陥りがちな「根本的な帰属の誤り」

米理論の教訓は明確だ。制度は影響を及ぼす。

問題は、どれだけ、だ。誰もが、権限のある地位に就いている虐待的な人やひどい人間に出会ったことがある。部下を、給与明細書の数字の価値しかないものとして扱う上司。ティーンエイジャーの選手がパスされたボールを落としたときに、屈辱を与えて楽しんでいる高校の運動部のコーチ。あなたが車両管理局の窓口で、PS2067Aの書類とPS2067Bの書類の違いをとっさに理解できないからといって、うんざりした顔であなたを間抜け扱いする怠慢な職員。序列の上層部で人がどれほど残酷になるかという例は、すでにたっぷり見てきた。だが、そうした鬼のような人に会ってみると、じつは、とても鬼とは思えないこともある。権力を濫用している人が、劣悪な人なのか、それとも劣悪な制度の副産物にすぎないのか、どうすれば判断がつくだろう？

もし世の中を良くしたいと思うのなら、これはきわめて重要な疑問だ。権限を握っている人が虐待的な極悪人のように振る舞うと、私たちはその行動を、本人の選択あるいは性格上の欠陥の産物以外の何物でもないと見なす傾向がある。すでに見たように、まさにそのとおりであることもある。サイコパスやケチな暴君の行いが、好意的に解釈するに値することはまずない。だが、権力が濫用されたり悪用されたりしたときでも、権力を握っている人が「劣悪な」人だからではない場合もある。

私たち人間は、ひどい人間とひどい制度の違いを見分けるのがおそろしく下手だ。だからしばしば、不運な状況を悪意と取り違える。それは、「根本的な帰属の誤り」のせいだ。[4] 最近、あなたがスーパーマーケットに行ったとき、駐車場に残っていた最後の駐車スペースに誰かが自動車を停めたり、通りであなたにぶつかったり、あなたが運転しているときに割り込んできたりしたときのことを思い出してほしい。その瞬間、あなたはどんな反応を見せただろう？ その人は救いようのない嫌な奴だと思ったか、あるいは偶然かどうかとか、母親が亡くなったばかりなのであんなふうに振る舞っているのかとか、じっくり考えただろうか？ 私たちは、他者が何か不適切なことをしたり、他者に自分が被害者であるかのように感じさせられたりしたときには、たいていあまり同情的な説明を考えない。自分が不適切なことをしたときには、その逆が当てはまる。今度あなたがエレベーターで誰かにぶつかったり、誰かにコーヒーをこぼしたり、高速道路の出口のすぐ手前で車線を変更したりしたときには、それを自分がひどい人間である証拠と見なすかどうか、考えてほしい。あなたは、自己嫌悪にでものめり込んでいないかぎり、自分の行動を外部要因のせいにする可能性のほうが圧倒的に高い。このエレベーターは混雑し過ぎている、うっかり手を動かしただけで悪気はない、まったくもって無理はない、（たとえば）もし自分が、オウムが話すのを初めて聞いた人間だったらどれほど驚いただろうなどと考えていたせいで運転から気が逸れていたのだから、という具合だ。

私たちは、自分になら罪を問わない行動を他人が取ったときには有罪とする。この種の「根本的な帰属の誤り」は、オーストリアで体系的に検証された。[5] 結果は明白そのものだった。自動車を運転する人は、誰かが無謀運転をすると、悪意に満ちた行為と解釈したが、自分が無謀運転したときには、避けようがなかったとか、差し支えなかったとかいう理屈をつけて正当化した。私たちは、他者が不適切な行動を取ると、性格が悪いとたちまち決めつける。ところが、自分が不適切に振る舞うと、まったく性格の問題ではないと決めてかかる。

だが、ここには大きな問題がある。あなたは、もっと悪い状況や劣悪な制度の下に置かれたら、魔が差して不適切な行動を取る可能性が高い。規則を無視したり、他者を害したりさえする可能性が高い。自分が忌み嫌っている、腐敗しやすい極悪人にすらなりかねない。信じてもらえないだろうか？　では、それをこれから証明しよう。

悪質な行動は人のせいか制度のせいか？

「誰もが法に従わなければならない」と言われるが、それは正しくはない。従わないで済む人もいる。たとえばニューヨーク市では、国連の外交官とその家族は、外交特権を持っている。ほとんどの犯罪では、彼らを起訴することができない。幸い、この特権があるからといって、大使が連続殺人犯となって徘徊《はいかい》することは、たいていない。だが、連続駐車違反となると話は別だ。

　時間に追われているニューヨーカーが違法駐車をすると高くつく。パーキングメーターによって割り当てられた時間を超過すると、60ドル支払わなければならない。消火栓の近くに駐車すると、１１５ドルの支出となる。だが外交官にとって、消火栓のそばに駐車することの費用便益分析の結果は、かつてはコストなしだった。依然として罰金を科されたが、誰も支払わなくて済んだ。外交官ナンバープレートは、違法駐車に対する、究極の「刑務所釈放カード」だった。だから、大きな誘惑のもとにもなった。１９９７～２００２年の5年間に、国連の外交官は駐車違反切符未払いで15万回の出頭要請を受けた。これは、１日当たり80回を超える。[6] 未払いの罰金は累計で１８００万ドルを上回ったのだから、唖然となる（ありがたいことに、きっと誰も気にしなかっただろう。なぜならニューヨーカーは、勝手放題に駐車する人への落ち着いた共感的な対応で国際的に敬われているからだ）。

　２００２年、ニューヨーク市長のマイケル・ブルームバーグは、それに終止符を打つことにした。市当局はブルームバーグの指揮の下、「三振即アウト」ルールを適用しはじめ、どんな外交官の自動車も、未払いの駐車違反切符が3枚を超えると、外交官ナンバープレートを失うことになった。

　２００２年10月、マンハッタンの無法地帯の外交官による路上違法駐車がなくなった。町に新体制が敷かれたことをはっきりさせるために、市がひと月のうちに30か国から外交官ナンバープレートを取り上げたからだ。

　これは、社会学者が「自然実験」と呼ぶものだ。なぜ「自然」かといえば、研究チームの介入なしに発生したからだ。だが、自然実験は研究室では起こらないものの、研究室での実験と同じロジックに従う。医学の実験では治療群と対照群とを設定するのとちょうど同じで、この自然実験にも対照群（規則の実施前の外交官）と治療群（規則の実施後の外交官）がいた。それ以外は万事がおおむね同じだった。行動の変化を説明できる主な違いは、外交官が違法駐車をしても罰金を払わずに済ませられると考えているかどうか、だった。

ボストン大学のレイ・フィスマンとカリフォルニア大学バークリー校のエドワード・ミゲルという2人の経済学者が、どんなパターンが見つかるか確かめるために、データを分析した。もしあなたが、何が見つかったかを当てようとしているなら、おそらく次の2つの陣営のどちらかに入るだろう。第1の陣営は、違法駐車をするのはたぶん、ただの無分別な規則破りだと考える。人は、違法駐車をする人間かそうでないかのどちらかで、ナルシシストかそうでないかのどちらかなのと、ちょうど同じ、というわけだ。第2の陣営は、個人を責めることはなく、個人の行動を文化や状況の産物と見る。違法駐車をした人は、役人は自分には規則が当てはまらないと教えられている社会の出身かもしれない。あるいは、責任を取らされる確率に基づいて、法律を破るかどうか決めているだけかもしれない。

では、フィスマンとミゲルはどのような発見をしたのか？

彼らが得た証拠は、文化と状況という説明をはっきりと裏づけていた。規則の適用前に違法駐車した人としなかった人の間には明白な違いがあった。実施前の5年間に、スウェーデンやノルウェーや日本といった国の外交官は、未払いの違法駐車切符が1枚もなかった。払わずに済ませることができたときにさえ、彼らは規則に従った。その正反対だったのが、クウェートの外交官で、彼らは平均すると1

人当たり249回の駐車違反をしていた。ワースト・テンのうち、クウェート以外の9か国も、すべて腐敗の巣窟で、エジプト、チャド、スーダン、ブルガリア、モザンビーク、アルバニア、アンゴラ、セネガル、パキスタンだった。腐敗の文化が個人の行動に絶大な影響を及ぼしていることは明らかだった。

だが、規則の適用——制度——も重要だった。まるでオリンピック競技でもやっているかのように駐車違反を重ねていた腐敗した国々の外交官たちも、規則の適用によってたちまち行いを改めた。金メダリストだったクウェートは、外交官1人当たり、未払いの駐車違反切符が平均250枚近くから0・15枚まで減った。銀メダリストのエジプトは141枚から0・33枚に、銅メダリストのチャドは126枚から0枚になった。わずか数日のうちに、チャドの外交官たちは、少なくとも駐車に関しては、ノルウェーの外交官たちと同じように振る舞うようになったのだった。

第1陣営の人、すなわち性格や気質が最大の要因だという気がした人は、おそらく今、異議を唱えているだろう。腐敗した政権を代表している外交官は、腐敗した人々である可能性が高い！　たとえばベネズエラの国連代表になる道筋は、ノルウェーの代表になる道筋とは大違いだ！　と。たしかに、そのとおりだ。ベネズエラの外交官は、ノルウェーの外交官なら解任されるような行動によって抜擢されうる。だが、フィスマンとミゲルの分析には、その異議に対する答えが用意されていた。規則が適用される前には、清廉潔白な国々の外交官は、ニューヨークの滞在期間が長くなるほど違法駐車をする回数が増える傾向にあった。彼らは、法律が執行されないのに慣れるにつれ、腐敗した国の外交官の行動を、ついつい真似たくなっていった。文化も大切なのだが、悪行の報いも重要なのだ。

これは、駐車に限った話ではない。同じような効果はイタリアでも見つかった。イタリアでは、腐敗の度合いが地域によってはっきり違っている。マフィア誕生の地であるイタリア南部では、北部よりも腐敗がはるかに多い。研究者のアンドレア・イチノとジョヴァンニ・マギは、人々が育った地域を離れた後にさえ、文化の刷り込みがどれだけ行動に影響を与えるのか、知りたかった。[7] それを突き止めるため、2人はこれまた巧みな自然実験を使った。彼らは、イタリア中に支店のある全国規模の銀行を調べた。一方からもう一方に転勤になった従業員、つまり、南部で生まれて北部に移った銀行員と、逆に北部で生まれて南部に移った銀行員を洗い出した。彼らの調査結果は、駐車違反の調査の結果と似ていた。文化は大切だが、銀行員たちが勤務している地元の制度も、きわめて影響力が大きかったのだ。北へ移った銀行員のほとんどは、行動が改善しはじめた。一方、南に移った銀行員は行状が悪くなった。

私たちは、制度が実際にどう働いているかよりもむしろ、どう働いていると思っているか次第で、行動を変えることさえある。南アメリカのしっかりした民主国家であるチリは、腐敗の水準が台湾やスペイン、フランス、アメリカと同じぐらい低い。それにもかかわらず、ニューヨーク大学のアンドレス・リバーマンが指摘するように、チリ人は日頃から、アメリカの国境の南側では何もかもが救いようのないほど腐敗していると思い込んでいる外国人——アメリカ人のことが多い——の話を読んで面白がっている。チリで警察官に呼び止められると、賄賂を払って見逃してもらおうとするアメリカ人旅行客もいる。もちろん、賄賂は犯罪になる。彼らも、故郷のカリフォルニア州やコネティカット州では、警察官を買収しようなどとは夢にも思わないだろう。だが、チリではためらうこともなくそれを試みる。それが裏目に出る。贈賄未遂の罪で刑務所行きになる人もいる。これもすべて、制度がどう働いているかについての誤った思い込みのせいだ。明らかに、邪悪な行いは邪悪な性格だけに起因するのではない。

権力が人をいっそう悪質にするかどうかを理解するために、こうした見識は途方もなく重要だ。咎《とが》めるべきなのは制度なら、改革は状況の浄化に狙いを定めるべきだ。だが、不適切な選択をした人に責任があるとすれば、改革は、もっと適切な人を権力の座に就けることを目指すべきだ。あるいは少なくとも、悪質な人々にもっとましな行動を取らせるように試みることを目指すべきだ。

制度のほうが個人よりも重要かどうかを検証する1つの方法は、選択という変数を取り除くことだ——少なくとも、私たちが理解しているような意味での選択を。それを、人間を対象にして行うのはほぼ不可能だろう。なぜなら私たちは、絶えず意図的な選択をしているからだ。だから、その代わりに動物界に目を向ける必要がある。私たちほど内省的ではない種の、「腐敗した」、一見すると利己的な行動は、何が促しているのか?

巣の構造がハチを利己的にする?

ミツバチやスズメバチの個体が、それぞれ選択をしていると言う人は、ほとんどいないだろう。とはいえ、制度と報いも、動物界で行動を根本から変えさせる。信じてもらえないかもしれないが、スズメバチやミツバチの種のうちには、腐敗が存在するものもある。そして、警察官のように行動することになっている、ひたむきな働き者さえいる。だが、ハチの群れが悪い行いをするかどうかは、個体次第のところがはるかに少なく、彼らを取り巻く規則や構造によるところがずっと多い。

イギリス人やデンマーク人と同じで、ミツバチやスズメバチは女王に支配されている〔訳注　原書の執筆時には、イギリスにもデンマークにも女王がいた」。そして、人間の場合とまったく同じで、同時に複数の君主は存在しえない。女王というのは、なんとも居心地の好い地位だ。巣の全員が尽くしてくれるし、自分の遺伝物質をいくらでも好きなだけ複製できる。進化の賞金レースで、女王バチは籤《くじ》に大当たりしたのだ。女王の遺伝子は、巣のすべてのハチに受け継がれる。だが、働きバチには隠れた本能がある。彼女たちも自分の遺伝子を次世代に残したいのだ。ここで込み入った数式を使った説明はしないが、巣の中では、進化の劇的な競争が繰り広げられている。その競争では、それぞれの個体に最善のことと、巣にとって最善のこととが、天秤《てんびん》にかけられている[8]。

メスの幼虫はみな、適切な食べ物さえ与えられれば女王になることができる。正しいベビーフードを与えられれば、バッキンガム宮殿のハチの巣版へと一直線だ。というわけで、おのおのの幼虫にとって、巣の唯一無二の女王になることが、進化上の理想的な結果だ。だが、巣の視点に立つと、女王が複数いると無駄になる。女王バチは、通常は働きバチに課されている仕事を果たすことができない。女王エリザベス2世のクローンを果てしなく作り続けても、たとえばイギリスの鉄鋼業界にとっては、おそらくあまり助けにならないのと同じようなものだ。だが、ハチにとって、事態はなおさら悪い。余分な女王がいると、助けにならないどころか、生産性が下がってしまう。余分な女王が誕生するたびに、働きバチが1匹減ることになるからだ[9]。

ミツバチやスズメバチは高度な社会的生物だから、この問題を解決するための、取り締まりの仕組みを進化させた。働きバチたちが、巣の警察官になる。彼女たちは捜索・捕獲活動を行い、王族に加わることをもくろんでいる上昇志向の悪党を見つける。そして、マリー・アントワネットが見舞われた類いの、不穏な裁きを下す。「そうした不運なハチは、育房の中の巣房から出てきた後まもなく、働きバチたちによって頭部を切り取られたり、八つ裂きにされたりする」と、社会的昆虫の行動の専門家であるフランシス・ラトニークス教授とトム・ウェンセリアーズ教授の2人は述べている。[10] だが、人間の場合と同じで、取り締まりを行っているスズメバチも、自分の利益のために権限を濫用することがある。ラトニークスが教えてくれたが、腐敗した警察官のように振る舞うスズメバチもいるという。「働きバチの一部は、卵を殺すだけでなく、自分の卵も産みます。それはじつは巣のためではなく、自分の利益のためです[11]」

というわけで、興味深い疑問が出てくる。ミツバチやスズメバチは、種によって腐敗したご都合主義の行動が多かったり少なかったりするのはなぜか？　たとえば、ハリナシバチでは、メスの幼虫の最大20％が女王へと成長しはじめる。これは、いわば籤引きに参加するようなもので、その籤引きでは、ほぼ確実に首を引きちぎられることになる。[12] ミツバチでは、余分な女王に成長しはじめるメスの幼虫は0・01％しかいない。そこから、好奇心をそそられる疑問が湧いてくる。ハリナシバチは、たんにミツバチの2000倍も「強欲」なのか？　ハリナシバチは、社会的な昆虫の世界の、利己的なはみ出し者なのか？

その答えは、個体ではなく制度の中に見つかる。社会的な昆虫の巣の構造はさまざまだ。卵を封印して、点検しにくくする種もある。卵が収まっている部分を開放したままにし、ハチの警察官たちが（おそらく、捜査令状なしに）入れるようにし、進化上おかしなことが起こっていないか確かめられるようになっている種もある。女王のための大きな特別の巣房を用意し、その中に仕切りを作って幼虫が未来の女王に育つことができるようにしている種もある。他の巣房の間にすっかり溶け込むような巣房を作り、未来の女王が未来の働きバチとまったく同じに見えるようにしている種もある。巣房が簡単に点検でき、女王の巣房が働きバチの巣房と難なく区別できるときには、取り締まりははるかに効果的になる。奴らの首を切り落とせ！　巣房が封印されていたり、未来の女王の幼虫が働きバチの幼虫の間に溶け込んでいたりすると、取り締まりは効果がない。[13]

人間の場合とちょうど同じで、取り締まりに効果がないと、新たな誘惑が生まれる。罰を受けずに済むのなら、やってみればいい！　ミツバチやスズメバチでは、取り締まりが甘いと、巣のためになる行動よりも「利己的な」行動を優先する個体が出てきやすい。「取り締まりが効果的だと、卵を産もうとする働きバチは少なくなります」とラトニークスは言った。だから、ハリナシバチはミツバチの2000倍も「悪質」なわけではない。利己的な行動を取っても罰を受けずに済む制度になっているだけであり、だからハリナシバチは進化上、より利己的なのだ。この点では、人間はミツバチによく似ている。

スターバックスからハチの巣や銀行に至るまで、制度が行動を導いていることは明らかだ。だが、依然としてすべてが曖昧なままだ。本当に邪悪な人間は、状況がどうであろうと悪行を働くのではないか？　そして、本当に善良な人は、劣悪な制度の誘惑に逆らって品行方正に振る舞うのではないか？　それを確かめるには、さらに別の自然実験が必要になる——理想的には、同一の人物がまったく同時に、優良なものと劣悪なものという2つの異なる制度に君臨している状況下での実験が。もし誰かが、ある制度では独裁者であり、別の制度では見識のある人であるならば、私たちはもっぱら個人に注目するべきではないと結論できる。そして、斬新な仮説が立てられる。ひょっとすると、権力は劣悪な制度の中で最も腐敗するのかもしれない。

「建築王」にして「虐殺王」だったレオポルド2世

1865年、アメリカで奴隷制度が終わりかけていた頃、ベルギーではレオポルド2世が王座に就いた。この30歳の君主は、改革者として支配するだろうという期待が高かった。当初、彼はその期待を裏切らなかった。無料の初等義務教育、男性普通選挙権、児童労働に対する厳格な法律の導入といった、人気の高い進歩的な政策を採用した。週末という概念の最初の兆しも見えた。日曜日を休日とすることが義務化されたからだ。レオポルドは、「建築王」という新しい異名も取った。[14] 彼は国を治めている間に、華麗な装飾を施した公共建築や公園を造らせた。広大な土地の区画や田園地帯の地所を次々と獲得すると、王室の信託団体を設立し、将来のすべてのベルギー人が、王の楽しんだものを楽しめるようにした。

というわけでレオポルド2世は、ベルギー国内では広く労働者の権利を改善し、教育を拡張し、見事な公共施設の数々を建設した。そして、王国内では情け深い改革者という評判を築いた。だが彼にしてみれば、ベルギーの価値など高が知れていた。あるときなど、「Petit pays, petits gens（小さな国、わずかな人）」と蔑んで言っている。[15] 彼は、もっと大きなものを夢見ていた。

ある日レオポルドは、『ジャワ、あるいは植民地の運営の仕方（*Java, or How to Manage a Colony*）』という本に、思わず引き込まれた。それは、植民地建設のための一種の実用ガイドであり、2世紀前にあの悲運の船バタヴィア号が帆を上げて向かった島について書かれた本だった。レオポルドは、すっかり虜になった。唯一の問題は、ベルギー国民の大半が、自国の王が魅了されたばかりのものに共感を覚えなかったことだ。植民地の建設は、ベルギーのような小国にとってはあまりに高価に思えた。レオポルドは、そのような国民の認識を変え、自らの王国の偏狭さを脱する必要がある、と判断した。「ベルギーは世界を利用して利益をあげていない」とレオポルドは嘆いた。「この国に、そうするだけの分別をわきまえさせなくてはいけない[16]」。他のヨーロッパ列強がアフリカを山分けしはじめると、彼はますます欲望を刺激された。「アフリカというこの素晴らしいケーキのひと切れを我が物にする絶好の機会を見逃したくはない[17]」

レオポルドは、自らコンゴ自由国と名づけた場所を支配下に収めた。この新領土は、ベルギーの76倍もの広さがあり、アフリカというケーキでもかなり大きなひと切れだった。だが、そのひと切れはベルギーのものではなかった。レオポルド自身のものだった。彼が事実上所有していた。コンゴは彼個人の領土となった。だが、レオポルドは植民地の運営の仕方がまったくわかっていなかった。たちまち彼は、完全にお手上げの状態に陥った。負債が膨らむ一方だった。彼は、例のガイドブックからは、迫りくる財政破綻への対策は学んでいなかった。だが、その破綻に見舞われる前に、偶然の科学的発見と大量の自転車によって、思いがけないかたちで救われた。

この数十年前、ゴムに対する熱狂がアメリカ全土を駆け巡った。ブラジルの木々から採れるベタベタした樹液によって、ありとあらゆる種類の胸躍るような新製品の製造が可能になりそうだった。投資家たちは、ゴムの生産に何百万ドルも注ぎ込んだ。だが、ゴムは熱くなると融けて悪臭を放つ膠《にかわ》状のものに変わり、冷えるとボロボロになってしまうことがわかると、その熱狂も薄れてしまった。ゴムのレインコートは、夏に着ていると、融けて滴り落ちた。やがて1839年、チャールズ・グッドイヤーが、融けたゴムの中に誤って硫黄をこぼしてしまった[18]。彼が図らずも作り出し、「加硫ゴム」と呼んだ混合物は、通常のゴムとは違い、奇跡のような特性を持っていた。水を通さないのだ。だが、この画期的な発明があったにもかかわらず、ゴムの需要はどうしても低迷した（グッドイヤーは、少なくとも20万ドルの負債を抱えて亡くなっている）[19]。

需要が増えたのは、後になってからだった。グッドイヤーの死から20年以上過ぎた1880年代後半に、ジョン・ボイド・ダンロップという名のスコットランドの獣医師が、デコボコした道路を息子が三輪車で滑らかに走れるようにするために、新しいゴムタイヤを発明した[20]。この発明が、「自転車ブーム」を巻き起こした[21]。1890年にアメリカで生産された自転車は4万台だった。だが、6年後には、その数は120万台に達した。突如、誰もがゴムを欲しがった。ヨーロッパ人は、富が地面から芽を出すところを夢見ながら、植民地中にゴムの木を植えた。だが、ゴムの木は育つのに時間がかかる。レオポルドは、思いがけない幸運のおかげで自分が文字どおり金《かね》の生《な》る木を所有していることに気づいた。彼のコンゴの植民地に自生していたゴムの木を利用すれば、ただちに世界の需要を満たせる。あとは、労働者を見つけてそのネバネバした金を採集させ、ヨーロッパに送らせるだけでよかった。

ゴムがベルギーなどに運ばれたとき、イギリスのE・D・モレルという18歳の運送事務員が、ゴムの船荷について奇妙なことに気づいた[22]。ゴムを買うためのお金が、まったく送り返されていなかったのだ。その代わり、アフリカに向かう蒸気船の貨物室は、銃と手枷《てかせ》——近代世界からはおおむね姿を消した、拘束用の鎖――でいっぱいだった。モレルは、レオポルドの秘密を発見したのだった。レオポルドの個人所有の植民地で行われた残虐行為は、賞を獲得したアダム・ホックシールドの『レオポルド王の亡霊（*King Leopold's Ghost*）』に、二度と忘れられないかたちで記録されている。

コンゴ自由国でのレオポルド国王の野蛮な行為の大半は、「公安軍」と呼ばれるベルギー人兵士と強欲な傭兵の寄せ集めの武装集団によって行われた。彼らは、地元の村人たちを強制してゴムを採取させた。それは、耐え難い痛みを伴う作業だった。ゴムの木の乳液が皮膚の広い範囲に付着し、それが徐々に固まってしまうので、剝ぎ取らなければならなかった。[23]

抵抗する者は誰もが厳しく罰せられた。レオポルドの武装兵士は、捕まえられる女性はすべて捕まえて人質にした。村の男性たちは、要求されただけの量のゴムを村長がベルギー人に差し出さなければ返さない、と言われた。男性たちが従わないと、女性たちが殺されるのだった。男性たちが愛する者たちを救うためにジャングルの中に入っていくと、公安軍の兵士たちは、特に魅力的と思う女性たちをレイプした。割り当てられた量をようやく採取しおえると、女性たちは「1人当たりヤギ2頭」で村人たちに売り戻された。[24]もし村人たちが抵抗を続けると、村の大人も子どもも全員虐殺された。近隣の村への見せしめだった。ベルギーの役人たちは、兵士が命令を実行したことを確認するために証拠を求めた。それぞれの死体の右手を持ち帰るというのが、証明の標準的な方法だった。ときには、退屈した兵士たちがコンゴ人を射撃訓練の的にした。公安軍のある兵士は、自分の花壇を20の人間の首で飾ったという。[25]

宗主国のベルギーでは、「エキゾティックな」コンゴに対する関心が高まった。アダム・ホックシールドが説明しているように、レオポルドはブリュッセルで開かれた1897年の万国博覧会のために、コンゴ人を「輸入」して展示した。王は、267人の大人と子どもを見世物にして国民を楽しませた。コンゴの人々は、「文明化」されるさまざまな段階を示しているという触れ込みで新設した、紛《まが》いものの村々で、暮らしぶりを見せることを強いられた。来場者は、囚われの身の「村人たち」がそれまで味わったこともないベルギーのお菓子を与えては面白がった。コンゴ人のうちには、糖分の取り過ぎで気分が悪くなりはじめる者も出た。そこで、そのような行為をやめさせるために、展示者側は次のような言葉を掲示した。「この黒人たちには、組織委員会が餌をやっています」[26]。「建築王」は「人間動物園」を建設したのだった。

レオポルドが亡くなるまでに、200万〜1200万のコンゴ人が殺された（これほど多くの人の殺害を言い表すために、アフリカ系アメリカ人の調査報道記者ジョージ・ワシントン・ウィリアムズは、「人道に対する罪」という言葉を造った）[27]。死亡者の数は壊滅的だった。だが、利益は驚くほど厖大だった。『レオポルド王の亡霊』に詳述されている控え目な推定によれば、レオポルドは今日の価値にして11億ドルに相当する金額を自らの懐に収めた[28]。その一部は、ベルギーに壮大な記念建造物を建てるのに使われた。それらの建造物には、今日も依然として観光客が群がっている。彼らは、史上屈指の残虐行為によって調達した資金で建てられた建物が落とす影の中に、そうとは知らずに立っているのだ。レオポルドの残虐行為は遠い過去の話だなどと誤解するといけないのでつけ加えておくが、彼の葬儀のときに赤ん坊だった人が、今なお数人存命している。

このように、1人の人間が2つの制度に君臨した。レオポルドは、ベルギーでは責任を問われ、監視されていた。生命には価値があった。一方、コンゴ自由国では、王は誰に咎められることもなく専制政治を行い、彼の残虐行為は隠蔽された。人の生命ではなくゴムに価値があった。政治学者のブルース・ブエノ・デ・メスキータが主張しているように、これは世界最悪の自然実験であり、人種差別主義の極悪人が、ある制度では抑止され、別の制度では束縛を解かれうることを示している。[29]

もっとも、歴史は正反対の筋書きで書かれることもある。真っ当な人間が権力のある地位に就かされ、ひどい制度を監督させられたらどうなるのか？

独裁政権を民主政権へと移行させる任務を担った男

「公園のベンチとスキーのインストラクターの違いがわかりますか？」とポールが尋ねた。[30]

私は微笑むと、首を振った。

「そのうちの一方しか、家族全員を支えられません」

軽いにわか雪が降っていた。ヴァーモント州の山に広がる松林の緑の枝を、新雪がうっすらと覆う。私は、グリーン・リッジ・トリプルというスキーリゾートに来ていた。リフトが頂上へと私たちを運んでいく。ガタンと音がして、リフトが軋《きし》みながら止まった。そよ風が吹いているが、リフトはほとんど揺れない。私たちは、ケーブル支柱の真横にいた。ケーブルは、リフトを山頂のロッジへと運び上げる車輪にしっかりと掛かっている。

「スキーを教える子どもたちに、いつも言うんです。こんなふうに、リフトが車輪の真下で止まったら、運が良い」とポールは私に言った。「目を閉じて、願い事をしなくちゃ——でも、その願い事を私に言っては駄目だよ、かなわなくなるから、と」

私はうなずき、ぎこちなく微笑んだ。彼とリフトに乗るのは初めてだった。そして、それは思いもよらぬことだった。なにしろ、青いスノーパンツとお揃いのスキージャケットという制服姿で私の隣に座っている男性は、独裁政権を継承したのだから。何か月にもわたって、午前4時半に鳴る彼の目覚まし時計は、彼を殺そうとする迫撃砲の射撃音だった。当時、彼はウダイ・フセインの住まいで寝起きし、サダム・フセインの元宮殿に通勤していた。スキーリゾートでの仕事に応募する人の履歴書の標準的な記入事項とは、とうてい言えない。ファストフード店でアルバイトをしていた？　そういう経歴なら、十分ありうる。だが、サダムの宮殿で仕事をしていた？　そして、私は実際に調べて確証を得たわけではないが、ヴァーモント州のスキー・インストラクターで、ウサマ・ビン・ラディンによって金10キログラムの褒賞を首に懸けられている人は他にはいないと、私はそれなりに自信を持っている。[31]

友人の間ではジェリーという名で通っているL・ポール・ブレマー3世は、このとき80歳だった。彼は、日本による真珠湾攻撃の9週間前に生まれた。頭はすっかり白くなっているが、顔は実際よりも20歳若く見える。ずっとトライアスロンとマラソンをやってきたからだ、と本人は言う。舗装道路で長距離を走る衝撃に膝が耐えられなくなったときに、走るのはやめて本格的に自転車に取り組みはじめた。そして冬には、膝が許すかぎりスキーで滑りまくる。

ブレマーは、ずっと外交官をしてきた。アフガニスタンやマラウイ、ノルウェー、ワシントンで任務に就いた。レーガン大統領は、彼をオランダ大使に任命し、それからテロ対策調整官にした。その後彼は、特別に設置された「テロに関する全米委員会」の委員長に任命された。２０００年6月7日、ブレマーは同委員会の報告書を提出し、「多数の死傷者を出す攻撃の脅威が増している」と警告した。[32]ブレマーはその年の夏、議会での証言のときに、第2の真珠湾攻撃が、日本ではなくテロリストの闇のネットワークによって行われるリスクについて語った。顧みられることのなかったその警告は、1年3か月後の9月11日午前8時46分、悲劇的なまでに先見性があったことが判明した。当時、ブレマー自身の個人事務所が、ワールドトレードセンターの北タワーの、最初の飛行機が激突した部分の上にあった。その朝、彼は幸運にも首都ワシントンにいた。だが、同僚の何人かは、彼ほど運が良くなかった。

２００３年春、ブレマーはその後の人生を変える電話を受けた。ジョージ・W・ブッシュ政権のドナルド・ラムズフェルド国防長官からだった。ブレマーは、始まったばかりのイラク侵攻に関連した「大仕事」の担当者候補に挙がっていることを、ラムズフェルドに告げられた[33]。危険が伴うことは明らかだったが、ブレマーの妻のフランシスは、「頼まれたのなら、やらなくちゃ」と、ためらうことなく後押しした。大統領に何かするように依頼されたら、外交官はその務めを果たさなければならない、と彼女は言った。２００３年5月6日、ブッシュ大統領はブレマーを連合国暫定当局代表に指名した。同局の任務は、イラクで独裁政権を民主政権へと円滑に移行させることだった。

だが、移行は円滑には進まなかった。

劣悪な制度の下での真っ当な人物による選択

ブレマーは、２００３年5月中旬にC－１３０兵員輸送機でバグダッドに到着した。焼けつくような暑さだったが、彼は、パリッとした黒いスーツ、ネクタイ、ティンバーランド社製の黄褐色の戦闘用ブーツという、イラクの「総督」としての在職期間の象徴となる「制服」姿で滑走路に降り立った[34]。たしかに文官ではあったが、勤務地は交戦地帯だった。

ブレマーは、初日の会議でさっそく窮地に立たされることになった。バグダッドの治安状況は惨憺《さんたん》たるものだった。武装した略奪者たちが至る所に出没し、店舗や政府の省庁、遺跡、個人の住宅などで盗みを働いていた。暴力に満ちた無秩序状態だった。ブレマーはその会議で、アメリカ軍が略奪者たちに発砲して、秩序が回復されつつあるというメッセージを送る可能性を提起した。誰かがその案を報道機関に漏らした。『ニューヨーク・タイムズ』紙がそれを記事にした。[35] たちまち激しい反発が起こった。もしブレマーがアメリカで同じような命令を出そうとしたなら、一般市民の大量殺人未遂で起訴されていただろう。なにしろ、テレビを盗んだからといって、誰かを撃つことはできないから。というわけで、多くのアメリカ人が憤慨した。

ところが、多くのイラク人は憤慨しなかった。バグダッドはヴァーモント州のスキーリゾート近くの町とは違った。サダム・フセインは数十年にわたって力ずくで秩序を押しつけてきた。正当な法的手続きは、その制度とは無縁だった。ブレマーは、民主政権と法の支配を打ち立てることが正しいと信じていた。だが、独裁国家が一夜にして民主国家に変わりはしないことも承知していた。だから彼は、銃を突きつけて秩序を生み出すことを人々が期待している場所の野蛮な制度の継承という任務と、秩序は法の支配から生まれることが見込まれている、祖国の民主主義体制の板挟みになった。バグダッドで清涼飲料水とタバコを売っていたディア・ジャーバルという男性は、当時ジャーナリストたちに、略奪者を撃つというブレマーの提案が実行に移されることを願っている、と語った。[36] 断固とした対応をしなければ「内戦」になる、「宗派間の戦争になって、スンニ派とシーア派」が衝突する、と彼は警告した。ほどなく、その清涼飲料水の販売員の恐れが現実のものとなる。その後起こった宗派間の争いで、何十万もの人が命を落とすこととなった。

「ベラといいます」と、ブレマーは小さなマルチーズの救助犬を優しく撫《な》でながら私に言った。彼は、スキーのレッスンの後、コーヒーでも、と自宅に誘ってくれた。ブレマーは、2019年に妻に先立たれてから独り暮らしをしているが、彼の家には8つもベッドルームがある。「孫たち全員を泊められるだけのスペースが欲しかったのです」と彼は説明した。青いスキー・インストラクターの制服はもう着替えて、白いタートルネックのセーターを着ていた。ベルトにはアメリカ国旗があしらわれていた。先に立って書斎に案内してくれた。そこは、長年公職に就いている間にもらった褒賞で飾られていた。コンピューター・モニターの上の壁には、イラク国旗が下がっていた。彼がイラクを離れるときにもらったもので、「貴殿の瞠目《どうもく》すべき英雄的行為、先見の明、活力、リーダーシップ、比類なき献身に捧げる。歴史は一国家の再建者として貴殿を記憶にとどめるであろう」という献辞が刺繍《ししゅう》されている。私には、彼の業績を称えるこの言葉が少しばかり楽観的過ぎるように思えてならなかった。

ベラが私の足元に腰を落ち着けた。私はエスプレッソを飲みながら、悪評を呼んだ彼の略奪対策命令について尋ねた。ブレマーの顔が、わずかに歪んだように見えた。「どんな政府にとっても、第一の任務は治安の確保です」と彼は言った。「兵はたっぷりいましたが、彼らには、略奪を止めるよう命じる交戦規定がありませんでした。……略奪者を撃っていれば、多くの命を救えたと思います」。私は重ねて尋ねた。もし彼がヴァーモント州の総督だったなら、それにわずかに近いことでさえ夢にも思いつかなかったのではないか？　「もちろんです」と彼は答えた。「ですが、何をするにしても、アメリカですることとは大違いでした」[37]

ブレマーは、初めてイラクに向かったときに抱いていた希望について、物憂《ものう》げに語った。あの戦争や、戦後の計画の悲惨な欠如、厖大な数のイラク人にとっての壊滅的な結果に関して、どのような見方をするにしても、ブレマーは絵に描いたような悪漢ではない。彼は、あの戦争を支持した。だから、彼を悪漢と見る人もいた。批判的な人は、彼は無能で、危険なまでに考えが甘かった、と言う。帝国主義の戦争犯罪人だ、と非難する人もいた。だが、他の主戦論者とは違い、彼は少なくとも口先だけの人物ではなく、率先して行動し、世界でもとりわけ危険な場所での、この上なく嫌な仕事を引き受けた。他の人々の暮らしを良くできる、と心から信じていたのでそうした。後から振り返れば、その信念は間違っていたのかもしれないが。私が会って話を聞いた人で、嘘を言う人は大勢いた。だが、ブレマーが自分の意図について誠実に語っていたことには、私は何の疑いも抱いていない。彼は民主主義と自由の大切さを心の底から信じており、自分はその両方のために戦っている、と考えていた。

だが、イラクでは彼の価値観が試された。過激な聖職者のムクタダー・アッ＝サドルが、アメリカ人に対する暴力を扇動する文章を書きはじめると、ブレマーは彼の新聞の活動を停止させた。兵士たちが建物を鎖で閉鎖し、新聞を休刊に追い込んだ。批判者たちは、偽善の匂いがプンプンする、と言った。「第2のサダムなど欲しくない！」と、抗議者たちはブレマーを指して連呼した。ある抗議者は、PBSのニュース番組に、「今起こっているのは、かつてサダム時代に起こっていたことです。意見表明の自由がありません」と語った。[38] だが、ブレマーには懸念するべき理由があった。アッ＝サドルは、多国籍軍に対する聖戦《ジハード》を呼び掛けていたので、彼のマフディー軍は無数のアメリカ人を虐殺しにかかることが見込まれていた（そのような脅威は、たんなる理論上のものではなかった。ブレマーは、車列が即席爆発装置（ＩＥＤ）の標的にされたが、九死に一生を得ている）。アッ＝サドルの暴力扇動を許しておけば、イラクが血なまぐさい内戦のどん底にあった年月を、はなはだしく悪化させただろう。アッ＝サドルは、暴力を扇動する新聞を発行する自由を与えられるべきだったのか？

劣悪な制度を引き継いだ真っ当な人は、優良な制度の下ではしないような選択を迫られる。新聞の発行者たちが流血の叛乱を助長しておらず、略奪が宗派間の戦争の前触れではないような制度とは、わけが違うからだ。ブレマーは、軍に対する直接の権限はいっさい持っていなかったものの、彼が下す決定の1つひとつが生死にかかわるものであることは明らかだった。

彼がイラクを統治しはじめてからまもなく、それがはっきりした。ブレマーがある病院を訪れたときのことだ。明かりはすべて消えていた。音を立てている機器もなかった。電気がまったく通じていなかったのだ。イラクの発電所は、戦争前の10％の水準でしか発電を行っていなかった。

「新生児集中治療室に案内されました」とブレマーは回想した。「小さな赤ん坊がいました。体重は2700グラムかそのぐらいです。生後半年近くだというのに。そこで、ハッと気づきました。この病院に電気を送る責任が自分にはある、と。それができる人や、それを実現させられる人が、そこには他に誰もいなかったのです」[39]。それからというもの、ブレマーは毎朝のミーティングの冒頭で、イラク全土の電力供給の図を点検し、供給復旧作業を速める方法を探った。

ブレマーが自分の書斎で愛犬といっしょに座ってその話をしてくれていたときに、私は数時間前にスキー場のゲレンデで雑談していたときのことを思い出した。イラクでは、電気を復旧させ、治安を確保し、何百万ものイラク人公務員に給料を払い、民主国家へ移行するという作業をすべて同時に行う責任を負わされていたブレマーは、ゲレンデではリフトを移設するリゾート側の計画について、私に語っていた。

「とても野心的な計画です」と彼は言った。まるで考えられないほど壮大なビジョンに感じ入って、ヒューっと口笛を鳴らしている人のようだった。「彼らはこの夏、まるごと移すと言っています。うまくやり遂げられるかどうか」

ブレマーはレオポルドとは違い、正しいことをしたかった。彼には制約があった。彼の行動は、厳しい監視の目にさらされた。それでも、破綻した残忍な制度の下では、理想主義を掲げても何も達成できないことに彼は気づいた。侵攻前に計画が立てられていなかったため、ブレマーはその場で判断を下して進んでいくしかなかった。そうした判断のうちには、破滅的な結果をもたらしたものがあったことは、彼が誰よりも先に認めるだろう。だが、だからといって、そうした決定が悪意のあるものだったことにはならない。むしろ、イラクの制度のせいで彼の選択肢が定まっていたのだ。別の制度の下では、彼は違った選択をしたことだろう。在ノルウェー大使だったときには、略奪者を銃撃することなどけっして提唱しなかったのだから。

ブレマーと数時間おしゃべりをした後、私は腰を上げ、帰ることにした。彼の書棚の脇を通るときに見ると、「ジェリーへ。見事な仕事ぶり！」と書かれた、ブッシュ大統領のサイン入りの写真が飾ってあった。その隣には、他に2つ、彼の大切な品が並んでいた。レベル1スキー・インストラクターの認定証と、最初のスキーシーズンの後に授与された帽子で、そのつばには「最優秀ルーキー」とあった。

人間とは、複雑なものだ。

独裁政権を受け継ぐ人など、まずいるものではない。だが、私たちの多くが、破綻した制度の下で生きている。そのような状況で課される制約があるので、私たちには絶対的な自由意志というものはない。私たちの行動は、善いものも悪いものも、こうした制度によって形作られる。

ここで、前章と本章を併せて考えてみよう。権力欲に取り憑《つ》かれたメンテナンス職員のスティーヴ・ラウチのような人物を調べるとわかるとおり、制度を不正に操って権力を獲得するのが得意な人がいることは明らかだ。だが、劣悪な制度が濫用を助長する一方、優良な制度がそれを防ぐことも明らかだ。今後の章で見るように、制度を改革し、腐敗しやすい人をなるべく引き寄せないようにし、そのうえで、権力を持った人にその権力を濫用させないことが解決策となる。言うは易く行うは難し、ではあるが。

だが、具体的に何をどう直すかを突き止める前に、これまでずっと背景に潜んでいた重要な疑問に答える必要がある。権力は実際に腐敗するのか？　それとも、何か別のことが起こっているのか？

第7章 権力が腐敗するように見える理由

権力は本当に腐敗するのか?

1人の男性が、衣服を剝ぎ取られる。両手を後ろで縛られる。縄が手首に食い込む。原始的な滑車装置によって、彼の体は宙高く引き上げられる。縄の結び目が肌を切り裂く。無力の男性は大声を上げ、解放してくれるように懇願する。「本当に、誰も知りません。何も知りません。誰にも本は貸したことがありません――誰にも、誰にも! 私自身、これらの本は読んでさえいません」[1]。彼は悲鳴を上げる。体が落下する。地面にぶつかる寸前に、縄がピンと張る。滑車が軋む。男性の足は地面のわずか上に浮いたままだ。彼の両肩が外れる。彼は再び悲鳴を上げ、やがてぐったりする。意識を失ったのだ。

これは、スペイン異端審問のときに丹念に記録された、典型的な場面だ。自白を引き出すために、

「ストラッパード」という拷問刑具が使われた。[2] この刑具は、告発された人の体を痛めつけるが、その人が死ぬ前に依然として罪と異端信仰を認める機会は残る。もっとも、告発された人の多くは、どのみち処刑された。恐ろしい拷問台に手足を縛りつけられ、引っ張られ、殺される人もいた。「頭蓋粉砕機」で殺される人もいた。この器具は、ヘルメットと顎板の間に頭を挟まれ、スクリューを締め上げて頭蓋骨を少しずつ圧縮し、砕く。まったく、読んでいるだけでもゾッとする話だ。

それから数世紀が過ぎた１８００年代後半、マンデル・クレイトンというイギリスの主教が、一連の歴史研究作品に異端審問の時代のことを詳述した。[3] ところが彼は、教会の蛮行を非難せず、淡々と記録した。道徳的な観点からの考察は歴史家のするべきことではない、とクレイトンは信じていたからだ。彼は、宗教史家の役割は弁明の専門家の役割のようなものだと見ていた。宗教史家は権力の座にある聖職者による権力の濫用を非難するのではなく、疑わしい点はその聖職者に好都合に解釈するべきである、というわけだ。

ある読者が、クレイトンの歴史書に感心しなかった。初代アクトン男爵で第13代グロッポリ侯爵のジョン・エメリク・エドワード・ダルバーグ゠アクトン（たんにアクトン卿と呼ばれることが多い。名前の長さを考えれば、これほど頻繁に略称が使われるのも無理はない）は、無実の人々の拷問と処刑に無関心だとしてクレイトン主教を非難した。アクトン卿に言わせれば、クレイトンは「歴史を文学のかたちで受け止める大多数の民衆を好む。……彼は、何かしらの主張を論証する努力も、何らかの結論に向かって物事を掘り下げる努力もせず、激しい論争と激情の場面を、穏やかな好奇心と、相反する判断を道連れに、白手袋をしたまま通過することを願っている」。[4] クレイトンは、自らの手を汚すことなく、手をひどく汚した教会の人々を説明したがっていたかのようだ。アクトンは、クレイトンの道徳的無関心を、歴史の責任の放棄と見なした。アクトンにしてみれば、権限を持つ人が罰を受けずに済まされるのが当たり前だった世界で権力のあった人に、その権力の濫用の責任を負わせるのが歴史の責任なのだ。

1887年、アクトンはクレイトン主教に宛てた手紙に、次のように書いた。「教皇や王は何も悪事をなさなかったという好意的な仮定を行って、彼らを他の人間のようには非難しないという貴殿の原則は、受け容れることができない。もし仮定を行うのなら逆に、権力を持つ人間に厳しいものにし、権力の大きさに合わせて、負わせる責めも大きくするべきだ。歴史の責任は、法的な責任の不足を埋め合わせることでなければならない。権力は腐敗する傾向にあり、絶対的な権力は絶対的に腐敗する。偉人はほぼ必ず悪人である」[5]。こうして、頻繁に引用される歴史上屈指の名文句が生まれた。

アクトンのこの言葉は新しいものだったが、内容はそうではなかった。同じような言葉が、歴史を通して散見される。たとえば1770年、ウィリアム・ピット（大ピット）は貴族院で同じような現象について語り、「制約のない権力は、それを持つ人の心を腐敗させがちである」と主張している。アクトン卿は、人々の印象に残るバージョンを思いついたにすぎない（今日、「傾向にあり」の部分は、たいてい省略される。ほとんどの人にお馴染みの言葉は、「権力は腐敗し、絶対的な権力は絶対的に腐敗する」だ）。広く知られ、広く受け容れられているこの警句は、最新のスキャンダルに気の利いたかたちで触れているように見られたい人が、酒の席の会話で持ち出したりする。だが、この警句は、正しいのだろうか？

私たちはしばしば、歪んだ目で権力を眺め、権力と切っても切れないつながりのある特徴を、権力に起因する腐敗と取り違える。次章で見るように、たしかに権力は腐敗する。だが、どれだけの権力が腐敗するかについての過度にシニカルな見方は間違っている。その間違いの一部は、権威のある人物を称賛したり非難したりするときに頻繁に見過ごされる4つの現象と関連している。私はその4つの現象を、「汚れた手」、「学習による悪行の上達」、「機会の訪れ」、「顕微鏡での精査」と呼ぶ。そのそれぞれが私たちの見方を歪め、権力が実際よりも人を腐敗させるように思い込ませる。だからといって、権力の座にある人が道徳的に振る舞うというわけではない。むしろ私は、以下のことを示したい。権力は人をより悪質にするという、広く受け入れられている見方は、誇張されてしまいがちであり、それは、権力を握っている人を評価するときに私たちが犯す認知的な誤りのせいなのだ。

大量殺人の罪に問われた元首相

私はスマートフォンで時刻を確認した。午前8時7分で、タイのアピシット・ウェーチャチーワ元首相と会うことになっていた時間を7分過ぎていた。私はバンコクのビジネス街にある豪華なザ・スコータイ・ホテルのカフェにいた。この高層ビルは、念入りに手入れされたトロピカルガーデンの中にあり、ズラッと立ち並ぶヤシの木が盾となって、バイクタクシーの絶え間ない唸りや、タイの甘いアイスミルクティーを売る露店の喧噪を遮っている。

私はカフェの中で法外な値段のアメリカーノを飲みながら、店内をもう一度見回した。私の他に、客はたった1人しかいない。黄色いTシャツを着たタイ人で、ホテルを急ぎ足で出入りする、黒いスーツにネクタイという姿の男性たちとは好対照だった。私はスマホのロックを解除して、素早くメッセージを入力した。「もう来ています――あなたが着く前に、何か注文しておきましょうか?」。すると、すぐにスマホが鳴った。アピシットからのメッセージだった。「私も来ています」。私が顔を上げると、黄色いTシャツの男性が微笑んだので、私は彼のテーブルに移った。

「すみません。あなたがTシャツを着ているとは思わなかったので」と私はきまり悪い思いで言った。

「いいえ。あなたはもっと年上だと思っていました[6]」

権力にまつわる思い違いの典型的な例だった。権力と地位についての思い込みのせいで、私たちは2人とも判断を誤ったのだ。私たちは握手した。その間、私はある考えをどうしても頭から拭い切れなかった――自分は、大量殺人を犯したと非難されている人と握手をしているのだという、心を乱される考えを。

アピシットは、超エリート私立高のイートン校と後にはオックスフォード大学でボリス・ジョンソンと遊び回った学生時代の名残である上流階級の英語で話した。Tシャツを着ているのは、その日はいつも献血をする予定の日だからだ、と説明した。私は頭の片隅で思った。これは芝居なのか? 彼が取材を受ける前にしばしば相手に食らわせる、目くらましなのか? そうかもしれないし、そうではないかもしれない。彼は心底から無私無欲で思いやりがあるのかもしれない。あるいは、人を思いどおりに操るのがうまいマキャヴェリストかもしれない。政治の世界では、この両極端の隔たりは、極端に狭いことがよくある。

私は、当たり障りのない質問から始めた。政治家になりたいということを意識したのはいつか? 進路が定まるような決定的瞬間はあったのか?

「9歳だった1973年に、学生の抗議運動が起こりました」とアピシットは答えた。「そして、彼らは基本的に、民主政治と成文憲法を要求していました。当然ながら、私は幼過ぎたので、何が起こっていたかを高度なレベルや深いレベルでは理解できませんでした。けれど、街に繰り出して、この国に変化をもたらそうとしている若者たちがいるという事実に、おおいに刺激を受けたのです」[7]

その37年後、アピシットは、彼が支配する国に変化をもたらそうとして街に繰り出した人々を殺した人物だと、敵対者たちに見なされることになる。

たいていの西洋人は、タイやバンコクを思い描くときには、自然のままの美しい浜辺や、歓楽街のナイトライフを頭に浮かべる。だがタイは、地球上で他のどこよりもクーデターが多い国でもある。2006年のクーデターの後、新しい首相が選出された。だがその首相も、350ドルもらって「味見して不平を言う」というテレビの料理番組の司会を4回務めた――これは断じて私のでっち上げではない――後、権力の座を追われた。[8] そのお金は、国家公務員が在職中に事業利益を追い求めることを禁じる規則に違反すると判断されたのだ。腐敗とされたこのささやかな行為の結果、アピシットは権力を任された。人々ではなく将軍たちと国王によって選ばれ、選挙を経ていない首相という役割を担わされたのだった。

「政治の世界に入り、腐敗せずにその世界を後にできることを証明しようと、固く決意していました」とアピシットは私に語った。「ですから、そのことを常にしっかりと意識していました。そして、正直で、率直で、自分の原則に忠実である点で模範を示したいと思っていました。それに成功したことを願っています」[9]

だが、2010年の初めに、アピシットの敵対者たちが民衆を動かしはじめた。その敵対者を支持する約12万人がバンコクの市街に繰り出した。彼らはアピシットの辞任を要求した。最初のうち、彼らは穏やかに振る舞っていた。だが4月に抗議者たちは議会に押し掛け、アピシット政権は建物から逃げ出さざるをえなくなった。ところが兵士たちは、抗議活動が行われている地域から抗議者たちを追い払おうとした。政府はある晩、抗議活動が行われている地域から抗議者たちを追い払おうとした。ところが兵士たちは、弾丸や手榴弾《しゅりゅうだん》を雨あられと浴びせられた。指揮していた将校は手榴弾の爆発にやられ、亡くなった。他に、兵士も4人亡くなった。兵士たちは反撃し、武装勢力に向けて発砲した。その結果、26人が亡くなり、1000人近くが負傷した。[10]

それに対して、重武装した抗議者たちは内戦という言葉を口にし、もし政府が彼らを市街から一掃しようとしたなら過激な暴動を大々的に起こす、と脅した。抗議者のうちには、タイ軍を離脱した人もいたので、流血の争いが現実に起こる可能性があった。抗議者たちは重火器をゴミ袋に入れ、抗議行動を展開している地域に深夜にこっそり持ち込みはじめさえした。5月半ばには、バンコクは一触即発の状態に陥っていた。もし首都で火の手が上がれば、ほんの数時間のうちに国全体に燃え広がることが、アピシットにはわかっていた。

「おそらく2か月ほど、良くても3～4時間しか眠れませんでした」と、アピシットはコーヒーを飲みながら回想した。[11]

ときおり鳴り響く銃声がバンコクのサウンドトラックの一部になった頃、アピシットはヘリコプターを何機も飛ばして、下の抗議者や武装勢力にビラを撒《ま》かせた。そのビラには、政府は抗議者と政府軍との間の緩衝地帯として「実弾」発射区域を設ける、という警告が書かれていた。[12] アピシットは、その立ち入り禁止地域に入る者は誰にでも――武装していない一般市民に対してさえも――兵士が実弾を使うのを許可したことを、明確に伝えていたのだった。

その警告があったにもかかわらず、武装勢力は市内の各地で計画的な放火をしはじめた。あえて危険を冒し、実弾発射区域に踏み込む抗議者もいた。多くが、政府側の狙撃兵によって射殺された。2010年5月19日、タイの軍隊は抗議者のバリケードを突破した。抗議運動の指導者たちは投降した。徐々に秩序が戻ってきた。情け容赦ない弾圧によって目的が達せられた。流血に終止符が打たれたが、いったいどれだけの代償が払われたのか?

抗議運動の取材をしていた外国人ジャーナリスト2人を含め、合計87人が命を落とした。さらに数十人の一般市民が今なお行方不明のままなので、死者の数はさらに増える可能性が高い。2000人以上が負傷した。多くは穏健な抗議者だった。

翌年、選挙があった。アピシットは敗れた。得票率はわずか35%だった。権力を失った途端、アピシットは大量殺人の罪に問われた。だが、2014年のクーデターで軍がまたしても権力を掌握すると、殺人罪での起訴は取り下げられた[13]。

高級なカフェで、アピシットはコーヒーカップをいじりながら、うつむいたまま話した。「権力を握っているときには、秩序を保ち、抗議活動の鎮静に努めるようにという、途方もないプレッシャーがかかります」と彼は静かに言った。「しかし、同時に、死傷者が出ないように全力を尽くそうとするものです。最終的に死傷者が出てしまったことは、当然ながら遺憾ですが、在職中、それが最も難しい期間でした[14]」。私が話を聞いたタイの数人の将軍たちも、同じような意見だった。「リビアやシリアで何が起こったかはご存じでしょう。タイに二の舞を演じさせるわけにはいきませんでした。アピシットは、まさにその選択に直面したのです。少数の『テロリスト』を殺害して秩序を回復するか、それとも、流血の内戦で罪のないタイ国民を何十万人も死なせるか、という選択に」[15]。少なくとも、彼らはそう見ていた。あるいは、そういうふうに解釈したがっていた。

ダークトライアドの特性を持つ人が、あまり良心の呵責を覚えずに、道徳的に不快な決定を下す傾向にあることは、すでに見た。たとえば、村人全員を救うために赤ん坊を窒息させるかどうかといった、その手の道徳上の難問は、大学の哲学の教室で思考実験に使われることが多いが、破綻した制度の下では、政治家は日頃から、まさにその種の実世界の決定に直面する。もしアピシットのように、人口7000万の貧しく不安定な国を支配していたら、予算配分さえ含め、ほとんどの決定が本当に生死にかかわるものとなる。精神保健の支援を削減して教師の給与を増やせば、亡くなる人が出る。パンデミックのさなかに経済活動を停止させるのが1週間遅過ぎたら、やはり亡くなる人が出る。ロケット推進手榴弾で武装した抗議者が町を焼き払ったり兵士を撃ったりするのを許せば、これまた死者が出る。そして、都市での暴動が内戦に発展すれば、多数の命が奪われることになる。

カフェでアピシットと座っていると、彼の選択の結果、少なくとも87人が亡くなったことを考え続けずにはいられなかった。ゾッとする思いだった。だが、彼が別の道を選んでいたら、どれだけ多くの人が命を落としていたか、知れたものではない。ずっと少なかったかもしれないし、桁違いに多かったかもしれない。とうてい、知りようがない。

ここで、アピシットの立場になってほしい。彼が別の行動を取っていればどうなったか、私たちにはわかるとしよう。これは、社会科学者が「反事実」と呼ぶものだ。この場合の反事実が明らかだったとしよう。もしアピシットが、抗議者が増えるのを許していたら、彼らは首尾良く集結して内戦を起こし、2万5000人の死者が出るとする。アピシットは残酷な殺人者だ、と言うのは簡単だ。だが、あなたが権力の座にあって、何千何万もの人の命があなたの肩にかかっていたとしたら、どう振る舞っていたか？　それに答えるのは、それほど簡単ではない。

このような不穏で、道徳的に吐き気を催させるような政治的計算を、アピシットのような人が世界中で常に行っている。こうして決定を下す人のうちには、暴力を楽しみ、自己利益しか指し示さないコンパスに導かれている人もいる。一方、恐ろしいことではあっても、それが不適当である度合いが最も小さい選択肢だと信じているからこそ、しかたなくその決定を下す人もいる。アピシットと6、7回会った後、私は彼が後者の類いの指導者であってほしいと願うようになった。だが、そうだとは、けっして確信を持つことはできない。

権力者は手を汚さなければならない状況に立たされる

ジャン＝ポール・サルトルの戯曲『汚れた手』では、架空の共産主義指導者エドレルが、そのような解決不能のジレンマについて語る。「私は肘まで汚れた手をしている。その手を汚物と血の中に突っ込んできた。あなたは、清廉潔白に統治できるとでも思っているのか？[16]」。普通の人は、深刻な道徳上の罪を避けることができる。いつも必ず他の選択肢がある。唾棄《だき》するべきことを行うのを避ける、別の道がある。圧倒的多数の人は、他者の人生を台無しにしたり、彼らの命を奪ったりする決定を故意に下すことはない。その代わり、そうした決定は他者に委ねる。誰かを選出したり、任命したり、雇ったりし、自分では向き合うことのできない耐え難い決定を下してもらう。その結果、私たちが権限を委任した人々は、あらゆる選択肢が道徳に反するような状況に追いやられることがある。そんなときは、どの選択肢を選ぼうと、悲惨な結果につながりうる。だからといって、権力を握っている人による虐待や暴力のグロテスクな行為を無罪にしたり、大目に見たり、正常なものとしたりするわけではない。その正反対だ。政治指導者は、彼らが許可したり可能にしたりした人権侵害の責任を負わなくてはならない。だが、権力を握っている人は、2つの恐ろしい選択肢を天秤にかけ、害の少ないほうを選ばざるをえない場合があることは、記憶にとどめておく価値がある。

「政治では簡単に手を汚すことになるし、それが正しいことが多い」と、ニュージャージー州プリンストンの高等研究所の名誉教授マイケル・ウォルツァーは主張する。[17] 彼は、政治家——権限のある地位に就いている他の人々——が日常的に直面する特有のさまざまな道徳上のジレンマを指す、「汚れた手の問題」という言葉を造った。

アピシットは、自分の手を汚した。彼は武装していない人々も含め、抗議者に向かって銃弾を発射するよう命じた。もし、それを知ってゾッとしないようなら、サイコパスの診断テストを受けたほうがいいかもしれない。だが、思い違いをしてはならない。アピシットが何をしようと、必ず死者は出た。巨大な権力を振るう人には、それが当てはまることが多いが、それ以外の人にとっては、めったに当てはまらない。

2019年、アピシットは自分の政党を率いて選挙に臨むにあたって、道義に基づいた立場を明確に示したが、そのせいで大きな代償を払う羽目になった。彼は多くの党幹部に逆らって、国を支配している軍事政権に対抗し、文民主導の民主政権への回帰を呼び掛けた。この決断が、事実上彼の政治生命を絶った。彼は民主主義を取り戻す闘いのために、タイの首相に返り咲く機会をなげうった。権力のせいで救いようもないほど腐敗した人間なら、とうていするとは思えない行為だ。

とはいえ、汚れた手の問題は、選出されなかったタイの政治家だけのものではなく、破綻した国家の独裁者や専制君主の世界だけのものでもない。大勢の人を支配する人なら誰にも影響を与える。この問題は、イギリスとアメリカの歴史上、とりわけ尊敬されている人々の名声にさえ汚点を残してきた。ユニヴァーシティ・カレッジ・ロンドンの政治学教授リチャード・ベラミーは、こう主張している。「私たちは道義に基づく政治家を欲するが、彼らに道義に反する行為を行うことを期待するし、強いさえする[18]」

1941年末、ウィンストン・チャーチルには秘密にしていることがあった。彼の政権は、ブレッチリー・パークの暗号解読機関の助けを借り、見たところ解読不可能なナチスのエニグマ暗号機の暗号を解読する方法を見つけたのだった。ヒトラーが秘密の暗号メッセージを世界各地の軍司令官たちに送っているときに、イギリス政府はそれを読んでいた。ナチスの暗号の解読は第2次世界大戦の最大の秘密であり、イギリスの手持ちの最も価値ある武器だった。暗号が解読されていることをドイツ側が知れば、新しい暗号機を導入するだろう。そうなれば、イギリスはこの恐ろしい戦争を、またしても推測に基づいて遂行する羽目になる。

ほとんどの場合、チャーチルはうまくやってのけることができた。解読した暗号から得た情報を、いかにもスパイや情報提供者から手に入れたかのように見せ掛ける方法を見つけることができたからだ。こうして、盗み読んだ情報に基づいて行動しても、ドイツに疑われずに済んだ。だが、情報のうちには、あまりにも具体的なものがあった。そして、どうやってその情報を得たのかを多くの人に知らせるのは、あまりに危険だった。戦時中のポスターが警告していたとおり、「口が軽いと船が沈む」。

だが、口が堅いことで沈んだ船もある。そのうちの1隻が、オーストラリア海軍の軽巡洋艦シドニーだった。シドニーを含むオーストラリアの艦船がまもなく攻撃されるという暗号解読情報をチャーチルが受け取っていた、と歴史家たちは主張している。チャーチルは、その情報をオーストラリア側に伝えないことにした。黙っていれば、オーストラリアの艦船を危険にさらすことは承知の上だった。[19] もしシドニーに警告したら、ドイツ側がエニグマの暗号が解読されたことに気づく可能性が高かったからだ。

1941年11月19日、シドニーはドイツの巡洋艦の攻撃を受け、沈没した。645人の乗員は全員亡くなった。チャーチルはおそらく、彼らの死を防ぐことができただろう。だが、彼はそうしないという選択を意図的に行った。それによって、彼はナチスを打ち負かすことを優先し、自分の手を汚した。

同様に、アメリカの南北戦争が最終段階に入っていた1865年初め、エイブラハム・リンカーン――「正直エイブ」として知られてきた人物――は、露骨に不正直な振る舞いをした。アメリカで奴隷制度を非合法化する憲法修正第13条を確実に可決させるため、リンカーンは下院の反対者たちを事実上買収した。彼は無関係の法案で譲歩し、彼らの票を買ったのだ。「19世紀随一の法案は、アメリカで最も清廉な人物に後押しされ、扇動され、腐敗によって可決された」とタデウス・スティーヴンズ下院議員は書いている。[20] リンカーンは清廉ではあったが、はるかに大きな善のためには手を汚したのだった。

チャーチルとリンカーンは非常に敬われているので、これらの出来事は、彼らのよく知られた経歴からは消し去られている。だが、権力を握っている人の多くは、汚れた手の問題のせいで実際以上に悪く見え、指導者に対する私たちの評価を歪ませている。私たちが「権力は腐敗する」と言うとき、それは、権力が人を以前よりも悪くすることを意味する。だが、実際にはほとんどの場合、彼らはただ、前よりも不適当な決定を下さざるをえないだけだ。だから、それは権力のせいで彼らが悪くなったということではない。正直エイブが進んで汚い手を使い、奴隷制を廃止したり、チャーチルがナチスを打ち負かすのに必要なことをするだけの胆力を持ち合わせていたりしたことを、私たちはみな喜ぶべきだ。権力を握っている人にとって、不道徳な行為は、ときには明らかに最も道徳的な選択なのだ。

だが、汚れた手の問題は、権力によって誰かが腐敗したと私たちが誤って思い込む唯一の理由ではない。権限を握っている人が実際より悪く見えるのは、彼らが腐敗したからではなく、新しい駆け引きのやり方を覚えたからのこともある。

学習によって盗みがうまくなっただけ？

「自分が盗みを働いていなかったときのことなんか、記憶にないな」とアリソンは言った。[21]

「それは、遺伝的なものだったのですか？」と私は尋ねた。

「兄貴2人は、まだ娑婆《しゃば》で健在だ。2人とも、スピード違反の有罪判決さえ一度も受けたことがないだろう。それに、お袋と親父は揃って働き者だった。貧乏だったけれど」

エリック・アリソンは、イングランド北部の貧しい地域で育った。近所では、自動車を持っている家は1軒しかなかった。彼は早くからそれに気づいていた。「うちと棟続きのその家は5軒ぐらい先にあって、きっと金持ちだと思ってた。車はあるし、子どもはいないし」とアリソンは振り返った。「だから、11歳のとき、その家に押し入ることにしたんだ」

アリソンは、その頃もう学校には行かなくなっていた。「学校は好きじゃなかった。それに、俺も学校では厄介者扱いだったから」と彼はこともなげに言った。家で過ごしていたある日、彼は面白いことに気づいた。天井の跳ね上げ扉を抜ければ、屋根裏に上がれるのだった。よじ登って見回すと、自分の家と隣の家は、低い壁で仕切られているだけだった。その隣の家も、次の家も、その先もずっと、同じように仕切られていた。この並びの家ならどれにでも、外に足を踏み出すまでもなく入り込めることがわかった。

アリソンは近所の2人の男の子に声を掛けて見張り番をしてもらい、例の自動車を持っている夫婦が仕事に出掛けるまで待った。それから、屋根裏を伝って押し入った。「とても良い獲物が見つかった。コインがしこたま入った瓶があったんだ。それも、2シリング硬貨や半クラウン硬貨ときた。あの頃には、そりゃ、大金だった。全部合わせて20ポンド分かそこら、あったと思う。1週間分の賃金以上だよ」

アリソンはたいていの11歳児よりも頭が良かったので、内部の者の犯行と思われないようにしておかないと、自分が捕まるだろうことに気づいた。「床を掃いてね。屋根裏から落ちた埃《ほこり》が目につかないように。それから、裏のドアを開けて、その隣の小さな窓を割っておいた」。そうしておけば、警察は行き当たりばったりの押し入りと思うだろう、と考えたからだ。

それが功を奏するはずだったが、そうは問屋が卸さなかった。アリソンは1つ重要な教訓を得た。共犯者は慎重に選ぶこと。同い歳の見張り役2人には、すぐにお金は使わないように厳しく言っておいたのにもかかわらず、1人が我慢できなくなった。「2人の一方、ジョンって奴が、フィンを買ったんだ。泳ぐときに足につける、あれを」とアリソンは言った。どこで手に入れたのか、と父親に問い詰められると、ジョンはとうとう盗みの首謀者としてアリソンの名を出した。アリソンは罪状を認め、判事に条件つきの釈放を言い渡された。

アリソンが当てにならない共謀者から痛い目に遭わされたのは、それが最後ではなかった。彼は、ある店の表からガムの自動販売機を盗んだ。「獲物」――アリソンはいつもこの言葉を使った――は、大量の1セント硬貨とたくさんのガムだった。彼は盗みの後さっさと家に帰り、警察が捜しに来るといけないので、獲物を注意深く隠した。だが、相棒はあまり気が利かなかったので、口いっぱいのガムを噛みながら、町をぶらついた。「奴に密告された」とアリソンは言った。彼は少年院に送られた。

この年端のいかない泥棒は、そこを出るとたちまち盗みを再開した。「だが、前よりは慎重にやった」とアリソンは回想した。どうすれば、リターンを最大化してリスクを最小化できるかを考えはじめた。相棒の候補者は、前よりはるかに念入りに調べることにした。もう二度と同じ過ちを犯すつもりはなかった。

21歳になっても、まだ盗みを働いていたが、高級レストランのウェイターという真っ当な仕事にもなんとか就いていた。そのようなレストランには、ウェイターの制服を着ていないかぎり身を置くことは夢にも思い描けなかった。「そのとき思ったんだ。誰かに料理を出すんじゃなくて、テーブルに着いて料理を食べたい、って。だから、フルタイムの犯罪者になるんだ、と本当にはっきり意識して決めた。そして、そのとおりにした」

来る年も来る年も、アリソンはあれこれ試した。試行錯誤をするうちに、野心が膨らみ、技能の幅が拡がり、ミスがなくなった。財布の厚みも増し、盗みからの上がりは毎年6桁に達するようになった。当時とすれば、かなりの額だ。「カネのことは気にしたためしがない」とアリソンは言った。「ただ、盗むのが好きだったんだ」

アリソンは、仕事の前に徹底的に下調べをするようにした。たとえば、いわばケンタッキーダービーのイギリス版であるロイヤルアスコットにそれまで競走馬を出走させてきたような、彼の言葉を借りれば「世襲財産《オールドマネー》」のある裕福な家族を調べる。それから、彼らが大切な馬とともに競馬場に出掛けているのがわかっているときに、留守宅から獲物をせしめるのだった。

アリソンは、小切手詐欺の手口も身につけ、偽造小切手で銀行からお金を引き出した。「その頃、プリマスからアバディーンまでぐらいかな、2つ以上銀行があった場所なら、みんな行ってる」と彼は説明した。それは、もう競技だった。お金のためではなく、盗みのスリルのために、自分の限界を試すゲームになっていた。彼は、たった1日で詐欺を働いた銀行数の自己記録を打ち立てようとさえした。「最高で75店だった」と彼は誇らしげに言った。

アリソンは、盗みを働いていないときには、どうやったらもっとうまく盗めるかを考えていた。巨額の預金のある口座を見つけ、その持ち主のうちの誰があまり頻繁に明細書を確認しないかを突き止められれば、多くのお金がなくなっていても気づかれないから、小切手詐欺でもっと稼げるはずだ、と彼は思いついた。そこでアリソンと数人の共犯者――彼は名を挙げなかった（「有罪者を守るために、口にできないことがある」と彼は言った）――は、ある銀行員の自宅に押し入り、彼の磁気カードを盗んだ。次に、そのカードを使って銀行の記録にアクセスし、どの口座が標的として打ってつけかを突き止め、大きな獲物を手に入れた。問題は、お金を引き出すことだった。「チェルトナムかどこかのロイズの銀行に行って、『50万ポンド、現金でお願いします』って言えば済むわけじゃないから」と彼は言った。だが、もうその頃にはアリソンは巧妙な犯罪者になっていたから、仲介者を通して、ジブラルタルとジュネーヴの銀行で小切手を現金化し、仲介者に分け前を与えるという方法を考え出した。

「電話がかかってきて、ワシは舞い降りた、つまりカネが実際に現金で引き出されて、こっちに向かっている、って告げられたときには、出掛けていって、本当に高級なクラレットのボトルを買ったのを覚えてる」とアリソンは、そのときのことを思い返した。「それから、自分独りでそのボトルの前に腰を下ろして、ただそこに座って考えてた。『悪くないぞ、エリック。悪くない。ガムの販売機からここまでたどり着いたんだから』って」

エリック・アリソンは、しだいに高度な方法を使いながら、長年にわたって無数の盗みを首尾良くやってのけた。ざっと60年に及ぶフルタイムの泥棒稼業で、ほんの数回しか捕まっていない。最後の大仕事では、イギリスでも屈指の大銀行であるバークレイズから100万ポンド盗んだ。彼は捕まり、刑務所で7年過ごした。その間、内省する時間がたっぷりあった。

今日、犯罪――自分のキャリア、と彼は呼ぶ――からはもう足を洗い、『ガーディアン』紙の刑務所通信員という仕事に就いている。昔の生活が懐かしいかどうか、私は訊いてみた。「ああ、本当に懐かしい」と彼は言って、溜め息をついた。「あの興奮が懐かしい」。だから、もし『ガーディアン』紙がチャンスを与えてくれていなかったら、相変わらず盗みを働いていただろう、それは認める、と彼は言った。「間違っても、あんたと話してはいなかっただろうね」と、軽口を叩いて笑った。

アリソンは、公式の階級制の頂点に立つことはけっしてなかったが、それでも、権力を振るう人についてきわめて重要な教訓を示してくれる。「俺は、もっと悪い人間になったりはしなかった」と彼は断言した。「そんなことは、まったくない。仕事をするのがうまくなっただけだ」。彼は、人が「生涯学習者」という言葉から思い浮かべるような人物ではないかもしれないが、彼はまさにそれなのだ。

学習は、権力を獲得し、手放さずにいるための必須の要因だ。そこから錯覚が生じる。データを分析すると、誰かが時とともにしだいに悪質になっているように見えるだろう――権力がその人を腐敗させているように。だがじつは、その人の悪意は変わっておらず、腕が上がっただけかもしれない。その人は、常に腐敗していた。ただ、悪行が上達しただけなのだ。

独裁者は不正を働くことに上達する

独裁者や専制君主の間では、この現象には名前がついている。「独裁支配学習（authoritarian learning）」だ。[22] 独裁者たちがサミットを開いて、考え方を共有することがある。もしそれが学会だったなら、「抗議運動の粉砕――事例研究」といったセミナーや、「反体制派をどのように消し去るか」についてのパネルディスカッションが行われることだろう。実世界の格別興味深い例としては、１９５８年に毛沢東がソヴィエト連邦の指導者ニキータ・フルシチョフをプールに迎えたときのことが挙げられる。[23]フルシチョフは泳げなかったので、浮き袋をつけ、両者は外交を行い、戦略を話し合った。両者の通訳は、言葉を交わす2人を追ってプール脇を行き来した。

独裁者が自ら刷新を行うこともある。アリソンが試行錯誤しながら盗みの腕を上げたのとちょうど同じようにして、独裁者も選挙で不正を働くのがうまくなる。過去には選挙の不正は主に、票を水増しするという、あまり芸のない方法で行われていた。原始的な方法だ。犯人は、捕まる可能性が高かった。不正が行われれば、その瞬間に人々が気づくことができたし、犯人がヘマをすることもあった。露見したときには、たとえば、500人しか有権者がいない選挙区でなぜ1000票も投票されていたのかは、説明のしようがない。それはいわば未開の分野で、イノベーションの余地がたっぷりあった。

2000年代初めに、ウクライナの政府は独創的な戦略を立てた。野党側の票が集中している地域では、投票日はごく普通に過ぎたように見えた。人々はいつもどおり票を投じた。ところが、役人たちが開票作業に取り掛かると、投票用紙はすべて白紙だった。抗議のための白紙投票だったわけではない。野党側が優勢な地区の投票所のペンを、政権側がインクの消えるペンと取り替えておいたのだ。[24]有権者が選んだ候補者につけた印は、数分後に消えた。不正の仕方が巧みになっていたわけだ。

ジンバブエでは、政府は実を結ぶまで18年かかる計画まで考えた。役人たちが、野党側が優勢な地域で生まれた赤ん坊の出生証明書の発行を組織的に怠ったのだ。その赤ん坊たちが成人して投票——与党に敵対する投票である可能性が圧倒的に高い——のための登録に行くと、受けつけてもらえなかった。身元を証明できなかったからだ。「私たちを打ち負かすためには、朝よほど早く目覚めなくてはなりません」と、ジンバブエのある政府役人は、バーミンガム大学のニック・チーズマン教授に語った。[25]

これらはみな、腐敗した邪悪な政府が、さらに腐敗して邪悪になるのに上達する例だ。さらに悪質になったのは戦術が進歩したからであり、以前は正直で道徳的だった気質が権力によって蝕まれたからではなかった。

奇妙な個人崇拝は忠誠審査という戦略的で合理的な役割を果たす

だが、誰か——カクテルパーティで洒落た人間に見えるために、さまざまな名言などを暗記した、鼻持ちならない人のことが多い——が、例のアクトン卿の使い古された金言をひけらかしたときにはいつも、別の現象も持ち出されることが多い。すなわち、誇大妄想だ。そういう人間は、こんなことを尋ねる。「独裁者は誰も彼もが、頭がいかれてしまうのはなぜか？　金正恩《キムジョンウン》は、まだよちよち歩きのときに車の運転を覚えたと言っているのを、知っていましたか？　なぜ独裁者はみな、自分自身について、正気の人間ならとうてい信じようもないおかしな神話をでっち上げるのか？」。それから、その人間は鼻持ちならない輩《やから》だから、気取った笑みを浮かべながら、その質問に自ら答える。「それは、権力は腐敗し、絶対的な権力は絶対的に腐敗するからです」

これは、カクテルパーティで気の利いた口を利く尊大な人が間違っている例だ——もっとも、けっして最初の例ではないが。独裁者はとんでもない行動をする。彼らの神話（政治学の世界では「個人崇拝」という）は奇妙であることが多い。だがその行動は、じつは戦略的で合理的であり、頂点にとどまり続ける方法を学習した結果、採用したものだ。

北朝鮮では、金《キム》王朝が自らの支配を軸とする「チュチェ思想」という神学体系をまるごと1つ作り上げた。この風変わりな神話を暗記しなければ、この国では生きていられない。なぜなら、国家の公式な教義に異議を唱えたら、死刑判決か強制労働収容所への片道切符につながる可能性が高いからだ。だが、金一族についての物語は、客観的には不条理だ。公式には、金一族は何千ものオペラを作曲したことになっている。ただの人間のようにトイレに行く必要はないことになっている。ハンバーガーを発明したことにさえなっている（現地では「肉を挟んだ2枚のパン」を意味する言葉で呼ばれている。[26] 公平を期するならば、そのほうが「ハンバーガー」よりも呼び名としてははるかに正確だろう）。

これはすべて、独裁者が時を経るうちに学ぶ、きわめて重要な目的に適う。信用できる人間とそうでない人間とを選別する忠誠審査の役割を果たすからだ。もし人々が「親愛なる指導者閣下」についての明らかに不条理な嘘をまくしたてて、公衆の面前で恥をかくのも厭わないようなら、彼らは政権の信頼に値する可能性が高い。不条理な言葉を言われるままに復唱する取り巻きには、投資する価値がある。ただ問題は、指導者にまつわるこうした神話が、いずれ社会の中でありふれたものとなり、誰もわざわざ繰り返さなくなることだ。その解決策は？　ますます荒唐無稽な神話をでっち上げ続け、政権内部と社会の内部の人間を絶えず試し、誰がそれに同調し、誰が同調しないかを確かめればいい。この戦略がラチェット効果を発揮する。もし嘘がしだいに極端にならなければ、忠誠審査は役に立たなくなる。[27] 独裁者の心は、絶対的な支配への渇望によって歪められているように見えるものの、彼らが戦略に磨きをかけているだけの場合がよくある。権力は彼らを腐敗させなかった。彼らは、学習によって悪行が上達したのだ。

権限のある地位に就けば悪行を働く機会が自ずと増える

今度は、異世界を想像しよう。この空想の世界では、人間の道徳は厳密な統計的確率によって支配されている。人が何か不道徳なことや虐待的なことをする機会を与えられたときには、そのうちきっかり10回に1回、その悪行を働く。現金がいっぱい入った財布が歩道に落ちているのを10回見掛ければ、1回は自分のものにする。10回に9回は、そのまま持ち主に返す。

そんな世界では、誰が最も道徳的ではないのか？

この疑問には、妥当な答えが2つある。第1の答えは、誰もが等しく道徳的である、というものだ。人々はみな、まったく同じ割合で悪行を働く。謎は解けた。これにて一件落着。

だが、第2の答えもある。どうやら私たちは普通、そちらを選ぶようだ。つまり、最も道徳的でないのは、不道徳な振る舞いを最も多くする人、あるいは、他者に最も大きな害をなす人、と答えるのだ。この見方がどれほど独断的かを理解するために、この異世界の住人を2人想像してほしい。1人は田舎の未舗装の道路沿いの農場で暮らしており、もう1人は賑やかな大都会の、最も往来の激しい通り沿いに住んでいる。農場の人は1年に一度、その田舎道に財布が落ちているのを見掛ける。都会の人は、交通量の多いその通りで年に5回、財布の落とし物を見つける。10年が過ぎるうちに、田舎の住人は落ちていた財布を10回見掛けて一度だけ中身を懐に入れた。一方、都会の住人は財布の落とし物を50回見つけ、5回、中のお金を自分のポケットに収めた。これは、都会に住む人のほうが5倍悪質だということなのか？　いや、そのようなロジックは断じて筋が通らない。それでは2人の善悪は、たんに人口密度で決まってしまう。このロジックを極限まで突き詰めれば、世界でいちばん道徳的な人は、絶海の孤島に取り残されたサディスティックな精神病質《サイコパシー》の連続殺人者ということになってしまいうる。その人は、他の誰に対しても、けっして不道徳な行動を取りようがないだろうから。その人は自動的に徳が高いことになってしまう。これは、道徳上の判断を下すにあたって、分別のあるやり方には思えないのではないか?

ところが、このロジックはひどく歪んでいるように見えるのにもかかわらず、私たちは現実の世界でそれに従って責任を負わせる傾向がある。どれだけ頻繁に悪質なことをするかによって、誰が「悪い人間」かを本能的に決める。悪質な振る舞いをしたり他者を傷つけたりしやすい機会に、人がどれだけ頻繁に直面するかはまったく考慮に入れずに、そうした判断を下す。これは、権力を握っている人に関して、とりわけ重要な見識だ。なぜなら、権限のある地位に就けば、悪行を働く機会が自ずと増え、その悪影響も増すからだ。

極限状態でのトリアージの末の安楽死は殺人か?

たとえば、人間が神の役割を果たさなければならないときに何が起こりうるか、考えてほしい。今から200年前のナポレオン戦争のときに、ドミニク＝ジャン・ラレーという名のフランス人外科医は、戦場での負傷の治療の仕方を変えた。[28] それ以前は、すぐに戦闘に復帰できる兵士を救うことに重点が置かれていた。生き延びるかもしれないが、二度と戦えそうにない兵士は、放置されて亡くなった。ラレーはそれを変え、生き延びるために最も緊急に手当てをする兵士を重視した。第1次世界大戦の頃までには、負傷者は3つのカテゴリーに分類されるようになっていた。すなわち、何があっても生き延びると思われる者、何をしても死ぬだろう者、至急手当をすれば助かりそうな者だ。こうして近代的な「トリアージ」が生まれた（フランス語で「選別」という意味の「トリアージュ」に由来する）。戦闘が起こったり、災害が発生したりしたときには、医師は絶大な権力を持つ。彼らは白衣を着た神であり、刻々と時が流れ、時間切れが迫るなかで、誰が緊急の医療措置を受けるのにふさわしいか——そして、誰がふさわしくないか——を決めなくてはならない。

ルイジアナ州ニューオーリンズはナポレオン戦争の戦場ではないが、市内のフレンチクォーターの5キロメートルほど西にある赤レンガ造りの病院では、あるゾッとするような悲劇のときにトリアージが重要な役割を果たした。２００５年には、その病院はメモリアル・メディカルセンターと呼ばれていたが、市の堤防が決壊した後、その名は悪評を買うようになる。ハリケーン「カトリーナ」が襲来すると、洪水が病院に押し寄せてきた。病院はユートピアとは正反対の暗黒郷《ディストピア》の島さながらで、周囲では木々の梢《こずえ》や救急車の屋根が、濁った灰青色の海から突き出ていた。窓の外には、ゴミや瓦礫《がれき》が浮かんでいた。そして、２００人の患者と６００人の職員が依然として中に閉じ込められていた。

市内は停電していたので、病院は自家発電装置で凌《しの》いでいた。食料は尽きかけていた。空調が使えなかったので、内部の温度はたちまち１１０°F（43℃）を大きく超えた。やがて、8月31日水曜日に入ってまもなく、自家発電装置が止まった。明かりが消えた。生命維持のための呼吸装置は、非常用のバッテリー電源に切り替えられた。30分後、装置のビープ音が止まった。バッテリーが切れたので、患者も亡くなりはじめた。患者に対する献身的な態度で同僚たちに知られ、非常に尊敬されていた外科医のアンナ・ポウは、生き延びるために呼吸装置が必要だった人の肺に、自ら空気を送り込もうとした。[29]医師たちは時計との戦いを繰り広げ、一部の患者の命を保ち、沿岸警備隊による救助に間に合わせた。ポウ医師が助けようとしていた人を含め、他の患者たちは生き延びられなかった。

翌朝、この危機の深刻さが明らかになった。ポウ医師と同僚たちは、トリアージを行い、残っている患者を3つのカテゴリーに分けざるをえない、という判断を下した。ピューリッツァー賞を受賞したジャーナリストのシェリ・フィンクは、「かなり良好な健康状態にあり、上半身を起こしたり歩いたりできる人は『1』に分類され、真っ先に避難させられることになった」と報告している。[30]「2」の人は、もっと状態が悪く、おそらく助かるだろうが、治療や介護を必要としていた。「3」は最も重篤な人で、避難は最後になる。助かる見込みがいちばん薄いからだ。おおいに問題だったのは、「3」には蘇生《そせい》処置拒否指示に署名した人も含まれていた点だ。蘇生処置拒否指示は、危機に臨んで放置されることに許可を与えたかのようではないか。ポウは、患者を選別するという無慈悲な任務で主要な役割を果たした。医師たちが決定に至ると、トリアージの数字が紙に書かれて患者の胸にテープで貼られたり、病衣に油性ペンで書かれたりした。

その間にも、状況は絶望的になっていった。誰も助けに来なかった。食料その他の必需品も底を突きだしたので、職員は配給制を始めた。医師も看護師も、ハリケーンの襲来以来、ほとんど寝ていなかった。悲惨な状態に陥っている患者もおり、すでに重篤な容体が蒸し暑さのせいでいっそう悪化していた。ユーイング・クックという医師があたりを見回すと、おそらく生き延びられそうにない人が大勢目に入った。どのみち死の床に就いている可能性が高いのなら、患者を安楽死させるべきではないか、という思いが彼の頭をよぎった。その衝動に従って行動しなかった理由を後に説明したとき、彼の答えは単純だった。機会がなかった、というのだ。「私たちがそうしなかったのは、あまりにも人目が多かったからです」と彼はシェリ・フィンクに語った。[31]「それが正直なところです」

だがクックは、患者を安楽死させたほうがいい、と依然として考えていた。やがて彼は、ボートで病院を離れた（やはりハリケーンの影響を受けていた血縁者たちを救出しようとしてのことだ）。去り際に、彼はポウ医師と言葉を交わし、患者の一部が「眠りに落ちて死ねる」ように、「モルヒネとベンゾジアゼピン系催眠鎮静薬を組み合わせて投与する方法」を彼女に告げた。[32]ある看護師が後に語ったところによると、その後ポウ医師はその看護師に、「3」の患者の一部に「致死量」の鎮静剤を「投与することに決まりました」と言ったという（ポウ医師の弁護士は、彼女が「致死量」という言葉を使ったという証言には異議を唱えた）。投与対象患者のリストには、死にかけてはいなかったものの、太り過ぎていて救い出すのが無理に思える人も数人含まれていた。電気が止まっていたので、患者を救出するには、階段を上り下りして彼らを運ばなければならない。患者のうちには体重が400ポンド（約180キログラム）近くある人もいた。彼らを運び出せるとは思えなかった。

そのような極端な肥満の患者の1人が、61歳のエメット・エヴェレットだった。彼は以前の負傷のせいで下半身不随になっており、ごくありきたりの手術を受ける予定だった。彼は状態が良かったので、木曜日には自ら朝食を取り、フィンクの報告によれば、職員に「さあ、これで準備はいいかな？」と尋ねたという。[33]

後に捜査官たちに対して行われた供述によると、それにもかかわらずポウ医師は、モルヒネとミダゾラム（手術前に患者に投与する鎮静剤）の入った小さな薬瓶を持って、エヴェレットがいる7階まで上がっていったそうだ。この鎮静剤の一定量をモルヒネと併せて使うと、致命的になりうる。「ポウはエヴェレットの病室の中に消え、ドアを閉めた」とフィンクは述べている。ポウ医師が部屋に入ってまもなく、エヴェレットは亡くなった。その階の患者が8人、やはり亡くなった。

水が引きはじめると、メモリアル・メディカルセンターでは45人の遺体が見つかった。過半数の23人の血液中からモルヒネとミダゾラムの一方あるいは両方が検出された。疼痛《とうつう》管理のためにどちらか一方を以前に処方されていた患者は、ほんのひと握りだったにもかかわらず、だ。エヴェレットや同じ階の患者の死因を究明するために呼ばれた2人の法医学の専門家は、7階の9人のうち8人は殺人によって亡くなったということで意見が一致した。別の専門家は、9人全員が殺人の犠牲者だと考えた。法医学の検査官の1人は、所見を以下のように簡潔にまとめた。「ある階の患者が1人残らず、同じ3時間半という時間枠の中で薬物毒性で亡くなるというのは、偶然の域を超えている」[34]

ポウ医師は殺人罪に問われた。ところが、大陪審は彼女を起訴することを拒んだ。けっきょく起訴は取り下げられた。ポウ医師らに対する民事訴訟は和解した（フィンクは後に、この心を掻き乱される顚《てん》末《まつ》について『メモリアル病院の5日間』という本を書き、賞を取っている）。

アンナ・ポウが患者を害そうとしたという証拠は、それまでもその後も他にはまったくない。とはいえ、あの壊滅的な数日間に彼女が下した決定のせいで、おそらく生き延びることができただろう人が数人、早過ぎる死を迎えた可能性が非常に高いということで、専門家たちの見方は一致している。だからポウ医師は殺人者だ、と主張する人もいる。恐ろしい危機に、彼女は最善を尽くしたのだ、と言う人もいる。どうするのが最善だったかを後から指摘するのは簡単だが、想像を絶するあの日々の意思決定は、不確かさとパニックと疲労で混乱していたのだから、と。判断はお任せする。だがこの議論では、ある真実が語られずにいる。もしポウが医師ではなく、用務員か警備員か事務員だったなら、患者の殺人で告発されることはなかっただろう。他者の運命を決める立場にあったために、彼女は害をなす機会を得た。同じ現象が、権限のある地位に就いている人全員に当てはまる。彼らは他者を害しうる状況に、より多く直面する。判断を誤ると、より多くの人が苦しむ。それは、権力のせいで彼らが前より悪質な人間になったということなのだろうか？　それとも、機会が増え、結果の重大性が高まったせいで、より悪質になったように見えるだけなのだろうか？　多くの場合には、後者だ。

権力者は活動を監視されているので悪行が露呈しやすい

腐敗しやすいのが予想できる人々が、きっかり10％という、時計のような規則正しさで悪行をなす異世界に戻ることにしよう。ただし今度は、彼らは落とし物の財布を拾うのではなく、雇用者からお金を横領する。1人の女性が、仮にペンシルヴェニア州の小さな町にある中規模の製紙会社で働いているとする。別の女性は、ロンドン郊外の冴えないベッドタウンにある中規模の製紙会社に勤務している。2人とも、横領する機会は同じだけの回数がある。だが、1つだけ違いがある。この架空の世界では、イギリスの横領防止監視団体には従業員が10人いるが、予算削減のせいでアメリカの監視団体には従業員が1人しかいない。この状況で横領のデータを検査したらどうなるだろう？　イギリスの横領者のほうがアメリカの横領者よりもはるかに悪く見えるだろう。なぜなら、2人ともまったく同じ行動を取っていても、イギリスの横領者のほうがずっと頻繁に捕まるだろうから。エリック・アリソンの泥棒としてのキャリアが、記録上は実際よりも段違いに良く見えるのと似たようなものだ。彼の犯罪歴には、彼が行った犯罪のごく一部しか載っていないからだ。悪行をなす人を評価するときには、その人の行動を正確に評価するうえで、本人が受ける調査の程度が重要な要因となる。

絶大な権力を握っている人にとって、これは特に大きな意味を持つ。その多くが、いわば「顕微鏡」によって常に活動を監視されているからだ。お金も権力もある人は、それに物を言わせて、その監視の目を逸らせたり、権力の濫用や犯罪を合法な活動のように見せ掛けたりすることができる場合もある。だが、たいていは、権力を握っている人のほうが悪い行いをするように見えるのは、私たちがあまり考えない理由で説明できる。すなわち、彼らは他の人よりも詳細な詮索の目にさらされているにすぎない、という理由だ。

バーナード・マドフを例に取ろう。２００８年末、世界経済が破綻するなか、史上最大の投資詐欺が発覚した。マドフは大規模な詐欺を指揮し、６４０億ドルほどを荒稼ぎした。多くの家庭が崩壊した。長年かけて貯めてきたお金を失った人も多かった。だが、混乱が収まり、マドフが刑務所行きになった後、被害者たちには腹立たしい疑問が１つ残った。マドフはどうやってあれほど長く罪を逃れてこられたのか?

マドフは遅くも１９９０年代から詐欺を働いており、捜査官のうちには、彼が１９７０年代以来、でたらめな利回りに基づいて事業を行ってきたのではないかと疑っている者もいる[35]。だが、マドフにはおおいに有利な点が２つあり、そのおかげで彼の犯罪は何十年も発覚せずに済んだ。第１に、自分の資産が増え続けているかぎり、苦情を言う投資家はいなかったので、誰もマドフを詳しく調べなかった。

第2に、内部告発者が彼の事業を止めようとした――そういうことは、現に複数回あった――ときにさえ、捜査官たちは詳しく調べなかった。マドフは、自分を破滅させうる人の多くと親密な友好関係を築いていたからだ。そのうえ、マドフはさらに保身に念を入れて、証券業者協会の理事も務めていた。

マドフはアメリカの中心的な金融規制機関である証券取引委員会（SEC）と個人的なつながりがあったので、あまり詳しく調べられることがなかった、と言い立てる批判者もいた。マドフ自身も、あるビジネスの催しでSECの弁護士たちとの緊密な関係を自慢し、「姪《めい》がその1人と結婚してさえいる」と述べた[36]（後に、SECの内部調査の結果、そのような利益相反の可能性に関連した法律違反は見つからなかった[37]）。だが、SECは失態を演じた。マドフが「史上最大の投資詐欺」を働いている可能性があるという密告メールを、SECは2006年に受け取っていた[38]。これは、2001～05年に証券会社役員のハリー・マーコポロスがマドフの詐欺の証拠をSECに3度も提供した後のことだった[39]。マーコポロスはマドフのファンドの1つを見て5分もしないうちに、利回りがでっち上げであることを見破った。4時間後には、それが捏造されたことを数学的に証明しおえていた。彼は、動かぬ証拠で裏づけられた申し立てを繰り返したが、おおざっぱな調査しか行われなかった。

マドフが何十年にもわたって見破られずに通せたのは、あくまで例外であり、通常は露見するということだ。彼は、厳重に監視しているはずの当局を巧妙に操っていなければ、おそらくたちまち捕まっていただろう。なにしろ、巨額の資金を管理していたから。一方、何百万もの小規模な詐欺は、発見されないままになる可能性が高い。犯人は発覚を避けるために、わざわざ賄賂を使う必要がないからだ。扱う額がたいしたものではないので、彼らを詳しく調べる人はいない。

この「氷山の一角」問題を浮き彫りにするような好例がある。1987年にアメリカ議会が納税申告用紙に、一見すると些細な変更を加えたときだ。それまで、控除を受けるには被扶養者の名前を用紙に記すだけでよかった。ひょっとすると、人々は架空の被扶養者の名前を書き込んだり、ペットの名前さえ記入したりして控除を受けようとしているのではないか、とある役人が疑った。そこで、そのようなごまかしを防ぐために用紙を手直しし、被扶養者の名前の隣に、それぞれに割り当てられている固有の社会保障番号の記入欄を加えた。

すると、700万人が消えた。[40] 1986年に税控除のために申告されたアメリカの被扶養者は7700万人だったが、翌87年には7000万人しかいなかった。この急激な減少からは、アメリカで控除のために申告されていた「人」の10人に1人が存在していなかったことが窺われる。内国歳入庁は、不思議にも前の年から少なくとも7人の被扶養者が減ったとする、とりわけ厚かましい世帯が11万もあったことを突き止めた。翌年、政府の税収は28億ドル増えた。もし申告用紙の変更がなければ、そのお金は、来る年も来る年も誰にも気づかれることなく脱税をしてきた人々が山分けしていただろう。明らかに、悪行の巨大な氷山が水面下に隠されていたわけだ。誰かがあえて調べたから、権力を握っている人の悪行が暴露されたとき、私たちが目にしているのは氷山の一角だけのことが多い。もしそうなら、私たち全員が見かけよりも悪質な人間なのだが、権力のある人のほうが詳しく調べられることが多いので、捕まる率も高いのだ。

だいぶ真相がはっきりしてきた。腐敗しやすい人は権力に引きつけられる。彼らは権力を手にするのが得意であることが多い。私たち人間は、石器時代の脳と直結した不合理な理由から、不適格な指導者に引きつけられて従う。劣悪な制度が何もかもをいっそう悪くする。

とはいえ、権力についての私たちの直感は欠陥を抱えていたり間違っていたりしうる。汚れた手、学習、機会、精査という4つの要因のせいで、人は権力を持つと実際以上に悪質になるように見える。私たちは、権力の影響と、権力を持つことに固有の面とを混同することがある。ただし、割り引いて考えるべきこれら4つの要因も、全体像の一部でしかない。それだけでは、権力の持つ、人を蝕む影響を十分には説明しえない。なぜなら、これから見るようにアクトン卿は正しかったからだ。

権力は現に腐敗する。

第8章　権力は現に腐敗する

バイオテロリストになった芸術家志望の学生

スイスの北中部、ライン川の南10キロメートルほどの所に、絵葉書に出てきそうな美しい村がある。緑豊かな山麓の丘陵地帯と山小屋《シャレー》は、高級な旅行雑誌から切り抜いて丘の斜面に貼りつけたかのようで、フォンデュの香りが今にも漂ってきそうだ。だが、そこのささやかなメインストリートに自動車で乗り入れるときに、瞬きしたら見落としてしまうものがある。村の牧歌的な斜面の1つを半分ほど上ったあたりに建つ、中規模の介護施設だ。そこでは、20人余りの障害者が暮らし、1人の女性が運営をしている。小柄で華奢《きゃしゃ》なインド生まれの70代の女性だ。そして彼女は、アメリカ史上最悪のバイオテロリストでもある。

「お水でもいかがですか？」。私がノートを取り出すと、同席していた看護師が尋ねた。私はためらった。「いえ、けっこうです。もう飲んできましたから」。水を勧められたときに、普通そんなふうに答えたりはしないものだが、私はパニックを起こし、それ以上自然な断り方が思いつかなかった。この施設では、何を勧められてもけっして口にしないつもりだった。

独立国インドの誕生から間もない１９４９年末に、シーラ・アムバラル・パテルも誕生した。彼女は愛情に満ちた家庭で育った。そして、一家には十分な資産があったので、彼女はたいていのインド人には望めないような機会を得られた。[1] １９６７年、18歳だったシーラは、アメリカのニュージャージー州のモントクレア州立大学で学ぶために旅立った。「芸術を学んで、アーティストになりたかったのです」と彼女は私に語った。「今では、人生の生き方のアーティストとなる術を身につけました！」[2]

モントクレアで学んだシーラは、当初、いかにもアメリカ的な人生を歩みはじめた。そして、イリノイ州出身の男性と結婚した。だが、１９６０年代のアメリカにおける文化的な覚醒に続いて他の多くの若者がしたように、シーラは結婚したばかりの夫とともに、１９７２年に何かありきたりの郊外での生活以上のものを求めた。2人はスピリチュアルな覚醒を望んだ。そこで、導師《グル》を探しに、いっしょにインドに向かった。そして、アシュラムに入った。アシュラムは修行所であり、そのアシュラムは、バグワン・シュリ・ラジニーシの教えに捧げられていた。ラジニーシは背が高く、痩せていて、ギョロッとした目を持ち、魔法使いのような長い灰色の顎鬚を生やした男性で、弟子たちに、悟りに至ることができると保証していた。弟子たちには、「バグワン」あるいは「オショー」と呼ばれていた。そして、信奉者たちは「サニヤシン」あるいは「ラジニーシー」として知られるようになった。バグワンのニューエイジの宗教運動は、常に少しばかり不正確な定義をされてきた。だが、その核を成す教義は、自由恋愛と性的解放とを混ぜ合わせたものだったようで、それが、表向きは階級のない生活共同体《コミューン》で過剰な資本主義を楽しむことと結びつけられていた。ラジニーシーたちは、実験的な「セラピー」を行った。それには長時間のグループセックスのセッションも含まれていた（そこでは後に、暴力と性的虐待も行われていた、とされた）[3]。

バグワンの教えに転向したシーラは、サニヤシンとしてマー・アナンド・シーラと名乗るようになった。1980年にホジキン病で夫に死なれ、若い寡婦となった。だが、彼女が真に愛していたのはバグワンだった。グルのバグワンも、彼女を気に入った。2人は親密になった。「私はただの無知な若者でした」と、シーラは憂いを含んだ笑みを浮かべながら言った。「何をやっているのか、自分でもわかっていませんでした」[4]。それにもかかわらず、1981年までにはシーラはバグワンの右腕となっていた。バグワンにかかわることは、すべて彼女が間に入った。

まもなくシーラは、全世界がバグワンを中心に回ることができる、ニューエイジのユートピアを建設する場所を見つける任務を与えられた。彼女は、あちらの土地へ、こちらの土地へ、とアメリカをジェット機で飛び回った後、オレゴン州中央部でビッグ・マディ・ランチという場所に出合った。太陽が照りつける乾いた丘陵地帯で、ヤマヨモギが点々と生えており、6万4000エーカー、約100平方マイル〔訳注　約260平方キロメートル〕もある、広大な土地だった。シーラはそこを買い、「ランチョ・ラジニーシ」という新しい名前をつけた[5]。

最寄りの町は17マイル〔訳注　約27キロメートル〕北西にあり、そこまで行くと、「これよりアンテロー

プ　人口40　運転注意」という緑の看板が迎えてくれる。地元の住民は、新しい隣人たちにたちまち不審の念を抱いた。アンテロープのメインストリート沿いの、余計なサービスはいっさいないカフェで食事をする、カウボーイハットを被った牧場の使用人たちには、サニヤシンはエイリアンのように見えた。これらの新参者は、もっぱら赤い服をまとっていた。ギョロッとした目のグルの写真を入れたロケットつきの、「マラ」というビーズのネックレスを身につけていた。彼らがそこに住み着くつもりなのは明らかだった。

１９８２年には緊張が高まっていた。アンテロープの古参住民は、外国のセックス・グルと何千もの若い弟子たちに町が侵略されていると考え、それを止めたがった。弟子のかなりの割合はアメリカ人で、彼らはニューエイジのカリフォルニアのスピリチュアルな覚醒に替えて、太平洋岸北西部の辺鄙《へんぴ》な土地での壮大な実験を行っていた。アメリカ人の多くは、ハリウッドで稼いだお金を持ってきており、それがバグワンの金庫にどっと流れ込んだ。だが、彼らはそれよりもなお貴重なものも持ってきた。選挙権だ。巨大なコミューンを建設するというラジニーシーの計画を町の人々が防ごうとしたとき、アンテロープの住民よりもアメリカ人ラジニーシーのほうが多いことにシーラは思い当たった。彼らは、あっさり町を乗っ取ることができるのだ。

１９８２年11月、サニヤシンたちは地元の選挙で勝利し、アンテロープの町議会を引き継いだ。[6]そして、町の名前をラジニーシプーラムに改め、地元民への税金を3倍にした。町の境界にあった看板も替えられた。今やそれには、「ラジニーシ市　ようこそ」とあった。カフェは、「ラジニーシ・ゾルバ・ザ・ブッダ・レストラン」に改名された。ブラックコーヒーを求めて立ち寄ったブルージーンズ姿のトラック運転手たちは、ハーブティーやアルファルファスプラウトのサンドイッチを目にしてわけがわからなくなり、長い鬚を生やしたインド人男性の肖像画に見下ろされて途方に暮れた。[7]

その頃、シーラは権力の味を覚えはじめていた。彼女はバグワンの強力な相棒だったので、突如莫大なお金を自由に使えるようになった。彼女は空港を建設した。「とんでもないことを思いつきました」とシーラは私に語った。「飛行機を買えばいいじゃない、とても安いDC-3なら買える、と。それから、バグワンにこの案をぶつけてみれば、きっと『いいよ。やるといい』と言うでしょう」[8]。そのDC-3がラジニーシ航空の主力となり、さらに、エグゼクティブジェットが1機、ヘリコプター2機、小型のプロペラ機が数機、それに加わった。シーラの監督の下、無償労働（ラジニーシーたちは、バグワンのユートピアを築き上げるために、1日12時間、週7日間働いた）の助けを借りて、ショッピングモール、医療法人のメディカル・コーポレーション、120メートル余りのダムによって3億5000万ガロン〔訳注　約132万5000立方メートル〕の水をたたえた貯水池、郵便局、ラジニーシーのための公共バス・システム、彼らの食べ物の90%を供給する農場も作った。[9]まもなく、何千もの「赤い人」がランチョ・ラジニーシで暮らすようになった。そしてその全員が、重要な教訓をほぼ瞬時に学んだ。シーラの機嫌を損ねたら、ろくなことにはならない。

シーラは、物質的な帝国を構築すると同時にメディア帝国も築いた。コミューンに対する報道機関の関心が高まるなか、シーラは一躍スターになった。世界中を飛び回り、論争が起こればそれを一手に引き受けた。まもなく、相手を威嚇するような場面が多くなるのだが、あるインタビューのとき、彼女はその片鱗を見せた。彼女は、自分がバグワンのユートピアの夢を実現するのを阻もうとするオレゴン州の人々について尋ねられた。「懲りていないだけです」と、彼女はしたり顔でニヤニヤ笑いながら言った。「まだ、今のところは」[10]

　だが、シーラはカルトのスターのような自らの栄光の満足感に浸りつつも、ラジニーシプーラムで、こっそりと権力基盤を固めてもいた。バグワンは沈黙の誓いを立てていた。だからシーラは、コミューンに対して独特な種類の権力を手に入れた。彼女はコミューンの神の声になったのだ。彼女はその権力を棍棒《こんぼう》のように振るった。『オレゴニアン』紙の記者ウィン・マコーマックは、1980年代半ばの調査報道で次のように書いている。「シーラはバグワン・シュリ・ラジニーシのエグゼクティブ・アシスタントのうちでも、最も専横で、道徳と無縁で、無慈悲な人物であることが明白そのものになった」

　シーラは、重武装の「平和維持部隊」も組織した。彼らは、半自動の対人殺傷用の銃で射撃訓練を行った。ヘリコプターに乗り、銃をすぐに使える状態にして、針葉樹のセイヨウネズがびっしり生えた丘陵地帯を念入りに調べた。訪問者は誰もが、4か所の監視用前哨基地と検問所を通らなければならなかった。オレゴン州の報道関係者のうちには、ジョーンズタウンでのような集団暴力や集団自殺を伴う事件が起こりうる、と心配しはじめる人もいた。

　そのような不穏な可能性を十分承知していた地元民は、地域社会の支配権を取り戻す努力をすることにした。町のレベルでは数で劣り、策略でもかなわなかったが、郡のレベルでは彼らのほうが数が多かった。だから、郡政府を動かして、バグワンとシーラとラジニーシーにあらゆる種類の建築規制や土地利用規制の違反の責任を取らせさえすればいいのだ。だが、今やバグワンの権力の味を占めたシーラは、郡の役人ごときに自分の鼻を明かさせるつもりはなかった。「ロバは蹴られなければわかりません」と、彼女は『ニューヨーカー』誌のフランシス・フィッツジェラルドに言った。

1984年8月29日、郡の3人の役人がランチョ・ラジニーシを検査しに来た。2人はラジニーシ

ーの敵対者として知られていたが、もう1人は好意的だった。検査が終わると、ラジニーシ・メディカ

ル・コーポレーションの代表が水を入れたグラスを提供した。暑い日だったので、3人とも喜んで飲み

干した。翌朝、ラジニーシの敵として知られていた2人は、「耐え難い腹痛」で目覚めた。2人とも

入院した。飲んだ水の中に入れられていた強力な細菌のせいで重症になったのだ。命は助かった。好意

的な郡の役人は無事だった。同じ頃、シーラは部下たちに言った。「悟りを開いていない人1000人

か、悟りを開いた師1人か、どちらかを救うという選択肢があるときには、いつも悟りを開いた師を選

ぶべきです」[12]。彼女は、本気であることを、ほどなく示すことになる。

シーラは、郡レベルでの厳重な取り締まりを避けるために、投票率を下げて選挙を不正操作すること

にした。9月下旬から10月上旬にかけて、シーラの腹心の部下のうち2人が地元のレストランを回って、

サラダバーに微量のサルモネラ・ティフィムリウム（ネズミチフス菌）を振り掛けた。11月の選挙のと

きの予行演習だった。その「実験」で、ラジニーシたちは1000人弱に食中毒を起こさせた。大

勢が入院し、ある赤ん坊は死にかけた。この食中毒は当初、食べ物の扱いに問題があったとされたが、

後に捜査官たちがランチョ・ラジニーシに踏み込んだとき、真相が明らかになった。「彼らのメディカ

ル・コーポレーションでサルモネラ菌が見つかり、サルモネラによる食中毒で具合が悪くなった人々か

らのサンプルも入手しました」と元検察官のバリー・シェルダールは私に語った。[13]「そして、それをア

トランタの疾病予防管理センターに送りました。センターは両者を比べ、同じサルモネラ・ティフィム

リウムの菌株である、と報告してきました。完全に同じものだ、と」。警察は、ラジニーシ・メディカル・コーポレーションでそのサルモネラ菌の注文書も見つけた。証人たちは、この食中毒はシーラが陰の首謀者だ、と証言した（彼らは、ビーバーを切り刻んで郡の水源に放り込むことさえ真剣に議論された、と証言した。ビーバーは消化管に有害な細菌を宿していることで悪名が高いからだ）[14]。

だが捜査官たちは、それよりもはるかに悪質なことも明るみに出した。まだ実行には移されていなかった、陰謀の代替策だ。証人の供述によれば、シーラはサルモネラ・ティフィ（チフス菌）を使うことも考えたという。こちらの細菌のほうが、毒性が格段に高い。ラジニーシーが、当時はまだ新しい謎のウイルスだったＨＩＶ（ヒト免疫不全ウイルス）を兵器として使う可能性を探っていたという証拠もあった[15]。ある連邦検事を暗殺するという陰謀も暴かれた。シーラは、ナプキンに「バラす」べき13人のリストを書き、自ら暗殺者たちを厳選した、とも言われている。彼らは、「暗殺チーム」と呼ばれるようになったという。シーラはバグワンの主治医の殺害も密かに計画していたとされている。医師はバグワンに近かったので、彼女は潜在的な脅威と見なしていたらしい。捜査官たちは、ラジニーシーたちの意図を読み違える人がいるといけないので、メディカル・コーポレーションの建物から、軽い読み物も押収した。そのなかには、以下のような書籍も含まれていた。『人の殺し方（*How to Kill*）』『致命的な毒物（*Deadly Substances*）』『毒殺ハンドブック（*Handbook of Poisoning*）』『完全犯罪とそのやり方（*The Perfect Crime and How to Commit It*）』[16]。芸術家を志望し、「何をやっているのか、自分でもわかって」いなかった感受性の強い若い学生は、じつに多くのことのやり方を突き止めたのだった。

１９８５年、すべてが破綻した。シーラはランチョ・ラジニーシから逃亡したが、後に逮捕された。

長期の刑を宣告されたものの、わずか4年を獄中で過ごした後、国外に追放された。バグワンはシーラを裏切り、彼女を公然と非難した。彼はアメリカから逃げ出し、1990年に亡くなった。ランチョ・ラジニーシは、今ではワシントン・ファミリー・ランチ・ヤング・ライフ・クリスチャン・サマーキャンプになっている。そのウェブサイトには、そこがもともとどんな場所だったかは、まったく記されていない。

今日、絵のように美しいスイスの村で、シーラは相変わらず元気いっぱいだった。ただし、カラスの濡れ羽色だった髪は白くなり、1980年代のディーバのサングラスは老眼鏡に替わっていたが。じかに接する彼女は温かみがあり、優しく、法廷の記録で私が知るようになった極悪人にはほど遠かった。介護施設の彼女の簡素な部屋では、2枚の肖像画が彼女を見下ろしていた。1枚は両親の肖像画、もう1枚はバグワンの肖像画だ。開いたままのドアの向こうを、統合失調症の患者たちが通り過ぎる。向かい合って座っていると、彼女が自分の失われた過去――今やただの遠い思い出となった、ランチョ・ラジニーシで権力を振るっていた日々――について語ることで興奮しているのが見て取れた。

私は彼女に、権力によって腐敗したと思うかどうか尋ねた。

彼女はためらわなかった。「私の権力は、バグワンへの愛の力でした。権力は私が原因で腐敗することはありませんでした。世間には言いたいことを言わせておけばいいのです。けれど、あなたには自分の気持ちを語っています」

その答えをどう受け止めればいいのか、私にはわからなかった。だが、シーラの経験が極端なものだったことは確かに思えた。権力の味を占めた人のほとんどは、ＨＩＶを兵器化しようとしたり、検察官を暗殺しようとしたり、ビーバーを切り刻んで飲料水を汚染することを考えたりはしない。芸術家志望の学生から、自分のグルの敵を何が何でも排除しようとするバイオテロリストへという変遷は、アクトン卿の金言とピッタリ一致するように見える。今やシーラは権力を失っており、彼女が誰かを害したという証拠は存在していない。スイスの政府は、脆弱な人々の介護をする認可を彼女に与えたほどだ。

シーラは、善良な人間が権力によって邪悪になった例なのだろうか？

社会学者が好んで指摘するように、逸話的な事例を集めてもデータにはならない。だから、データに目を向けなくてはならない。権力は実際には人に何をするのか？

権力のある人は自分を抑制する力を失う傾向にある

ダッチャー・ケルトナーはニューエイジのカルトのグルではないが、権力の認知的な作用の研究に関しては、彼こそが学問上のグルだ。プロサーフィンのツアーに難なく溶け込めそうな長いブロンドの髪を生やし、満面に友好的な笑みを浮かべたケルトナーは、彼が研究している虐待的な人の多くとは正反対だ。私を自宅に迎え入れてくれたときに、彼が真っ先に投げ掛けた質問は、「もう、食事は済ませましたか？」だった。[17]

カリフォルニア大学バークリー校のグレーター・グッド・サイエンス・センターと呼ばれる研究所で、ケルトナーは情動や感情、権力、畏怖、行動の動機の背後にある科学について、驚異的な量の研究を次々にこなしている。他の研究者たちになんと5万8851回も引用された彼の研究が、ピクサーの映画『インサイド・ヘッド』の背後にある情動の科学の基盤の大半を形成していた。彼は頻繁に、シリ

236

コン・ヴァレーの野心的なリーダーたちに助言している。アメリカ各地の超一流の心理学科で権力を研究している傑出した人々の多くは、かつて彼の指導の下で博士課程に在籍していた。

人間は、ケルトナーが登場するよりも何千年も前から権力に魅了されてきた。だが、権力の研究がより体系的になったのは第2次世界大戦後だ。それは、世界で解き放たれたばかりの邪悪を、研究者たちが理解しようとしたからだ。１９６０年代にはスタンレー・ミルグラムによる実験が行われた。その実験では、多くの普通の参加者が、権威のある人物に指示されると、致命的なレベルの電気ショックを他者に与える気を見せた。ミルグラムの実験は、ハンナ・アーレントの「悪の陳腐さ」の概念と見事に合致する。この概念は、普通の人がホロコースト（ナチスによるユダヤ人大虐殺）の残虐行為の積極的な参加者になりえた理由を説明しようとするものだった。１９７０年代には、フィリップ・ジンバルドーがスタンフォード監獄実験で波風を立てた。それについては、すでに論じたとおりだ。

だが、権力がどのように私たちに影響を与えるかについての科学文献は、何十年にもわたって限られていた。これは1つには、参加者に対して研究者が行えることに、遅れ馳せながら倫理的な制限が課されたのが原因だ（ミルグラムの実験も、ジンバルドーの実験も、今日なら許されないだろう）。そんななか、２００３年にケルトナーはデボラ・グルーンフェルドとキャメロン・アンダーソンとともに新しい理論を開発し、それが一気に盛んな研究につながった。「パワー接近／抑制理論」と呼ばれるこの理論は、ケルトナーと共同執筆者たちには悪いが、口からすらっと出てくる、記憶に残る名前とはおよそ言えない[18]。だが、その背後にある考え方は簡単に理解できる。要するに、権力は「接近」行動につながる。人は権力を持つと、行動を起こしたり、目標を追求したり、危険を冒したり、報酬を求めたり、自己宣伝をしたりする可能性が高まる。権力のある人は、ギャンブラーのように人生に取り組む。プレイしなければ、勝つこともできない、というわけだ。権力は、より多くの人にプレイをさせ、自分は勝つという自信を強めさせる。それとは対照的に、権力のない人は抑制される。先手を打って主体的に行動するよりも、事が起こってから受動的に行動する。用心深く、すでに持っているものを危険にさらすよりも守ろうとする。他者からの脅威や危険に敏感だ。権力のある人が人生のギャンブラーなら、権力のない人はすでに手にしている数枚のチップにしがみつく可能性が高い。

ケルトナーのアプローチは、実験と観察データの両方に裏づけられている。彼は実験や観察を行って、さまざまな仮説を実世界で試す。自分自身を観察していて生まれる理論もある(「自分がより多くの権力を持っているように感じたときには、より頻繁に悪態をつきます」と彼は私に語った。「自分でも抑えようがありません」[19]。そして、調べてみると果たして、権力を得ると他の人々もより頻繁に悪態をつくことがわかった)。実際の経験から理論が生まれることもある。

ある日、ケルトナーが自転車で職場に向かっているとき、ステータスシンボルとなるべく存在している種類の自動車である、真っ黒なメルセデス・ベンツを運転している男性にはねられそうになった。それがきっかけで、彼は考えはじめた。危ない目に遭うときの相手が、いつもオンボロの自動車ではなく高級車であるように思えるのはなぜなのか? 高価な自動車を運転する人は、事故を起こせば失うものがはるかに多いことを思うと、なおさら不思議だった。そのような経験は、ほとんどの人にとっては迷惑な話にすぎないが、ケルトナーにとっては仮説の材料になる。そして、仮説ができたら、彼は検証する。

ケルトナーは、１つ実験を思いついた。１人の研究者に頼んで、ある交通量の多いバークリーの道路沿いの茂みに隠れて、近づいてくる自動車のメーカーとモデルを書き留めてもらった。そして、別の研究者には、自動車の接近を待って横断歩道に出てもらった。自動車はそのまま通過できるものの、いくぶん荒々しい運転が必要になるタイミングでそうしてもらった。それで、どうなったか?

「安価な自動車、ユーゴやプリムス・サテライトの類いでは、横断歩道を走り抜ける割合はゼロ％でした」と彼は２０１６年にナショナル・パブリック・ラジオで説明した。「高級車は、つまり、メルセデス・ベンツとかですが、46・2％が横断歩道を走り抜けました[20]」。ケルトナーが自分の研究を公表すると、高価なトヨタ・プリウスのハイブリッド車を運転している人がひどく機嫌を損ね、彼に手紙を書き、自動車が高価かどうかは関係なく、問題は、どんな種類の高級車かだ、と主張した。これは、ケルトナーのものと競合する仮説だった。金持ちのプリウスの運転者は金持ちのメルセデス・ベンツやＢＭＷの運転者よりも親切である、というのだから。そこで、ケルトナーは確かめてみた。「じつは、プリウスを運転する人は最悪でした」と彼は笑いながら言った[21]。

権力についてのケルトナーの研究は、明確な作用を浮き彫りにする。権力のある人は、自分を抑制する力を失う傾向にある、というのがそれだ。「権力に酔う」というのは、まさに打ってつけの描写だ。権力があるという感覚を強められた人は、他者にどう思われるかは、あまり気にしなくなる。他者の心をうまく読めなくなる。他者に共感する必要を、それほど感じなくなるからだ。彼らは、規則は自分には当てはまらない、と感じはじめる。ケルトナーは、こう説明した。「より大きな権力を享受する人々は、衝動的に食べたり、性的な関係を持ったり、交通規則を破ったり、嘘をついたり、騙したり、万引きをしたり、子どもからキャンディを取り上げたり、失礼な口や、下品な口や、無作法な口を利いたりする可能性が高い」[22]。アクトン卿は正しかったのだ。

対象とするサンプルが偏っているという問題

ケルトナーは２０１６年に『権力のパラドックス（*The Power Paradox*）』を書いた。この本の論点は明白だった。善良な人間——愛想が良く、利他的で、有能で、親切な人——は権力を得やすい、と彼は主張した。こうした特性を持っていると、他者が敬服する。彼らはその人を信頼する。その人のことを自分の上司に称賛する。そのおかげで、その人は出世する。だがその後（そして、これがパラドックスなのだが）、頂点に上り詰めるのを助けた特性が、権力の持つ、蝕む作用によってたちまち損なわれる。したがって、人はいったんトップの座に就くと、権限を濫用する可能性が高まる。

ケルトナーが調べるのは、寮、大学のある町の路上、役員室など、どこを舞台にするものであれ、主にアメリカの制度や人だ。私は自分の研究では、ベラルーシで選挙を不正操作する独裁者や、西アフリカで子どもを兵士として徴集する叛乱軍を調べているので、権力を振るう環境としては、ケルトナーの場合と大違いだ。そこで、彼と話したときには大きな疑問を抱えていた。「権力のパラドックス」の明るい面、すなわち、「善良」であると出世しやすいという考え方は、富裕で産業化された民主国家の、厳格な人事部と取締役会が監督し、規制が行き届いたフォーチュン５００の企業に最もよく当てはまる可能性はないだろうか？　ケチな暴君が指揮する小企業で出世しようとしているときや、麻薬取引の大物、カルトのリーダー、ロシアの巨大なエネルギー企業ガスプロムの経営者になりたいときにも、それが正しいだろうか？　つまるところ、権力のパラドックスの明るい面は、マー・アナンド・シーラの類いには、当てはまりそうにないから。

ケルトナーのように包括的な理論を提唱する学者のほとんどは、そのような突っ込んだ質問をされると、むきになって抗弁するものだ。だが、ケルトナーは本物の科学者であり、自分の自尊心を守ることよりも、世の中を正確に説明することのほうにもっと関心がある。彼は温かい笑みを浮かべながら、ただちにその点を認めた。「たしかに、そうかもしれません。そして、それは大きな限界の１つです。私たちは、発見の多くがサンプルによって偏っているという問題を抱えています」[23]

現代の心理学研究は、２つの慢性的な問題につきまとわれている。「再現性の危機」と「ＷＥＩＲＤ問題」だ。再現性の危機は、怪しげな「パワーポーズ」研究に触れたときにすでに考察した。これは、研究結果が、別個の科学者チームが同じ研究をしたときに再現できないことを指す。重曹に酢を加えると泡立つ。誰がやっても、地球のどこでやっても、どのブランドの重曹を使っても、そうなる。同様に、同じ心理学の調査を、異なる参加者を対象に、異なる状況で行っても同じ結果が得られるなら、それが「本物」の結果であって、統計的ノイズが生み出したただの偶然の巡り合わせではないという、もっともな根拠になる。「もしそれが、１か所での、たった1回の結果だったら、警告を発するべきです」とケルトナーは私に言った。

それから、ＷＥＩＲＤの問題がある。ＷＥＩＲＤとは、「Western（西洋の）」「Educated（教育を受けた）」「Industrialized Rich Democracies（産業化された富裕な民主国家）」の頭文字を並べた略語だ。心理学の研究論文を読みはじめると、研究方法を記した箇所で以下の類いの文章に頻繁に出合う。「参加者はアメリカ東海岸の私立大学の学部生31人で、科目の履修単位を取得するために参加した（女性17人、男性14人、平均年齢＝19・7歳）」。これをわかりやすく言い換えれば、こうなる。私は自分が教えているエリートの学部生たちに、単位を取りたければこの実験に参加するようにさせた。このようなやり方は、「便宜的サンプリング」として知られている。研究プロジェクトの参加者が、社会全体を代表しているからではなく、サンプルとして参加させるのが可能だからとか、安上がりだからとか、簡単だからといった理由で選ばれた場合のことだ。不釣り合いなまでに富裕で、高等教育を受けているアメリカの大学生の動機を突き止めるのがもっぱらの目的であるような調査を行っているのなら、何の問題もない。だが、心理学は人間の動機を突き止めようとする。そのような探究では、ＷＥＩＲＤの大学生の件は、深刻な問題を孕《はら》んだバイアスとなる。

『ブレイン・サイエンシズ』誌に載った２０１０年の調査では、アメリカの心理学研究の３つに２つは、参加者として学部生だけを使っていることが判明した。他の国々では、その割合は5つに4つだった。それらの学生の圧倒的多数が西洋人だった。第6章で、米理論《ライス・セオリー》や、集産主義的な社会の人々と個人主義的な文化の人々との考え方の違いから学んだことを踏まえると、これは些細な問題ではない。その調査の論文が率直に述べているように、「ランダムに選ばれたアメリカの学部生は、西洋以外でランダムに選ばれた人よりも、研究の参加者になる可能性が４０００倍以上高い[24]」。もしこれが大きな違いに思えるのなら、それは実際、大きな違いだからだ。

ケルトナーが主張するように、このきわめて重要な問題は解決する必要がある。なぜなら、科学文献に見られる権力研究の多くは、ＷＥＩＲＤの男子学生には当てはまるかもしれないが、高齢の中国人の企業重役には当てはまらないかもしれない見識を利用しているからだ。19歳の心理学専攻の学部生を使って、血に飢えた独裁者について、あるいは無慈悲なCEOについてさえ、何かしらの教訓を導き出そうとするのは、はなはだしく無理がある。ケルトナーは、しばしば便宜的サンプリングを避けるし、頻繁に自分の研究を確認する（自動車に関する彼の調査は、他の状況でも再現された）が、そこまで念入りでない研究者もいる。この点は、ここで肝に銘じておかなければならない。この後に紹介する研究には、WEIRD現象の影響を受けているものもあるからだ。それでも、それらの研究は検討してみる価値がある。1つには、研究結果が比較的しっかりしており、さらに、たとえ偏りがあったとしても、権力が私たちをどう変えるかを理解するうえで有益だからだ。

権力が人を腐敗させることを示した実験

権力によって私たちの行動がどう変わるかを調べるにあたって、研究者には主な手法が4つある。その第1が「構造操作」で、これは、参加者が他者に直接影響を与える決定を下す実験を指す学術用語だ。この手法は信頼性が高いことが多い。他者に対する権力を持っているという気持ちは現実のものであり、想像上のものではないからだ。第2が「プライミング」で、実験の参加者は2つのグループのどちらかにランダムに割り振られる。一方のグループは、たとえば、自分に権力があるように強く感じたときのことについて短い文章を書くように指示される。もう一方のグループ（対照群）は、たとえば前の火曜日にしたことについて短い文章を書くように指示される。その狙いは、一方のグループに、権力を持っているように感じることと関連した脳の部位を活性化させ、それから、そのような心の状態にはない人と比較することだ。

残る2つの手法は、私の見るところでは、それほど信頼性は高くない。第3の手法では、参加者に対して権力について無意識のプライミングを行う（たとえば、「権限」や「ボス」といった、権力や支配に関連した単語が頻繁に現れる、単語探しのパズルを完成させる）。第4の手法では、参加者にパワーポーズのような特定の身体的なポーズを取らせる（これら2つの手法を使った研究の結果は、1つも含めなかった）。こうした警告は脇に置くとして、科学は権力の作用について何を示唆しているのだろうか？

ほとんどの調査では、権力によって人はより悪質になるという結果が出た。よくある実験の設定では、「独裁者ゲーム」を使う。入れ物に入ったお金を、実験の参加者に分けてもらう。参加者の1人をランダムに選び、独裁者に指名し、誰がどれだけもらうかを決める権力を与える。お金はすべて本物を使う。そして、条件を変え、人々が利己的に振る舞うか、無私無欲で振る舞うかを見てみる。

2015年のある調査では、研究者たちは3つの異なる設定で独裁者ゲームをやらせた。[25] 第1が「低権力」の筋書きで、独裁者は他の1人に対してだけ支配権を持っていた。独裁者は、入れ物の中のお金を60対40、50対50、90対10の割合のどれかで分けることができた。「中権力」の条件では、独裁者は3人に対して支配権を持っていた。分ける割合は同じだった。「高権力」の条件では、独裁者は3人に対して支配権を持っていたが、いっそう不公平な96対4という選択肢も加えられた。がっかりするような話だが、権力が増すにつれて、利己的な行動も増えるという結果が出た。「低権力」条件では、独裁者が他者を不公平に扱う率は39％だった。「中権力」条件では、その率は61％に上がった。そして、独裁者が他の3人に本当にひどい仕打ちができる「高権力」条件では、78%の割合で不公平な分配がなされた。

研究者たちは次に、別の人々を対象に、条件を変えて同じ実験を行った。独裁者ゲームをやらせる前に、指導者は資源を分配する課題を与えられた状況でどう振る舞うべきか、と参加者に尋ねた。簡単に想像できるように、ほとんどの参加者が、指導者は度量が大きくなくてはならず、他者と公平に分かち合うべきだ、と答えた。それにもかかわらず、まもなく自分が指導者の立場に置かれ、まったく同じ選択肢に直面すると、「低権力」のグループの人の半分しか、指導者はこう振る舞うべきだという自分の言葉どおりには、実際に行動しなかった。「高権力」のグループでは、口にした行動規範を貫いて公平に分配する人は5人に1人だけだった。権力は人を腐敗させるだけではなく、いっそうの偽善者にもするのだ。

研究者たちは、さらに実験に手を加え、参加者たちにストローの中に唾液を垂らさせもした。こうして、実験に参加を申し込んだ人々のテストステロン値を測定することができた。データを分析すると、はっきりわかったことがある。「高権力」グループに入っていて、しかもテストステロン値が高い人は、お金を多く取る割合が極端に大きかったのだ（権力とテストステロンとナルシシスティックな権力の濫用との相互作用効果を示す調査もある。[26] ある実験では、オナガザル科のタラポアンにテストステロンを注射すると、支配的なオスたちは下位者に対してははるかに攻撃的になった[27]）。

これまた確固としていて再現可能な実験結果がある。権力を持つと、危険を冒す行動が増えるのだ。それから、ある調査では、ボランティアが上司と部下の役にランダムに割り振られて課題に取り組んだ。それから、トランプのブラックジャックをやった。最初の課題で上司の役を演じた人は、リスクが大きい状況でもヒットする（もう1枚カードを引く）可能性が高かった。この結果は直感的に納得がいく。権力の座に上り詰めた人は、当然ながら人生の勝者だ。過去にサイコロを振ったとき、彼らは勝った。それに加えて、彼らは他者よりも大きな権力を持っているので、より多くを失っても依然としてトップの座にとどまれる。立場が危うく、権力のない人は、無用のリスクは避ける。負けるわけにはいかないからだ（最終的には、人は落ちぶれ果てて、もう失うものは何も残っていないと感じると、リスクの大きい行動を取りやすくなりうる）。

奇妙なことに、権力を持っていると感じると、危険を冒したくなるだけではなく、どう見てもその危険を制御できないときにさえ、制御できるという錯覚にも陥る。この概念を、科学者たちは「錯覚的制御」と呼ぶ[28]。ある調査で、参加者たちは3つのグループにランダムに振り分けられた。1つのグループは、権力を持っているように感じたときについて短い文章を書いた。別のグループは、何か権力の有無とは関係のないことについて書いた。そして、第3のグループは、自分に対して誰か別の人が権力を握っていたときについて書いた。次に、サイコロを振った結果、つまり完全にランダムな事象を正確に予想したらお金がもらえると告げられた。それから、自分でサイコロを振るか、研究者に振ってもらうかを選ばせた。どちらでも結果には何の影響もないが、最初のグループの人は全員、自分で振ることを選んだのに対して、第3のグループでそうした人は、約半数だった（この調査は、わずか38人の学部生が対象だったので、いくぶん説得力を欠くが、錯覚的制御の概念は他の研究でも十分に裏づけられている）。実世界で権力を持っている人々が、自分にはリスクを管理する能力がある、と誤って思い込んでいて、その誤信に基づいて自らサイコロを振り、他者の命を賭けてギャンブルをするときには、どれほど有害になりうるかは想像に難くない。

他の研究結果も、同じように暗い。ある２００８年の実験では、研究者たちは標準的な尺度を使って、人がどれほど権力があるように感じているかを判断した[29]。それから参加者たちに、自分に痛みや苦しみを引き起こした人生の出来事や瞬間について、１対１で話し合わせた。散々な目に遭った話もあった。研究者たちは、そうした心に傷を負うような体験に耳を傾けている参加者の反応を測定した。参加者は、自分に権力があると思っているほど、耳にしたことに影響を受けなかった。同情することも少なかった。ケルトナーがやはり自分の調査で得たのと同じ結果だった。

権力のある人が、階級制で自分より下の人をあまり気に掛けないという考え方は、特に新しいものではない。ドイツの哲学者ゲオルク・ヴィルヘルム・フリードリヒ・ヘーゲルが、１８０７年に主人と奴隷の間の観念的な関係について書いたときに、それを検討している[30]。ヘーゲルが説明するように、主人は奴隷についてあまり知る必要がない。奴隷が外向的かどうかや、好きな色があるかどうかは、主人の見通しにとっては重要ではない。だが、奴隷にとって主人を知ること――彼を理解すること――は、叩かれるのを避け、生き延びるためには欠かせない。その結果、非対称的な力関係のせいで、従属者は自分を支配している人に対して、その人が従属者に対するよりも敏感になる。現代には、たとえ上司が部下の誕生日を知らなくても、部下が上司の誕生日を知っているかもしれない理由が、この力学で説明できる。

こうした結果以外にも、権力を手に入れると人々は前よりも悪質な振る舞いをする傾向があることを示す調査が多々ある。権力を持った人は、他者の話を遮ったり、人や物事を型にはめたり、意思決定をするときにあまり道徳的ではない論法を使ったり、自分が見せる行動を他者が示すと批判的になったりすることが増える。[31] 他者に対する支配権を持つと、これほど否定的な影響を受ける厳密な理由に関する科学的な証拠は、曖昧なことがあるが、権力によって人がより道徳的になることを示す調査はほとんどない。

調査結果は完璧なものとは言えない

これらの調査結果には、依然として大きな問題がある。それらはたいてい、制御された条件下で得られたものだからだ。たとえサンプルが極端なWEIRDでなくても、そして、大学生ではなく、母集団を代表するグループを見つけたとしてさえ、参加者は自分には実際には権力があるわけではないことを知っているという問題が、相変わらず残っている。独裁者ゲームをする人はみな、それがあくまでゲームであることを承知している。どれだけ頑張ったところで、研究室の中では誰かに本物の永続的な権力を与えることはできない。そして、実験のために実生活を操作して、誰かから権力を奪い、別の人に権力を与えることは、倫理的な規則のおかげで（ありがたいことに）不可能だ。

したがって私たちは、権力が腐敗するかどうかを検証する、欠点のある2つの方法の間で、身動きが取れなくなってしまった。実世界で権力を観察するという第1の方法は、たいてい自己選択効果によって偏りが生じる。マー・アナンド・シーラの場合がそうだ。シーラは権力を欲し、手に入れ、やがて権力によって腐敗したように見える。だが、彼女の破壊的な行動の根底にある理由が、彼女の性格上の欠陥なのか、身を置くことになったカルトのような制度なのか、はたまた権力そのものなのかは、判断のしようがない。同じ問題が、実世界で測定するときにも存在する。ケルトナーの自動車と横断歩道の実験の場合がそうだ。人々が攻撃的な運転をするのは、ＢＭＷを運転しているからなのか？ それとも、攻撃的な人のほうが金持ちになってＢＭＷを買う可能性が高いのは、彼らがあまり思いやりがないからなのか？ 確かなことは何も言えない。

制御された状況下で実験を使うという第2の取り組み方は、現実の権力を持つという実際の経験の、段ボールでできた薄っぺらい等身大のパネルのようなものだ。研究室で１００ドルを分配するのは、ＣＥＯや独裁者になる経験にはほど遠い。スポーツのコーチになる経験にさえ、及びもつかない。こうした調査は、たしかに何もしないよりはましだが、実体験と同じではないことに違いはない。

それにもかかわらず、そして、用心するべき理由がこれほどあっても、手に入る証拠はすべて、同じ方向を指し示している。人は権力を持つと、より利己的になり、共感が薄れ、偽善が増え、権力の濫用や虐待をしやすくなるのだ。アクトン卿は正しかった。権力は現に腐敗する傾向にある。だとすれば問題は、その社会通念が間違っているということではなく、全体像のほんの一部にしか光を当てていない点にある。私たちは、氷山の一角、すなわち目にすることのできる、権力のある人々にこだわる。だが、すでに見たように、氷山の一角に焦点を当てれば、水面下に潜んでいる、はるかに大きな危険を見落とすことになる。その危険とは、腐敗しやすい人が権力に引きつけられる理由や、彼らが権力を手に入れるのが得意な理由や、私たちの石器時代の脳の認知バイアスにつけ込んで、彼らは権力を握っていて当然だと私たちに納得させる手口だ。

これまで私たちは、人間の心にたっぷり注目してきた。どのような性格特性を持つ人が権力を求める可能性が高いかを調べ、権力を握っていると意思決定にどのような影響が出るかを見てきた。だが私たちは、パズルの大切なピースを1つ、依然として見過ごしている。なぜなら、権力を持つようになると、考え方が変わるだけではなく、体も物理的に変化するからだ。

第9章　権力や地位は健康や寿命に影響を与える

下位のサルは薬物を好む？

アメリカの麻薬取締局が大規模な捜索を行うと、記者たちを一室に集める。そこには演壇とマイクが準備され、テーブルには薬物があふれんばかりに載っている。それから政治家か同局の役人が記者の群れに、押収物の末端価格を誇らしげに告げる。それは、霊長類が胸を打ち鳴らす行為の人間版だ。だが、カメラの電源が切られ、演壇から人影が消えた後、薬物はどうなるのか？　どこかの政府の倉庫を埋め尽くす、マリファナの緑の森が、コカインの山々の白いスロープの隣で、腐りかけているのだろうか？

大規模な捜索で押収された薬物の大半は焼却される（そのときには、誰も誤ってハイになったりしないように十分な注意が払われる）[1]。だが、一部はメリーランド州にある国立薬物濫用研究所という施設に行き着く。そこで、入念に選ばれた少量のコカインが精製され、純化され、ウェイクフォレスト大学のネイダー研究室に送られる。

「調査員は、麻薬取締局の認可証を出してもらう必要があります」とマイケル・ネイダー博士は私に言った。「私はスケジュールII薬物の認可証を持っています」[2]。彼が受け取るコカインは完全に純粋なので、もし売ったなら、途方もない末端価格になるだろう。安全な廊下の金庫に錠を2つ掛けて保管してある。取り出すときも、しまうときも、必ず2人で行わなければならない。

だが、誰かがそのコカインを盗み取るのを防ぐために用心深い措置が取られているとはいえ、ネイダーは人間を対象とした研究を行っているわけではない。彼は、コカインをサルに与えているのだ。

「旧世界のさまざまな霊長類の系統発生を眺め、私たち人間が何百万年も前に彼らと分かれた箇所を見てみると、生物医学の研究で使うことができる、私たちに最も近い種はヒヒとマカクです」とネイダーは言った（チンパンジーやゴリラを使って薬物の研究をするのは倫理的ではない、と考えられている。彼らはあまりに人間に似ているからだ）。だが、選択肢を狭めて、ヒヒとマカクのどちらかを選ぶとなると、答えは明白だ。「ヒヒはマカクの3、4倍の大きさがあります」とネイダーは説明した。「それに、巨大な犬歯も持っています。肉食なので、研究のために群れを檻《おり》に入れて飼い、緊密に接触して調べたくなる種類の動物ではありません」[3]。そこで、ネイダーと彼の研究室は、マカクの一種であるアカゲザルを使っている。赤い顔の、灰褐色の毛を生やした、かわいらしいサルの種だ。

数年前、ネイダーと彼の研究者チームは、斬新なことを思いついた。階級制と階級と地位が、薬物を使用する経験にどんな影響を与えるかを検証することにしたのだ。これは、調べるだけの価値がある疑問だった。なぜなら薬物依存は、人間には社会階層次第で異なる影響を与えるように見えるからだ。誰が依存症になりやすいか？　アルファ（最上位の個体）か、それとも、社会階級のどん底まで落ちた個体か？

ネイダーは次のような実験を行った。24頭のアカゲザルを手に入れ、1頭ずつ仕切られた檻の別の区画に入れた。どの区画にも1頭しか入っていないので、社会的階層はない。次に、サルたちが単独の暮らしに慣れた後、檻の仕切りを引き上げ、突然、それぞれ4頭から成る6つのグループにした。すると、第1位から第4位まで、ほとんど瞬時にして序列が定まった。「彼らはじつに素早く階級を判断し、その階級がそのまま続きます」とネイダーは言った。

いったん社会的な順位が決まると、研究者たちはサルの脳をスキャンした。ドーパミン受容体の数を測定するためだ。[4]ドーパミンは、脳の報酬経路にかかわる主要な神経伝達物質だ。受容体は、その名前から想像がつくかもしれないが、ドーパミンを受け取る。私たちの脳には、Ｄ１とＤ２という2種類のドーパミン受容体がある。ドーパミンがＤ１と結合すると、私たちは快感を覚えるので、何であれ、ドーパミンの放出を誘発した行動の魅力が増す。それとは対照的に、ドーパミンがＤ２と結合すると、その行動は強化されない。仮に、あなたにはＤ１しかなかったなら、ドーパミンが放出されると、あなたはその直前の行動（たとえば、薬物の摂取）に、たちまち強烈に夢中になる。逆に、Ｄ２しかなかったら、そのような効果は薄くなる。その行動を、きっぱりやめることができるだろう。

ネイダーと仲間の研究者たちがサルたちの脳をスキャンすると、その結果に啞然《あぜん》となった。階級制を生み出すだけで、ドーパミン受容体の割合と数を変えられるのだ。「サルが単独で暮らしている状況から社会的なグループでの生活に移行し、支配的になると……コカインが手に入るようになったとき、手に入れる行動はあまり強化されないことを、私たちは示したのです」とネイダーは説明した[5]。仮に、あなたが支配的なサルになれば、コカイン依存症になる可能性が下がるはずだ。

だが、その仮説は検証する必要があった。続く実験では、それぞれのサルに点滴装置を装着した。それから、特別に設計した「霊長類椅子」に着かせ、研究室に押していった。そこで、「知能パネル」の前に座らせた。そのパネルには、サルが操作できるように2つのレバーがついていた。一方のレバーを引くと、明かりがつき、バナナを固く丸めた小さなペレットがいくつもカップに落ちてくる。もう一方のレバーを引くと、明かりがつき、点滴ポンプの音がし、コカイン溶液がポタポタ垂れて、それが血流に直接送り込まれる。しばらくするとサルたちは学習し、レバーと明かりのパターンと音を、それぞれの種類の報酬と結びつけるようになる。右のレバーは甘い食べ物を、左のレバーはコカインを、それぞれ意味することを理解する。

報酬の量が多いときには、すべてのサルがコカインを選ぶ（これは、人間にも当てはまる）。だが、量が少なかったり、ほどほどだったりする場合には、従属するサルのほうが、バナナよりもコカインを選ぶ率がずっと高かった。権力があまりないサルは依存症になることが多かった。支配的なサルは食べ物を選んだ[6]。

その後の実験で、ネイダーと研究仲間たちは4頭から成るグループからサルを抜き出して、すでに社会階級が確立している別の4頭のグループに入れた。グループを替えると、ストレスがかかる。転校生が高校のカフェテリアで、すでにでき上がっている仲間集団に交じって席に着こうとするようなものだ。

ネイダーらは、社会的にまごつくような経験をしたばかりのサルに、コカインとバナナのペレットを選ばせる試験をした。もともと従属的だったサルは、自らにコカインを投与することがいっそう多かったのに対し、支配的なサルは回復力を見せ、コカインよりも食べ物を選び続けた[7]。

この実験の後、ネイダーらはまたしてもサルの脳をスキャンした。すると果たして、支配的なサルのD2受容体は数が増えていた。彼らの脳の化学組成は、権力によって変わっていたのだ。

こうした実験に反対する人もいる。だがネイダーは、自分たちはサルが良い暮らしを送れるように懸命に努力している、と断言する。与えるコカインは量が少ないので、苦しみを引き起こすことはない。「うちの研究室を訪れる獣医さんたちは、サルが麻薬依存症で痩せてゲッソリし、目も当てられない状態だと思っています」とネイダーは言った。「ところが、サルたちがあまりに健康そうに見えるので、1人残らず驚きます。骨と皮だけで、ほんのわずかしか毛が生えていない、そんなサルの姿を思い浮かべているんだと思います。ところがどっこい、それが大違い。サルたちは、とても大切にされているんです[8]」

肝心なのは、サルたちが図らずも、人間の命を破滅的な依存症の魔手から救おうとしているヒーローとなっている点だ、とネイダーは言った。研究の目的は、人間に対して麻薬が持つ力を打破するために、依存症をもっとよく理解することだ。「それを理解しようとしています。コカインが手に入ることを告げる刺激をサルが受けたときに、『私はこちらにとどまって、バナナのペレットをもらう』と、言えるようにさせるために」とネイダーは私に言った。「私は、そうしたいのです」。人間の場合には、バナナのペレットよりも健康的なグリーンサラダになる可能性が高いかもしれないが、それでも発想は同じだ。

ネイダーの調査からは、じつに興味深い可能性が浮かび上がってくる。サルは権力を手にして支配的になると、脳内で化学物質の組み合わせが変わるのなら、同じ霊長類の仲間である私たち人間が、他者に対する支配権を得たときに、生物学的な変化を起こさなかったら驚きだ。サルのコカイン研究は、単純な結論を指し示しているように見える。権力は、私たちの体に良い、権力は私たちをより強靭《きょうじん》にしてくれる、というのがその結論だ。それは本当だろうか？

地位と裁量権とストレスの関係

階級と権力、地位、身体の健康は、どのように組み合わさっているのか？　これらの要因が、偶然の一致を見せているのではなく、私たちの身体的な健全性における生物学的な変化の原因であると、どうすれば確信を持てるのか？

これら2つの疑問に答えることに人生の多くを費やしてきたのが、ユニヴァーシティ・カレッジ・ロンドンのサー・マイケル・マーモット教授だ。たいていの観察研究（研究室で入念に制御した実験を通して行う研究ではなく、実世界で得たデータを検討する研究）では、因果関係を解きほぐすのが難しい。たとえば、CEOたちと用務員たちをただ比較すると、健康状態に大きな違いが見つかることは確実だろう。だが両グループには、役職以外にもあまりに多くの違いがあるので、地位と健康状態の間に見つかる関係はどれも、学歴、子ども時代の経験、栄養状態など、他の厖大な数の違いによって引き起こされたのかもしれない。地位、あるいは階級制の中で出世することが、人の生物学的特性を変えたことを示すのは不可能だろう。

マーモットが、権力と健康状態は関連している、と主張したとき、ほとんどの人はストレスとお金という2つのもののどちらかのせいにした。権力のある人のほうがストレスを受けているので健康状態が悪いという結果になる、あるいは、金持ちなので良いという結果になる、というのだ。

1985年、マーモットはこれら2つの仮説を検証することにした。「ホワイトホールⅡ研究」〔訳注　1967年から行われた同様のホワイトホール研究を踏まえた命名〕を開始し、階級制と地位に特別に重点を置いて、健康状態の不平等を調べた。[9] ホワイトホールというのは、ロンドンのウェストミンスター地区にある通りの名前だ。そこには、イギリスの多くの官庁がある。この研究は、1万308人のイギリスの公務員を、公職にある間ずっと追い続ける作業に乗り出した。同じ職業の人、それも、多くは同じ地位から始めた人どうしを比較することになるので、マーモットは他の交絡因子――どの効果が階級や階級制によって生じ、どれがそうでないかを突き止める邪魔になりかねない要因――の多くを無効にできた。それ以前の調査よりも、同類どうしを比較する度合いがはるかに高かった。

そのうえ、同じ人々を長年にわたって測定するので、マーモットは相対的な地位の変化が同一人物の健康にどのような影響を与えるかを目にすることができた。「調査を始める時点で、特定の序列の人々を選び、その集団の昇進の具合をたどります。10年後に、そのグループの平均はどうなっているでしょう？　それを見極めてから、それぞれがその平均よりも上か下か、言い換えれば、平均よりも成績が良かったか悪かったかを見てみるのです[10]」とマーモットは私に言った。マーモットのチームはこの方法を使い、同時期に公職に就いた人の集団、さらには同じ時期に同じ階級で働きはじめた人の集団までも追い続け、彼らの健康状態が昇進の程度との関係でどのように違っていったかを見ることができた。それに加えて、公務員の給料の幅は民間部門の給料の幅よりも狭いので、お金はそれほど大きな要因にはならなかった。彼らは参加者を、最初は１９８５年に、その後は2～5年ごとに調査した。

マーモットがデータを調べると、大まかではあるが明確な関係が見つかった。階級制の上位ほど、死亡率が低かったのだ。マーモットはこれを、「ステータス症候群」と呼んでいる[11]。最も低い階層にいて、そこにとどまっていた人は、より高い権力階層に上った人と比べて、死亡率が3倍だった。これは一見すると不可解だ。ストレスの大きい仕事と健康状態の間にあると思われる関係に反するからだ。「みんな、言いました。『そうか、ストレスが重要であるはずがない』と」とマーモットは私に言った。「上の階級のほうが下の階級よりも多くのストレスにさらされているのは間違いないはずです――なにしろ、いくつも締め切りを抱えていますし、大臣たちからはひっきりなしに指示がありますから。だから、私は考えました。『たしかに、高い地位の人は、より多くのストレスにさらされている』と」。だが、階級よりも裁量権――職場で物事の成り行きを決める能力――に的を絞った質問に目を向けはじめたマーモットの頭に、閃《ひらめ》くものがあった。「プレッシャーだけの問題ではないことに気づきました」とマーモットは言った。「厳しい要求と少ない裁量権の組み合わせが問題なのです。そして納得がいきました。それでデータに表れたもののすべてに説明がつきました」[12]

マーモットと彼の研究者チームがデータを細かく分析すればするほど、この関係がはっきりした。仕事で途方もないプレッシャー（マーモットは「要求」という言葉を使った）に直面している人は、自分には大きな裁量権があると感じているかぎり大丈夫だった。ところが、多くのプレッシャーにさらされていると感じ、しかも、自分が運転席に座っている（あるいは、少なくともときどきはハンドルを切ることができる）と感じていないい人は、健康状態が段違いに悪かった。私たちは独裁者である必要はないが、自分の職業人生における決定は自ら下せると感じている必要があるのだ。

権力が増えるとストレスも増すので、健康状態が悪化するという一般常識が誤りであることを、マーモットは発見した。ただし、誤りである理由は意外なものだった。しばしばストレスと呼ばれるものと、実際に私たちの体に有害なかたちでストレスをかけるものとの間には、じつに大きな隔たりがあることが判明したのだ。

スタンフォード大学の生物学者ロバート・サポルスキーは、ヒヒと人間の両方を調べていて、生きていくうえでストレスがきわめて重要なツールであることを発見した[13]。体が適切に機能しているときには、ストレスは私たちの助けになるような一連の生物学的変化を引き起こす。ここで再び、石器時代の祖先たちのことを思い返してほしい。あなたがその1人で、朝の散歩に出掛け、少しばかり狩りや採集をしたいと思っていると、突然1頭の剣歯虎が尾根に姿を現し、漠然とあなたの方を眺めながら牙を剥いたとしよう。あなたも剣歯虎も、ストレスに誘発された反応を見せる。体は通常の消化活動をやめ、エネルギーを長期保存の脂肪の生成ではなく血流への即時の注入へと振り向ける。これは理に適っている。あなたもトラも、まもなく起ころうとしていることのために臨時のエネルギーが必要だからだ。消化が休止するため、唾液の生成が遅くなる（サポルスキーが指摘しているように、私たちは不安なときに口が渇く理由もこれで説明がつく[14]）。成長や組織の修復といった、良好な健康状態に必要な長期的なプロセスも停止される。これは、歓迎するべき身体版のトリアージだ。なにしろ、剣歯虎に捕まれば、修復するべき組織が1つも残らないかもしれないのだから。それと同時に、視床下部が脳下垂体に素早く行動を開始するよう指示する。交感神経系がフル回転を始め、ホルモンを分泌して心拍数を増やし、血圧を上げる。アドレナリンが血流にどっと流れ込む。万事が順調にいけば、あなたが生き延びる可能性が高まる。この現象は、一般に「闘争・逃走反応」と呼ばれる。[*] ストレスは、私たちを救うのに役立つようにできているのだ。

だが、現代生活の他のじつに多くの面と同じで、ストレス反応も石器時代の進化上のデザインから逸脱してしまった。人前で話をするのが怖いのに、大勢の前で話す羽目になったことのある人はみな、私たちの祖先が捕食者に直面したときに感じたのに似たもの、すなわち、典型的なストレス反応を経験したはずだ。それは完全に正常であり、たいていは、どうということはない。だが問題は、マーモットとサポルスキーが揃って主張しているように、闘争・逃走反応が一部の職場や生活様式では、短期的な緊急事態ではなく慢性的な状態になってしまった点にある。[15] 恐ろしい捕食者に出くわすといった例外的な非常事態ではなく、特定の仕事の苛酷さのせいで、私たちはストレスモードに入る。たんに急性のストレスであるべきものが、今や私たちのあまりに多くにとっては日常的なものになっているのだ。

この関係が非常に理解しづらいのは、1つには、現代社会では「ストレス」という言葉が、強烈ではあっても生物学的にはストレスに満ちていないものを指して使われるからだ。責任の重い仕事の多くは強烈（マーモットなら「要求が厳しい」と言うだろう）ではあっても、ストレスには満ちていない。なぜなら、私たちはその仕事をおおいに楽しむし、（「大きな裁量権」を持つことで）結果を左右することができるからだ。自分のスタートアップが軌道に乗りはじめるところを目の当たりにしているＣＥＯは、自分の目覚ましい躍進を「ストレスに満ちた」ものと言うかもしれないが、じつは、生理学的な観点に立つと、それは少しもストレスに満ちてはいない。胸が躍る、素晴らしい体験だ。強烈で激しい仕事は、生物学的なストレスと同じようには、健康にかかわる通常のプロセスを妨げたりはしない。ところが、私たちは日常会話で両者を混同するので、じつは情熱や強烈さであるものを、ストレスとしてしまうことがよくある。

だが、マーモットの研究によると、低い地位の職に就いていると、有害な生物学的ストレス反応を現に起こしてしまうという。ただし、高い地位の職でも、要求が厳しくて裁量権が少ないと、やはり同じ結果が見られる。酷使されている用務員は、裁量権がないせいで健康状態が悪化する危険が常に大きいものの、特定の状況にあるＣＥＯも、そのような危険にさらされうる。それでは、これは実世界ではどのように表れているだろうか？　あいにく、私たちは実験によってこの疑問に答えることはできない。ＣＥＯと用務員とを恒久的に入れ替え、どうなるかを見てみるような実験は、テレビのリアリティ番組としてはとても面白いだろうが、実施することはできない。その代わりとして、霊長類の仲間たちに戻って、答えを探さざるをえない。

＊　闘争・逃走反応には男女で違いがあり、女性は「思いやりと絆（tend-and-befriend）」反応を見せる可能性が高いことを、最近の研究は示している。「思いやり（tend）」は、貴重なもの（たとえば子ども）を守ることを意味し、「絆（befriend）」は、相互防衛に役立つ他者を見つけることを指す。

ストレスが少ないのはアルファオスよりベータオス

博士課程に在籍中の学生の大半は、図書館で埃を被っていた本を引っ張り出して熟読したり、スプレッドシートとにらめっこをしたり、研究室の下働きとしてせっせと働いたりする。だが、ジェニー・タン教授が指導する学生のジョーダン・アンダーソンは違う。博士課程の初期の研究の一部を、デューク大学で、姿を隠して吹き矢を吹く技能を磨いて過ごした。「しばらくやれば、コツがつかめます」と彼は私に語った。[16]

吹き矢は、研究用に、遠くからヒヒに麻酔をかけて捕まえるために使う。だが、研究を台無しにするのを避けるためには、麻酔を施した相手をヒヒが目にしたり耳にしたりしないようにすることが肝心だ。そうしないと、研究室で彼らを扱う人間を、麻酔をかけられたときの奇妙な体験――何かがチクッと刺さり、急に強烈な眠気を催し、うずくまって眠りに落ちたときの体験――と結びつけるようになってしまうからだ。[17]

アンダーソンとタンと、博士研究員《ポスドク》のレイチェル・ジョンストンは、キリマンジャロの山腹に近い、ケニアのアンボセリ国立公園でヒヒの調査を行っている。彼女らは、人間の進化と加齢と健康に対する理解を深めるために、ヒヒの生態と生物学的特性を調べている。ヒヒが階級や地位について何を考えたり伝えたりしているかがわかれば、私たち自身についても理解が進むかもしれない。なぜなら、かつてチャールズ・ダーウィンが述べたように、「ヒヒを理解する者は、人間の形而上学にロックよりも貢献するだろう」から。*[18]

タンの研究チームは、権力と地位が加齢の速さに影響を与えるかどうか知りたかった。彼女らはそれを突き止めるために、遺伝子内部の変化の割合を調べるという革新的な方法に頼った。私たちの一生（あるいはヒヒの一生）の生物学的な台本は、どれだけ長く生きてもけっして編集されない、DNAの配列によって書かれている。その台本は不変だ。それにもかかわらず、私たちの体は時とともに大きく変化する。不変の台本がどのように大きな変化を生み出すかを理解するカギは、遺伝子発現の調節が握っている――遺伝子の「スイッチ」をオンにしたりオフにしたりすることによる調節が。その調節のうちには、不規則なものもある。つまり、多種多様な外部要因次第でさまざまなときに遺伝子がオンになったりオフになったりするということだ。だが、ゲノムの特定の部分は、時計が時を刻むように一定間隔でオンになったりオフになったりする。

そのような時計仕掛けのような仕組みの1つが、「DNAメチル化」と呼ばれるプロセスだ。私たちのDNAを構成している「A」と「C」と「G」と「T」のうち、「C」（「シトシン」）がそのプロセスによって最も影響を受けやすい。タンは次のように説明してくれた。DNAメチル化は、「小さな化学的な印」を生み出す。「炭素が1つと水素がいくつか余計に、私たちのDNA塩基に、いわば溶接されます。特に、ヒヒや私たちでは」[19]。メチル化の速さを長期的に測定すれば、私たちの「遺伝子の」加齢の、かなり正確な目安が手に入る。遺伝子の加齢は、祝った誕生日の回数とはまったくの別物だ[20]。「60歳の人のうちには、平均的な60歳の人よりも生理的な健康状態がはるかに劣っている人がいることは、私たちにはとてもはっきりしています」とタンは説明した。「そして、同じ60歳でも、平均的な

＊　ロックとは、イギリスの政治哲学者ジョン・ロックを指している。

60歳の人よりもはるかに健康な人もいます。いわば、細胞のレベルまで浸透したかたちで」。自分の周りを見回して見れば、これは意外ではない。人の年齢が外見と掛け離れているのに気づくことは頻繁にある。タンのチームが使ったのは、その差を段違いに正確に測定する方法であり、生物学的年齢で見た場合に、個々のヒヒが暦年から予想される年齢よりも加齢が速いか遅いかを調べるものだ。

　タンのチームは、ジョーダン・アンダーソンらの学生が吹き矢でヒヒを捕まえ（正確には２４５頭）、ヒヒの集団の遺伝子の加齢を調べ、集団内での社会的階級と比べた。社会的階級が低いと加齢が速まり、階級の高いヒヒはより多くの食べ物を手に入れ、交尾相手も選べるので加齢が遅くなるだろうというのが、最も簡単に想像できる結果だ。だが、実際の結果は予想外のものだった。階級の高いオスのほうが、格段に速く加齢したのだ[21]。社会的な階級をぐんぐん上っていたある野心的なオスのヒヒを、かなり低い社会的階級にあったときに一度、そして10か月後、大幅に地位を上げたときにもう一度、調査した。すると、10か月しか過ぎていなかったにもかかわらず、（生物学的な指標に基づいて）想定される加齢を3年近く上回っていた。まるで、時間の流れが速まったかのようだった。一方、想定される加齢を大幅に下回った2頭は、社会的階級が急速に下がったヒヒだった。タンとアンダーソンとジョンストンが論文で述べているように、トップの座に上れば、交尾相手を見つけるうえで著しく優位になれるが、その代償も著しく大きい。ヒヒにとってそれは、「生き急ぎ、若死にする」戦略だ。

　とはいえ、階級が低いヒヒの暮らしもかなり悪いことを示す証拠にも事欠かない。ケニアのサバンナで30年にわたって何百頭ものヒヒを調べてきたスタンフォード大学のロバート・サポルスキーは、以下のことを実証した。低い階級のヒヒがストレスに満ちた状況に直面すると、血圧が上がったり、善玉コレステロールが減ったり、免疫系の働きが鈍ったり、正常な身体機能を取り戻すのが遅かったりする率が高いのだ。[22] ただしサポルスキーは、アルファオスにとってトップの生活が、権力闘争の間は特に、ストレスに満ちたものとなりうることも立証した。これは、タンのグループの調査結果ともっと一致する。サポルスキーの説は単純明快で、ヒヒの王となるのは良いことだが、叛乱の危険があるときには、ヒヒの小作農でいるのと同じぐらい、あるいはそれ以上にさえ、ストレスに満ちている、という。

サポルスキーの説は、プリンストン大学のローレンス・ジェスキエールが主導した２０１１年の調査によって支持された。その調査では、ジェスキエールのチームは、ストレスに関連したホルモンであるグルココルチコイドを測定した。[23] ある霊長類の個体が階級制の上に行けば行くほどストレスが少なくなることを、彼らは発見した。だが、１つ例外があった。頂点に立つアルファオスは、極端なストレスにさらされていた。そのため、ジェスキエールらは私たちの従来の考え方に反する結論に至った。占めるべき最善の地位は、アルファオスに次ぐベータオスの座だった。その地位にあれば、ヒヒの君主につき物の危険にさらされることなしに、権力の恩恵のすべてが手に入るからだ。

ストレスの強い環境下にあるCEOは寿命が短くなり加齢が進む

だが、これはすべて、ヒヒにまつわるただの雑学的知識にすぎないのか、それとも、同じ傾向が現代の人間の間でも存在するのか？　上級管理職になるのは良いことだがＣＥＯになるのは悪いことなのか？　そして、これらのヒヒの調査は、マーモットの「ホワイトホールⅡ研究」や彼の「厳しい要求と少ない裁量権」という概念と、どのように折り合いをつければいいのか？

4人の経済学者が2020年の研究でその答えを見つけたかもしれない――ヒヒは人間性について、多少毛むくじゃらではあるものの、説得力のある片鱗を垣間見させてくれる、というダーウィンの意見が正しかったかどうかを判断するのに役立つような答えを。イリノイ大学のマーク・ボーグシュルトが率いる経済学者たちは、2つの疑問に答えることにした。[24] 第1に、CEOはより大きなストレスにさらされているときにはより速く加齢するか? 第2に、CEOはストレスにさらされているときには早く亡くなるか? これらの疑問に取り組むため、彼らは手始めとして、アメリカの企業の歴史に見られる素晴らしい自然実験を活用した。

1980年代半ばに、アメリカの各州が企業買収防止法を導入しはじめた。そのため、企業乗っ取り屋たちは、企業を買収するのが難しくなった。この法律のおかげでCEOのストレスが減った。唐突な敵対的乗っ取りをされるリスクが減り、地位が前より安泰になったからだ。ボーグシュルトらは巧妙な調査方法を駆使して、ストレスが大きい状況のとき――企業買収防止法以前の、企業乗っ取りが横行する無法地帯だったとき――に企業を任されていたCEOと、法律に守られるようになってストレスが減ってからのCEOを2000人近く(ほとんどが男性)比較した。法が制定されてから権力の座で多くの時間を過ごしたCEOは、もっとストレスが多かった時期に権力の座にあったCEOよりも長生きした。ボーグシュルトらが書いているように、「私たちのサンプルの典型的なCEOにとって、企業買収防止法[によるストレスの軽減]を経験した効果は、そのCEOを2歳若返らせるのにほぼ等しかった」。[25]

もちろん、すべてのCEOの仕事が同じだけのストレスに満ちているわけではない。より厳密に言えば、すべてのCEOが自分の仕事を「ストレスに満ちた」ものと言うかもしれないものの、CEOのうちにはより大きな生物学的ストレスに直面する可能性の高い人もいる、ということだ。たとえば、壊滅的なパンデミックのときにデルタ航空やブリティッシュ・エアウェイズで権力の座にあるほうが、ウェブカメラや自宅用の運動器具を売る企業のCEOでいるよりも、おそらく有害なストレスを多く受けるだろう。ボーグシュルトらはそのような前提に基づき、業界全体が大きな危機を経験している企業を支配していたCEOと、そうでないCEOを比べた。すると果たして、業界が悲惨な目に遭っている期間に企業を経営していたCEOのほうが、そうでないCEOよりも早く亡くなっていた（『ブリティッシュ・メディカル・ジャーナル』誌に発表された調査でも同様の結果が見られた。数世紀という期間で17か国を対象としたその調査では、選挙に勝って公職に就いた政治家は、次点で敗れて公職に就かなかった人よりも早く亡くなったことがわかった。[26] 政治的な争いの中で職務に就くことから来るストレスの重荷が、政治家の寿命を縮めるらしい）。

　というわけで、一部の証拠は、最高権力者になると早死にすることを示している。だが、生きている間はどうなのか？　とりわけストレスの多い時期に直面したCEOは、そうでないCEOよりも加齢が速いように見えるだろうか？　この加齢は、タンと彼女のチームがDNA時計を使ってヒヒで測定した加齢とは別個のものだ。私たちのゲノムの中の化学的指標ではなく外見に焦点を当てているからだ。それでも、ストレスに基づく加齢という概念は馴染みのないものではないはずだ。私たちの誰もが、就任前と退任後のアメリカの大統領の写真を目にしたことがあるだろう。若々しい姿でホワイトハウスに入ったものの、4年後あるいは8年後にそこを去るときには、皺《しわ》が増え、髪には白いものがたっぷり交じっている。だが、マーク・ボーグシュルトが率いる研究者たちは、私たちが気づくように思えるその作用が科学的な精査に耐えるかどうかを、体系的に調べてみたかった。

彼らは確認手段として機械学習を使った。利用したコンピューターコードは複雑だったが、発想は単純だ。25万人分の顔写真をコンピューターに読み込ませ、人間の加齢の身体的指標の識別を「学習」できるようにした。皺、白髪、耳毛……。時とともにコンピューターのモデルが洗練され、歳を重ねるにつれて現れる微妙な変化を――人間の目では見分けがつかないかもしれないような違いさえ――見つけるのが、しだいにうまくなった。それからボーグシュルトらは、企業のアルファとして在職している間のさまざまな時期のCEOの写真を、そのモデルに解析させた。モデルが結果を吐き出したとき、その判断は明確で、真にストレスに満ちた時期を経ると私たちは加齢が速まるように見える、というものだった。2008~09年の大不況に凄《すさ》まじい打撃を受けた企業を経営していたCEOたちは、そのようなストレスに満ちた衝撃的な期間に企業を経営していなかったCEOたちよりも、その後の10年間にまる1年分速く加齢したかに見えた。[27] 高価な皺取りクリームのことなど忘れて、代わりに、高い地位と小さい裁量権につき物のストレスをさっさと取り除くべきだ。

階級の「中の上」あたりがちょうど良い

では、マーモットが「ホワイトホールⅡ研究」から引き出した説と、ケニアのサバンナに暮らすヒヒの調査結果と、研究室で下位のサルがコカイン依存症になる現象との折り合いを、どうつければいいのか？　共通しているのは、そのどれもが、社会的な序列が低いと健康に著しく悪いという見方をしている点だ。調査の結果は明白であり、地位が低いと早く亡くなることを示している。

ところが、支配に向かって個体が位を上げるにしたがって、状況は混沌《こんとん》としてくる。階級制の上層では、権力、支配、階級、健康状態の間にはるかに複雑な相互作用があることを、さまざまな調査が指し示しているようだ。それでも、地位が高いと悪い健康状態から現に守られると言ってよさそうに見える――ただし、ある程度まででしかないが。自分の運命を支配する力があまりないままに高い地位に就いていると、体を害しうる。危機に際して高い地位に就いていると、加齢が速まり、早死にしかねない。そして、アルファの地位にあると――つまりたった独りで頂点に立っていると――健康が台無しになる場合がある。特に、その地位から引きずり下ろされるリスクが現実のものであるときには。ヒヒの場合には、権力を失うリスクは常にサバンナに潜んでいる。だから、高い地位は生物学的加齢を必ず加速させるように見える。CEOたちはそれとは違い、いつクビにされるかと絶えず心配している人もいれば、地位が安泰な人もいる。ストレス要因は多種多様なので、人間にとって権力が健康に及ぼす影響には大きな違いが出る。それはともかく、権力がなさ過ぎたりあり過ぎたりすると、健康を害する可能性がある一方、社会的な階級の「中の上」あたりまで上るとちょうど良い場合が多いことが、証拠から窺われる。

そうは言うものの、けっきょく自分は昇進を本当に望んでいるのかどうかを再検討しはじめる前に、1つ朗報がある。不確かさのせいでストレスを感じている地位の低い労働者であろうと、パンデミックの影響に耐えている地位の高いCEOだろうと、ただ生き残ろうとしているだけの麻薬の大物密売人だろうと、権力がなさ過ぎたりあり過ぎたりするせいで健康が蝕まれることから身を守る方法がある。

そして、その方法には、誰もが手を伸ばせば届くのだ。

社会的関係が免疫機能を高める

１９９７〜２００１年に、１５９人の男性と１７５人の女性が自ら研究室に足を運び、風邪のウイルスを鼻の中に噴き掛けられ、個室に６日間隔離され、それから８００ドルの報酬をもらって帰っていった。[28] これは疾患の生物学的特性に関する調査のためだったが、そこにはひと工夫加えられていた。研究者たちは、ウイルスを噴き掛けて隔離する前に、参加者に複数のアンケートに記入してもらった。1つは社会的な関係についてのものだった。その日すでに何人と話したかや、過去24時間に10分を超える会話を何回交わしたかを、研究者たちは参加者に尋ね、併せて、たいていどのような社会的役割（母親、夫、同僚、指導者、コーチなど）を果たすかも訊いた。研究者たちはその回答に基づいて「社交性」スコアを割り出し、外向的な社交家から、世捨て人のような人まで、参加者を格づけした。それから他のデータも集め、自分たちが探したり見つけたりする相関関係が、それ以外の要因（たとえば基礎疾患や、肥満度の指数であるＢＭＩ、人種、学歴など）のせいにならないようにした。必要なデータが全部揃うと、参加者の鼻の中にウイルスを噴き掛け、彼らの隔離を始めた。

研究者たちはゆったりと座り、参加者たちが鼻水をすすりはじめるのを待った。６日の隔離期間中は毎日、参加者の風邪の症状を評価した。粘液産生を測定し、鼻の穴に染料を入れて喉まで行き着く時間を書き留め（感染前の時間と比較し）、患者を科学的厳密さをもって比べられるように、同じような客観的な指標を他にいくつも使った。数値を解析すると、誰もが同量のウイルスを投与されたのにもかかわらず、社交性スコアが低かった人は高かった人の3倍、風邪の症状が出やすかったことがわかった。人は確固とした社会的ネットワークを持っていると、ストレスが減り、全体的なウェルビーイング（身体的・精神的・社会的に満足な状態）が改善し、健康を増進させられることを、この驚くべき結果は示している。逆に、地位が低く、権力がなく、孤独であるというのは、致命的な組み合わせだ[29]（より社交的な人はより多くのウイルスにさらされ、したがって、研究室の実験でウイルスを投与されたときにより強靭であることを、この発見は部分的に反映しているのかもしれない。だが、それでは説明がつかない違いもある）。

社会的なネットワークが生物学的なレベルで免疫系の働きをどのように高めるのかは、完全には解明されていないが、他の種を調べることによって暫定的な知見がもたらされている。（吹き矢とヒヒを使った研究をした）デューク大学のタン教授は、ネイダーがコカイン研究で使ったのと同じ種であるマカクが疾患と闘う能力に、地位がどう影響するかも調べた。タンのチームは、マカクの地位を人為的に変え、支配的な個体をグループから抜き出し、別のグループに入れて下位にしたり、逆に下位のマカクを支配的な地位に就けたりした。チームはマカクの地位を実験的に操作することで、因果関係を特定できた。タンらはまず、支配的な役割を担っているマカクからサンプルを採取し、それからそのマカクが従属的な役割を果たすようになったら、またサンプルを採取した。同じ個体からサンプルを取ったのだし、変わったのは地位だけだから、タンらは地位が生物学的にどのような影響をマカクに及ぼしているかを突き止めることができた（人間の地位を実験的に変えようとしたら、倫理的な規則を破ることになるだろう。だからこの種の実験は、人間以外の霊長類でだけ行われてきたのだ）。

支配的な地位から従属的な地位に移行したマカクは、免疫機能が悪化した。逆に、従属的な地位から支配的な地位に移行したマカクは、免疫反応が盛んになった[30]。だが、実世界は意外なことが多いので、タンらのデータから興味深い新発見が2つあった。第1に、支配的なマカクがウイルスを撃退するように微調整された免疫反応を示したのに対して、従属的なマカクは細菌を撃退する態勢のほうがよく整っていた。これは人を当惑させるような発見であり、社会的階級と生物学的特性の不可解な複雑さを示していた。第2に、風邪と社会的な関係の調査の場合とよく似て、頻繁にグルーミング——相手の体をきれいにする毛繕いの社会的な習慣だが、個体どうしの絆を強めるのにも使われる——された従属的なマカクは、そうでないマカクよりも免疫系の回復力が強かった[31]。

したがって、私たちの霊長類の仲間からは重要なことが学べる。権力がなくて地位が低いために、あるいは、地位は高くても支配権がなくて、重大な生物学的ストレス要因に直面している人は、より良い社会的関係を築くことによって、ストレスの持つ好ましくない影響を防ぎやすくなる。私たちの生物学的特性は、社会的階級制での位置の影響を必ず受けるが、友たちのわずかな支援があれば、好ましくない影響を緩和できる。ここが肝心なのだが、人間以外の霊長類の場合とは違い、私たちの社会的地位は1つではない。会社での序列は低くても、教会やシナゴーグ（ユダヤ教の礼拝堂）やモスクでは序列が高いかもしれない。地域のソフトボール・チームではキャプテンとして崇敬されているかもしれない。あるいは、愛情と支えを与えてくれる家族に心から尊敬されているだけかもしれないが、その家庭では、自分には権力がある、自分は支配権を握っている、と感じていることもありうる。人間ほど社会的に複雑ではない動物の社会では、社会階級がもっと一元的であり、その階級に死と加齢のリスクが均一に結びついている。だが、現代の人間の社会生活は密に織り成されたタペストリーなので、私たちはそのようなリスクからうまく逃れる機会が得られるのだ。

もしあなたが健康な状態を保ちたければ、可能なときにはいつでも、自分の生活に対する支配権を増やすことだ――特に、社会的地位が低かったり、その頂点に近い所にいたりするときには。だがたいていの人は、魔法の杖をサッとひと振りして支配権を増やすことなどできないので、昇進を目指しているときにも、それを達成するために、自分が大切に思う人や愛する人をけっして犠牲にしないようにするのが得策だ。

明るい手掛かりが1つ得られたところで、今度は本書でいちばん厄介な謎に目を向けよう。腐敗しやすい人のほうがもっと権力を追い求め、権力を手に入れるのが得意で、善人のうちには権力を振るうことで腐敗する人もいるとしたら、どうすればこの傾向を逆転させられるだろう？　事態を改善するために何ができるか？　もっと多くの善良な人が権力を追い求め、手にし、権力を握った後も善良であり続けるようにするにはどうすればいいかを、いよいよ解明する時が来た。

第10章　腐敗しない人を権力者にする

レッスン1――腐敗しない人を積極的に勧誘し、腐敗しやすい人を篩い落とす

２０１０年10月16日に日付が変わった頃、ディダクス・スノウボールとガールフレンドのＣ・Ｔは、そろそろ寝ようとしていた。屋外の気温は氷点をはるかに下回り、家の周りを冷え冷えとした海岸風が吹き荒れていた。北極圏からほんの３００キロメートル余り南、ベーリング海のすぐ縁にある人口５００人ほどの小さなアラスカ州の村ステビンズの晩秋には、格別珍しいことではなかった。だが、家の中は暖かかった。２人がベッドに入ってからしばらくして、ドアを叩く大きな音が聞こえた。ディダクスは部屋を横切り、誰かと思ってドアを開けた。[1]

ドアが開いた途端、男が飛び込んできた。彼はディダクスに襲い掛かり、顔を殴り、床に押さえつけ、

素手で首を絞めた。C・Tは悲鳴を上げ、家から出ていけ、と男に怒鳴りつけ、近くの警察署に駆けつけて助けを求めるようにディダクスに言った。彼は、首を絞める男の手を振りほどき、勤務中の警察官を見つけられれば、と願いながらドアから外へ飛び出した。だが、ディダクスが家からいなくなると、侵入者は今度はC・Tに襲い掛かり、床に倒して両手を首に回し、絞め上げはじめた。C・Tは叫ぼうとしたが、男の指が喉に食い込み、息ができなかった。何もかもが暗くなった。そして、彼女は意識を失った。

数分後、C・Tが意識を取り戻したとき、侵入者――ニメロン・マイクという、村の住民であるのが彼女にはわかった――は、彼女の上にのしかかっていた。見ると、自分のジーンズをマイクが脱がせようとしていたので、ゾッとした。[2] C・Tは身をよじって、ようやく彼の体の下から抜け出した。かろうじて手の届く所に空のライフル銃があったので、それを手に取り、マイクの頭を殴りつけた。こうして時間を稼ぎ、逃げ出した。

折好く警察が到着した。マイクは逮捕された。彼は有罪となり、性的暴行未遂でアラスカ州の性犯罪者登録簿に載せられた。マイクにとって、これは最初の警察沙汰ではなかった。彼は、家庭内暴力や暴行、無謀運転、別の女性に対する痴漢行為、飲酒運転、自動車の窃盗といったさまざまな犯罪で、すでに合計6年を刑務所で過ごしていた。[3]

10年後、もしディダクス・スノウボールとC・Tが自宅で侵入者に襲われていたら、ニメロン・マイクが再びかかわっていたかもしれない。だが、そのときには、マイクは警察官の制服を着てバッジをつけて現れただろう。なぜなら、ステビンズの飛行場の滑走路ほど長い逮捕記録文書が残っている人物であるニメロン・マイクは、村の正規警察官の1人になっていたからだ。

「誰かが現役の警察官であるという情報があって、その人の経歴を調べたら、警察官になるのを不可能にするように思える前科があるとすれば、筋が通らないでしょう」とカイル・ホプキンズは私に言った。[4] 彼は『アンカレッジ・デイリーニューズ』紙の調査報道記者で、犯罪者が警察官になるというこのパターンを長年目にしてきた。だが、アラスカ州の辺鄙な村では、このパターンは嫌でも目立った。

ホプキンズは詳しく調べてみることにした。彼は非営利の報道機関プロパブリカと提携し、大きな特ダネを報じた。その報道は、アラスカ州で有罪判決を受けた犯罪の常習者が驚くほど頻繁に警察官として雇われているという衝撃的な事実を明るみに出したとして、ピューリッツァー賞を受賞した。そのような雇用は、なされるべきではなかったはずだ。だが、現になされていた。そして、ホプキンズはステビンズで、もう1つ衝撃的な事実を発見した。警察官全員が――1人の例外もなく――家庭内暴力で有罪判決を受けていたのだ。もしあなたがボーイフレンドや夫に殴られていて、警察を呼んだら、確実に別の虐待者が家にやって来ることになる。この腐敗は最上層にまで及んでもいた。警察署長は、重暴行と未成年者への性的虐待を含む17の犯罪で有罪になっていた。[5] 悪党どもが警察を乗っ取っていたわけだ。

なぜこんなことが起こりえたのか?

答えは簡単だ。資格を満たす応募者が1人もいなかったのだ。ステビンズの住民で資格のある人は応募しなかった。そして、他で仕事を見つけられない犯罪者たちは、オレンジ色の囚人服から警察の青い制服へと喜んで着替えた。村の行政官のジョーン・ナショアナクは、求人票には、重犯罪者や過去5年間に軽犯罪で有罪になった人は応募できないことが必ず明記されている、と断言する。だが、新しい警察官が必要になるたびに、村はその条件を撤回せざるをえなくなった。重罪者を警察官にするか、警察官がいないか、という二者択一に村は直面するからだ。「犯罪歴のない人は、見つけられないのです」とナショアナクはホプキンズに語った。[6] ホプキンズがステビンズの調査報道の一環としてニメロン・マイクを探し出すと、マイクは、応募したらほんの数時間後には警察官に宣誓就任していた、と述べた。「もう、お巡《まわ》りになれたのか？　こんなに簡単に？」と驚いた、と彼は当時を振り返った。

応募する人々の集団が十分な大きさではなく、採用する側が慎重に考えていないとどうなるかについて、ステビンズは極端な反面教師となる。器の残りかすをこそげていたら、ろくでもない人間を大勢、権限のある地位に就けてしまうことになる。

そこで肝心の問題に行き着く。どうすれば、もっと善良な人々に権力を手に入れようとさせることができるか？

採用に関しては、主な答えが3つある。第1に、大勢の応募者を確保する。第2に、権力を握ってもらいたい種類の人を積極的に探し求める。そして第3に、権限のある地位に自ら就こうとする腐敗した人や腐敗しやすい人を、十分な資源を投じて篩い落とす。ステビンズは、この3つにすべて落第した。ステビンズは極端な事例だが、失敗の三重奏の唯一の例にはほど遠い。

応募する人々の集団《プール》を拡大しようとするときには、「深さ」と「幅」の両方を追い求める必要がある。応募者プールの深さを増すというのは、すでに存在している応募者と同じような応募者の数を増やすことであり、そうすれば前より厳しく選り分けられる。幅を拡げるというのは、すでに存在している応募者とは大きく違う応募者を採用することであり、そうすれば革新や改善ができる。その両方が、より良い結果を生むのに役立つ。特に、両方が一度に達成できたときには。

チョコレート菓子のM&M'sの30粒入りパッケージを想像してほしい。もし、緑色だけ30粒ピッタリ製造し、それ以外は1粒も作らなければ、選択の余地はない。たとえ、欠けたり割れたり色が薄かったりした粒があっても、全部パッケージに入れなければ30粒にならない。そうすれば、いちおうすべて緑の粒になる。だが、60粒製造すれば、すべて緑の粒になるだけでなく、少なくとも出来の良い順に30粒選べる。割れた粒は処分する。これで「深さ」が得られる。

もし、製造者の頭に閃くものがあって、緑だけではなく茶色や黄色、赤、オレンジ、黄褐色、青の粒も作りはじめたなら、「幅」が拡がる。ピーナッツのM&M'sを発明できればなお良い。M&M'sの最高のパッケージには、それぞれの色の、より深いプールから選んだ粒が入っている（同色のプールから最善のものだけを選んで入れることができる）だけでなく、前は存在しなかった色や種類まで含むプールから選んだものにもなるだろう。これを人間の世界に当てはめれば、新鮮なアイデアや新しい技能、斬新な視点が選べることになる。

幅を拡げれば好循環も生まれる。『多様性の科学』の著者マシュー・サイドは、多様な思考が組織の中でイノベーションを引き起こすことを、説得力あるかたちで示した。[7] だが、幅を拡げれば、普通なら自ら指導者の地位を求めない人が、自分を未来の権力保持者として眺めはじめるきっかけにもなる。たとえば、インドで行われたある実験では、対象となった村々をランダムに2つのグループに分け、一方には女性の指導者を、もう一方には男性の指導者を割り当てた。するとどうなったか？　明らかな「ロールモデル効果」が見られた。[8] 女性が指導者になった村では、親たちが娘に対する期待を高め、より意欲的になるように育てた。そして、それらの村の娘たちは、自分を未来の指導者候補と見なし、自らにもっと力を与えるような方向へと、人生の選択を移しはじめた。幅を拡げると、ただちに好ましい効果が出るだけでなく、未来の配当も生むのだ。

議会の代議員として強力な道徳的勢力となりそうな人や、部下の意欲を掻き立てる、信頼できるCEOになりそうな人が、身の周りにいないか考えてほしい。機会を与えられれば目を見張るような指導者になりそうな人を、誰もが大勢知っている。だが、そのほとんどではないにしても多くが、政治の場や大手企業の役員室には、間違っても近づきたがらない。こうした、腐敗はしないけれど内気な人々のもっと多くをその気にさせる方法を見つけるというのが、私たちが直面している難題だ。自分は権力を握って当然だ、自分は神から人類への贈り物なのだから、と生まれながらに信じている、腐敗しやすい自信過剰のナルシシストと競争しはじめるように、内気な人々を仕向けなければならない。

ところが多くの組織は、採用手順を定めるときに、この問題についてはまったく考えない。誰かを見つけて権力の座に就かせる時が来ると、前例を踏襲するという、いかにもありきたりのパターンに従うことが多過ぎる。私はこれを「QWERTYミス」と呼んでいる〔訳注　「QWERTY」はキーボード上のアルファベット配列の1パターン〕。なぜなら、組織が前例を踏襲し続けるのは、理屈の通らない配列のキーボードを私たちが使って電子メールやショートメッセージを入力するのに慣れているのと同じようなものだからだ。

1860年代後半、アメリカの発明家クリストファー・レイサム・ショールズは、やがてタイプライターとなるものの原型を作った。[9] タイプライターの初期のバージョンでは、キーボードの配列は直感に沿うものだった。下段には「A」から「M」までが、続いて上段には「N」から「Z」までが並んでいた。アルファベットを知っている人なら、どの文字がどこにあるかわかった。だが、そこには1つ問題があった。機械仕掛けのタイプライターは、使う人がキーをあまり素早く叩くと、アームが絡まりがちだった。続けざまに叩かれるキーが隣どうしになっているときには、特にそうだった。そこでショールズは、ペンシルヴェニア州で教育長をしていた義理の息子にきわめて重要な課題を与えた。英語では、どういう文字どうしが続けて現れる頻度が高いかを突き止める、というのがその課題だ[10]。素人の彼が分析した結果に基づいて、「S」と「T」や、「N」と「O」のように、続けて現れる可能性の高い文字どうしを隔てるように、新しいキーボードの配列が決められた。でき上がったのが、今日の「QWERTY」の配列とほぼそっくりのキーボードだった。この文字配列には、さらなる恩恵もあった。配列に何の規則性もなかったので、誰もアームが絡まるほど速くキーを叩くことができなかったのだ[*11]。

ここで時間を早送りして、120年後の世界を見てみよう。コンピューターのキーボードはもう機械式ではないので、アームが絡まる問題は解消していた。だが、コンピューターでタイプ入力している人はみな、「QWERTY」の配列をすでに学んでいた。初期のテクノロジー企業は、選択を迫られた。もっと良い配列を採用して、コンピューター入力を永遠に最適化するか、それとも、もともと解決する

＊ある日本の研究者チームが、最近この説明に異議を唱えた。彼らは、「QWERTY」配列のキーボードは、むしろモールス信号を素早く文字化する必要性に応じることに端を発している、と主張した。だが私のたとえ話は、どちらの説が正しいかには関係なく有効だ。

ように設計されていた問題が解消していたにもかかわらず、従来のやり方を守るか、だ。みなさんもよくご承知のとおり、各社は昔ながらのやり方を守った（社会学者は、この現象を「経路依存性」と呼ぶ。新しい決定が主に以前の決定に基づいてなされることだ。これは、前より悪い結果につながることが多いが、決定を下す時点では、最も抵抗が少ない経路だと見られている）。採用の試みが古いモデルを踏襲して、求人広告に同じ文言を使ったり、前と同じ人々のプールを相手に募集したりしているときは、誰に権力を握らせるかを「ＱＷＥＲＴＹ」のアプローチで決めていることになる。もういいかげん、そのようなアプローチはやめにしよう。

オートパイロットで採用を行うことに問題があるのは、たんに応募者のプールの深さも幅も増さないからだけではない。このやり方は、偏見を増殖させることも多過ぎる。自らの文化を変えてより包摂的になった組織が、いつも採用プロセスまで更新するとはかぎらないからだ。多数のランダム化比較実験で実証されているように、指導者の地位のための採用広告でどのような言葉を使うかが、誰が応募するかに途方もない影響を与える。たとえば、男女のどちらかに微妙に偏った言葉が使われていることがよくある。「競争相手に対する優位性」を確立するというようなことを語る広告は、応募を考えている人に、男性の多い組織を指すものと受け止められることを示す一貫した証拠を、研究者たちは発見している。そのような攻撃的な言葉が使われていると、広告されている権限のある地位に応募する女性の数が減ることがわかっている。こうした偏見には気づきづらいので、意識してそれに対抗する必要がある。

だが、それを正しく理解するのに特別高度な能力はいらない。カーネギー・メロン大学の教員たちは、コンピューター科学専攻の学生のうち、女性はたった７％しかいないことに気づいた[12]。そこで、昔ながらのやり方を捨て――いわば、「QWERTY」配列のタイプライターをお払い箱にして――コンピュータ科学についての語り口を徹底的に見直した。専攻志望者を怖《お》じ気づかせかねない、硬直した事前必修科目要綱を改めた。専攻志望者のより深く、より幅広いプールを積極的に探し求めた。その結果は？　数年のうちに、コンピューター科学科は女性が7％から42％へと増えた。女性枠を設けるまでもなかった。入ってくる学生のプールを拡げる可能性のある要因について、前よりも注意深く考えただけだった。そして、それが功を奏した。

ここから何が学べるか？　それは、権力のある地位に就かせるのにふさわしい人を見つけようとしているのなら、どういう種類の人に応募したり、警察学校に入学したり、選挙に立候補したりしてもらいたいか、慎重に考えるべきである、ということだ。履歴書に書かれた内容や具体的な技能だけを見るのではなく、性格特性やチームワークに関する本人のこれまでの実績といった、他の基準も考慮するべきだ。政党や市民社会組織は、より優れた政治家候補を確保するためには、道徳的に高潔な人を今よりはるかに上手に勧誘する必要がある。私腹を肥やしたり、名を上げたり、スタンドプレイをして自尊心を満たしたりするために熱烈に政治の世界に入りたがる人ではなく、公僕として尽くすためにしかたなく政治に足を踏み入れるような人を引き寄せなければならない。政治とは無関係の職業分野――ほんの数例を挙げるなら、教育、医療、科学の分野――には、革新的な指導者が大勢いて、彼らなら優秀な公僕になる可能性が高い。だが彼らは、その選択肢を真剣に考えたことがない。「QWERTY」配列の型にはまった応募条件を打破するよう、もう少し努力すれば、現状を変えることができる。

より優れた選抜も不可欠だ。わずか1回の採用面接では、魅力的なナルシシストは、もっと徹底した面接で探り出せるようなものとはまったく異なる印象を与えることができる。審査を厳密にすると、費用が嵩むように思えるかもしれない。だが、大きな権力を追い求めている人に対しては、最初の段階でより念入りな審査を行ったほうが、後で厖大な時間とお金を節約し、回避できたはずの害を防ぐことができる可能性が高い。国家の指導者や主要企業のＣＥＯといった、重大な責任を伴う地位の候補者には、心理評価を行ってダークトライアドの特性の有無や程度を調べるのがおそらく賢明だろう。そうした検査は、現在は異例だとか侮辱的だとか考えられているにしても、だ。そのような権力のレベルでは、あまりに大きな利害がかかわっているので、踏み込んだ質問を多少行うことは気にしていられない。具体的にどのような介入策が採用されるにしても、この戦いの要は、権力を握るべきではない人のほうが権力を追い求める可能性が高いという、核心にある問題を認めることだ。私たちは、腐敗しやすい、権力に飢えた候補者を篩い落とそうとするように、あらゆる制度を設計する必要がある。

とはいえ、採用を改善すれば万事が解決するなどというふりをしてはならない。良識のある道徳的な人に、リーダーシップに伴う責任とリスクを進んで引き受けてもらうのは、これからもずっと難題であり続けるだろう。これまでの章ですでに見たように、腐敗しやすい人は、蛾が炎に引きつけられるように権力に引きつけられる。それでは、腐敗しない人にもっと大勢、指導者になってもらうには、他に何ができるだろう？　その答えは、イギリスの雄牛と、古代ギリシアで発明された奇妙な小さい装置が握っているかもしれない。

レッスン2——籤引き制と影の統治を利用して監督する

ポークチョップのようなもみ上げを生やしたイギリスの博識な優生学者フランシス・ゴールトンは、データに取り憑かれていた。彼の個人的なモットーは、「可能なときには常に数えよ」だった。[13] この数量化への好みが、ゾッとするような彼の偏見と相まって、世の中を数値に翻訳しようとする彼に奇妙な行動を取らせた。ゴールトンは、19世紀末のヴィクトリア朝のイギリスを旅して回りながら、特別な関心を持って若い女性たちを観察した。彼は「指抜きに取りつけた針と、十字架形の紙から成る」装置を作り、「刺すもの《プリッカー》」と呼び、それを使って、カスタムデザインした、女性の魅力の記録用紙に穴を空けた。[14] それから、プリッカーによる等級づけを編集し、「美人地図《ビューティーマップ》」を作成した。明らかに、その結果はあまり役に立たなかった（彼の主観的な判断では、ロンドンが表の最上位に収まり、スコットランドのアバディーンが最下位だった）。

だが、ゴールトンによるそれほど忌まわしくはない数量化の多くからは、もっと有用な結果が生み出された。1906年、彼はある田舎の定期市に出掛けた。そこで行われていた娯楽の1つが、雄牛の体重を当てる競争で、来場者が参加できた。ゴールトンは、誰もピッタリ当てることはないだろうと思ったが、それでも、答えを統計的に分析することにした。この催しが終わったときに、ゴールトンは787の推定値を分析した。すると、驚くべきことがわかった。推定の中央値——全部で787の推定値の、ピッタリ真ん中の値は1208ポンドだった*〔訳注　約548キログラム〕。推定の平均値——統計的平均値——は、1197ポンドだった。[15]

では、雄牛の実際の重さは？　それも1197ポンドだった。

雄牛の体重当て競争についてのゴールトンの寓話（２００4年のジェームズ・スロウィッキーの著書『「みんなの意見」は案外正しい』で再び広まった）[16]は、いつも有効とはかぎらない。人間は、ひどく間違えることがある。思考や意見や推測を集めたときにさえ、だ。だが、それなりにランダムな分布を見せる人々が、いっしょに頭を使って問題解決にあたると、ときとして、並外れてうまくいくことがある。大外れする人はいつも必ずいて、３００ポンドとか3万ポンドとか推測したりする。だが、推定している人々の間に系統的な偏りがないかぎり、低い推定値はたいてい高い推定値と打ち消し合う。そして、多くの妥当な推定値が残る。

問題は、決定を下す人々の集団が、ほぼ確実に何らかのかたちで系統的に偏っている点にある。これ以上ないほどランダムからほど遠いことが多い。たとえば、１７２１年以降、イギリスでは55人が首相を務めてきた。そのうち41人がオックスフォード大学かケンブリッジ大学の出身者だった[17]。そして、すでに見たように、権力を追い求める人はランダムには分布していない。彼らは、人口の残りと比べると、きわめて例外的であることが多い。定期市の参加者は地元住民のはるかに代表的な一群で、例外は、プリッカーを持ってうろついていた優生学者だけだったかもしれない。

真のランダム性は、特別有用になりうる。下心のある人や、胸に秘めた思惑がある人の影響を帳消しにするからだ。人は、雄牛の重さを推測するときには、正しく答えようとする気持ちだけが動機になっている可能性が高い。定期市に来る人は、政治的な便宜主義には影響されていなかったし、再選されなければならないという緊急の必要性のせいで道徳性が損なわれてもいなかった。したがってゴールトンの雄牛の寓話は、決定が通常下される方法とは相容れない。

だが、雄牛の寓話は別の見識も提供してくれる。誰かが体重当ての競争を不正に操作しようとしていたのなら、787人を1人残らず買収して推定値を変えさせるよりも、推定値を集計する人物1人だけを買収するほうが格段に楽だっただろう。もし権力が腐敗するとすれば、権力に飢えていて自らしゃしゃり出てくるような、腐敗しやすい小さな集団を腐敗させるよりも、ランダムに集まった人々の集団を腐敗させるほうが段違いに難しい。

数千年前、古代アテネの人々は、ランダムな数の持つ腐敗しない力を信頼していた。その結果、彼らは民主的な腐敗防止装置を考案した。それは巨大な石板で、何列ものスロットが入念に彫られていた。この装置は、「クレロテリオン」と呼ばれていた。重要な決定を下すときには、市民はそれぞれ、「ピナキオン」という自分の専用の木か青銅の小さな板を装置のスロットに差し込んだ[18]。それから役人がハンドルを回すと、装置から黒いボールか白いボールがランダムに出てくる。ボールが黒なら、いちばん上の列の市民が考慮の対象から外される。もし白なら、ランダムに割り当てられた列の市民が任務に就く。数字の書かれたボールが中で跳ね回る現代の抽籤《ちゅうせん》器の、事実上の古代版のようなものだが、籤の大当たりの数字を選ぶのではなく、意思決定者を選ぶのに使われた点が違っていた。

ランダム性を利用して市民を権限のある地位に就けることを、「籤引き制」という。籤引き制の提唱者のうちには、選挙は完全に廃止し、籤引きによる統治を導入するべきだ、と主張する人もいる。だが、

＊　ゴールトンは当初、この数値を誤って1207ポンドとしていたが、2014年になってようやく、証拠を見直して正された。

この提案には多くの問題がある。まず、民主的な選択がなくなる。そして、核実験禁止条約の交渉といった政治課題の一部には、キャリアを通して培われる特別な専門技術・知識を必要とするものもある。とはいえ、籤引き制はそっくり退けるべきであるということにはならない。むしろ、公職者を選ぶためではなく、公選議員に助言をするために利用するべきだ。

以下のようにすれば、うまくいくだろう。政治の分野では、クレロテリオンをコンピューター化したバージョンで参加者を選ぶ、大規模な市民議会を毎年開催する。有給の陪審制度を強化したようなもの、と考えればいい。議員の任期は1年だ。議会はたとえば、公選議員の情報提供を受けたりしながら、その年に取り組むべき大問題を10ほど選ぶ。ある年には、気候変動や税制改革、次の年には健康問題や運輸といった問題が選ばれるかもしれない。それに加えて、公選議員は市民議会に迅速な助言的意見を求めることもできる。立法機関で緊急に討議されている、イエスかノーかの問題に答えるような意見を求めるのだ。パンデミックの間、混雑した公共空間でマスクの着用を法律で義務づけるのは、良い考えだろうか？　シリアに爆撃を加えるべきか？　ついにグリーンランドを買収する時が来たのか？　という具合だ。市民議会は、公選議員が得ているのと同じ専門家の意見や助言を得ることを許される。市民議会の議員は、問題について議論してから、公開の助言的意見を出す。公選議員はその助言に従う義務はないが、ランダムに選ばれた人々の知恵が誰の目にも映る。もし政治家がそれとは違う見方をしていたなら、彼らは少なくとも、市民議会が提案した解決策を採用しない理由を説明しなければならない。

これと同じようなモデルは、多国籍企業から警察署まで、どんな大規模組織にも採用できるだろう。大企業は自社の一般職員から籤引き制で人を選んで、影の取締役会を組織することができる。大きな決定を下す必要が出てくるたびに、その影の取締役会が自らの見解を示す。そうすれば少なくとも、一般職員からは掛け離れて、実状を知らない取締役たちも、下からの見方に取り組まざるをえなくなる。四半期利益を追求する果てしない競争にはまり込んで視野が狭くなっている取締役会とは無関係の影の取締役会は、無視されてばかりいる大局的な問題に上層部の目を向けさせ、壊滅的な失敗を避けるのを助けることができる。警察署のような公的機関の場合には、違法行為を調べる民間人の審査委員会は、機関の運営に影響を及ぼす主要な決定に介入する、市民から成る影の委員会によって補足することができるはずだ。影の取締役会や委員会は、間違っていることもあるだろう。だが、権力を握っている人々が、彼らの決定に左右される人々からランダムに選んだ集団の見解を、ときおり注意深く検討せざるをえないというのは、健全なことだ。

籤引き制による監督には、いくつか長所がある。第1に、ランダムであるため、市民議会や影の取締役会での地位を、腐敗しやすい人が求めるという問題を免れることができる。市民議会や影の取締役会に選ばれる人の多くは、むしろ、渋々参加するはずであり、それは歓迎するべき変化となるだろう。

第2に、指導者が不道徳な振る舞いや利己的な振る舞いをしているときには、多くの場合、それが明白になる。その行動は、市民議会や影の取締役会の助言とは見紛いようのないほど掛け離れているからだ。籤引き制で選ばれた人々は、ロビイストを怒らせないように、あるいは、限られた利益団体の不興を買うのを心配して、決定を下しているわけではないことを、一般大衆は確信できる。仲間や親族を贔屓《ひいき》することは、今よりはるかに難しくなる。ビジネスの世界では、影の取締役会は、四半期のプレスリリースよりも長期的な観点で考え、視野の狭過ぎる人々から生じる問題の解決策となると思っていいだろう。

第3に、政治制度はしばしば行き詰まり状態に陥るのに対して、普通の人々は歩み寄りに向かう傾向がある。あなたと友人たちが、イタリアンレストランに行くか、伝統的なアメリカ料理のレストランに行くか、意見が合わなかったときに、誰かがその場を立ち去って、イタリアンレストランで出されるパンの質について反対意見だった人に攻撃広告を出すことなど、めったにないだろう。だが、政治家は四六時中そんなふうに振る舞う。意思決定に普通の人をもっと多く含めれば、実際に権力を握っている人に圧力をかけ、人気を取るための見せ掛けばかりの行動ではなく、良識のある解決策へと向かわせることができる。

最近のある調査が、この取り組み方を支持する具体的な裏づけを提供してくれる。スイスのチューリッヒで８６４人を対象として行われた実験では、ランダムに獲得した権力と、競争を通して獲得した権力とを比較した[19]。すると、偶然に権力を握った人のほうが、傲慢な行動をしないことがわかった。ランダムに選ばれると謙虚になる一方、競争（たとえば、選挙）に勝つと、そうはならない。これは、たった1つの調査にすぎないが、その結果には勇気づけられる。権力を望まない人こそ、その権力を振るうにあたって最も高潔なのかもしれない。

採用方法を改善し、籤引き制による監督と組み合わせれば、悪質な人々が劣悪な決定を下す可能性を減らすことができる。だが籤引き制は、権限のある地位ならどれにでも使えるわけではないし、また使うべきでもないので、重要な疑問が依然として残っている。必ず網を擦り抜けてしまう悪玉どもについては、どうなのか？　彼らが私たちに及ぼしうる害を最小限に抑えるためには、何ができるのか？

レッスン3――人事異動をして権力の濫用を減らす

ヘレン・キングが警察官だったとき、勤務していた警察署のあるチームが、一貫して能力以上に頑張っているように見えた。違法薬物の押収を行う私服の秘密捜査員たちだ。「誰もが彼らは凄いと思っていました」とキングは私に語った。「情報が入ってくるといつも、たとえ金曜日の夜遅くであっても、彼らは自主的に任務を引き受け、捜査を行い、令状を取得して執行するのでした。本当に大きな成果があがり、役に立っていました[20]」。書類の上では、彼らは傑出していた。

だがキングはその後、捜査員たちの熱意の裏にある本当の理由を知った。そのチームは、現場に踏み込み、赤外線電球の下で麻薬用の植物が栽培されているのを見つけるたびに、それを収穫して麻薬の密売人に売り戻した。この実入りの良い不正行為は、長い間露見しなかった。その捜査員たちは、犯罪者さながらの振る舞いをしながら、なぜ捕まらずに済んだのか？

そのチームは、その構成上、隔絶した組織になっていた。そして、組織の全員が不正行為に加わっていた。だから、外部の人間が探りを入れたり余計な質問をしたりすることがなかった。彼らは、これ見よがしにせっせと働いて、麻薬捜査で成果をあげているかのようなふりをしていれば、説明は不要だった（この種のことは、意外なほど多く起こっている。２０１４年、イギリスのある警察官は、洗濯機にコカイン11キログラムを隠しているのを発見された。だが、人々が驚いたのは主に、違法行為そのものよりも、洗濯機の中にそれほど多く隠していた事実だった[21]。なにしろ、イギリスの洗濯機はとても小さいので、11キログラムも入れるというのは、たいした離れ業なのだ）。

キングは、やがてロンドン警視庁の警視監にまで出世して、採用と訓練に重点を置くようになったとき、悪徳薬物捜査官たちのおかげで価値ある見識を得ていたことに気づいた。「制服を着た2人の警察官だけのチームであれ、麻薬捜査チーム全体であれ、チームが他の人々から孤立して働くのを許し、長い期間にわたって、ごく緊密に協力するのを認めると、そこからはじつに多くの汚職事件が発生します」とキングは警告した。[22] その解決策は単純だ。誰もぬるま湯に浸かるような状態にならないようにするために、異動させればいい。新しい人を入れれば、新しい視点が持ち込まれるだけではない。腐敗対策にもなるのだ。

人事異動が重要であるのには、2つの理由がある。第1の理由は明らかで、人々が仲間内で共謀しているときにはいつも、部外者はリスクとなるからだ。出入りする部外者が多いほど、見つからずに首尾良く結託するのが難しくなる。そのうえ、悪事について知っている部内者がよそに移ると、うっかり秘密を洩らしかねない。腐敗の文化がしっかり根づいている組織や国やチームもあり、その場合、どれほどメンバーを入れ替えても何も変わらない。どこもかしこも腐敗しているからだ。だがたいていは、人事異動を行えば露見するリスクが高まるので、それが抑止力となる。権力の濫用を未然に防ぐ（そのロジックに似たロジックを採用している銀行もある。不正が可能な立場にある従業員には、毎年2週連続で休暇を取ることを義務づけるのだ。それは、一種の2週間交替制と言える。詐欺を行っている人が誰かに取って代わられて、帳簿を2週間にわたってごまかせないと、継続中の不正が発覚することが多い）。

人事異動は、「ピーターの法則」と呼ばれるものと関連した意外な理由からも重要だ。提唱者のローレンス・J・ピーターにちなんで名づけられたこの法則によると、人は「自分が無能であるレベル」まで昇進する傾向にあるという。ある制度全体が能力主義であれば、成績の良い人の序列が上がる。だが、やがて誰もが「ピーターの高原《プラトー》」に達し、自分の技能ではどうしても仕事をこなせなくなる。仕事が自分の能力を超えた状態になってしまう。その人はもう、期待を上回る働きはできない。するとどうなるのか？ それ以上は出世できない。もう、輝かしい業績は残せない。そして、多くの人がそこで停滞する。

不幸にも、停滞している人は腐敗しやすくもある。昇進の見込みは、人々に適切な行動を取らせる動機づけになる。ところが、人はピーターのプラトーに行き当たると、動機づけを失い、しかも、自分の仕事に飽きる可能性も高まる。これは危険な組み合わせだ。頂点まで上り詰められることを願っていたときには規則に従っていた人が、しだいに欲求不満を募らせて、突然規則を破りはじめるかもしれない。

人事異動は、これら2つの問題を両方とも解決するのに役立つ。「変化は人生のスパイス」というが、もしそうなら、交替制こそ、まさに私たちが必要としている種類の腐敗防止用のパプリカだ。次々に仕事を交替した後でさえ人生のスパイスが十分に見つからない人がいたとしても、人をチームや部課の間で異動させれば、悪質な振る舞いの露見が確実に早まるだろう。

これは、社会学者が象牙の塔の安楽椅子でうたた寝している間に夢に浮かんだ、ただの机上の空論ではない。実世界と実験の両方で検証されている。たとえばドイツの連邦政府は、公務の特定の領域を、横領や買収や腐敗に特に陥りやすいものに指定している。[23] そうした領域では誰もが、与えられた地位に5年までしかとどまることができない。もし例外的な措置が取られたときには、その正当性を文書で正式に説明しなければならない。一見すると、このやり方はうまくいっているようだ。そうした地位の周辺ではあまり腐敗は見られない。だが、ドイツはすでに腐敗が少ない国だ。そのため、原因と結果を分離するのが難しい。腐敗が少ないのは、職員が規則に従うドイツ人で、彼らがドイツで働いているからなのか、それとも、人事異動があるからなのか？

それを突き止めるために、カッセル大学のクリストフ・ビューレンは実験をすることにした。参加者は2人1組になり、1人が公務員役に指名され、実際にお金が支払われるゲームを行った。[24] 最大の支払いを受けるために使える戦略はいくつもあったが、賄賂も1つの選択肢だった。状況をさらに面白くするために、ビューレンらは設定に工夫を加えた。1つのグループでは、参加者は同じ相手とゲームを繰り返した。別のグループでは、相手を絶えず替えた。するとと、目を見張るような結果が得られた。ドイツで調査を行ったときには、同じ相手とずっといっしょだと、32％の割合で贈収賄が起こった。だが、いつも別の見知らぬ人が相手だと、その割合は13％に落ちた。繰り返し接しているうちに互いへの信頼が増し、気安く密謀を巡らせやすくなったのだ。これは、比較的清廉な国々にしか当てはまらないと思われるといけないのでつけ加えておくが、この調査は中国でも再現された。そこでは贈収賄の割合は、相手がずっと同じときは41％だったが、次々に知らない人に交替したときにはわずか19％だった。

人事異動は奇跡を起こすわけではない。だが、助けにはなる。そして、組織や政党や警察署の人の多くがすでに正直で真っ当なときに、いちばんうまくいく。もしあなたが前より優れた人々を採用し、「ＱＷＥＲＴＹ」型の惰性に囚われていなければ、人事異動は好循環を生む可能性が高まる。より優れた人を人事異動のサイクルに組み入れるほど、人事異動は権力を握っている人による不正行為を防いだり抑え込んだりするうえで有効な戦術となる。そして、ランダムに選ばれた寄せ集めの影の取締役会や籤引き制で選ばれた市民議会によって誰もが監督されていれば、なお良い。

悲しいことに、こうした介入策でさえ依然として十分ではない。他にも問題があるからだ。出世の階段を上っていった抜け目のないサイコパスたちを取り上げたときに見たように、腐ったリンゴさながら周りに害を及ぼす人々は、無垢《むく》であるふりをするのがうまい。私たちは、上っ面ばかりしか見ていないからだ。私たちは指導者の評価の仕方が下手なので、狡猾《こうかつ》に他者を操る人でも正直で成功しているように見えると、その見せ掛けに報いてしまうことが多過ぎる。それも改める必要がある。

レッスン4——結果だけではなく、意思決定のプロセスも監査する

私がミネソタ州の田舎にあるカールトン大学の学生だった頃、意欲的な学生ボランティアのグループが、「イエロー・バイク」という無料の自転車シェアリング・プログラムを始めることにした。発想は心温まるものだった。人々が、使い古したボロ自転車を寄付する。学生がそれを修理して、明るい黄色に塗る。それから、ロックをせずにキャンパスのあちこちに置いておき、歩くよりも自転車で授業に行きたい人は、誰でもそれに乗れるようにする。何度か、酔っぱらった学生がキャンパスの坂を猛スピードで下っているときに、ブレーキが利かないことに気づいて危うい目に遭った（と私は聞いている）ことを除けば、このプログラムは大成功を収めた。ある学生は、大学のトライアスロン競技の自転車種目を、ガタのきた黄色い自転車で完走しさえした。

その4年前、ダートマス大学に在籍していた兄から、その大学の学生たちも事実上まったく同じプロ

グラムを試したという話を聞いていた。唯一の違いは色で、ダートマス大学では緑色に塗られた。このプログラムで、鮮やかに塗られた緑色の自転車の第1陣が揃ってからまもなく、ある学生のグループが、傾斜路を設けて自転車を走らせ、乗り手もろともコネティカット川にザブンと飛び込ませたら面白いだろうと考えた。こうして自転車はすべて川底に沈み、学生たちはおおいに楽しんだ。

まったく同じ試みが2つ行われ、一方は成功し、もう一方は失敗した。もしあなたがグリーン・バイクのプログラムだけ評価していたら、自分のキャンパスで同じことをするのは時間の無駄だ、と思ったに違いない。このアイデアは失敗する運命にある、と判断して。逆に、イエロー・バイクのプログラムだけを評価していたら、スプレーで自転車を黄色く塗りはじめるだろう。このアイデアは成功間違いなしだ、と考えて。

人間は、決定が下されるときに原因と結果は真っ直ぐで予想可能な線で結ばれているという誤った見方の虜になっている。緑色の自転車が川に沈む羽目になったのは、それが馬鹿げたアイデアだったからだ、黄色い自転車がうまくいったのは、賢いアイデアだったからだ、という具合に。だが因果関係とは、じつはそんなものではない。実世界は、気が遠くなるほど複雑だ。些細な違いや偶然の巡り合わせで、結果が劇的に変わることがありうる。そのせいで私たちは、素晴らしいアイデアを誤って失敗と結びつけたり、ありえないような成功につながったひどいアイデアを絶賛したりする。ここから得られる教訓は単純そのものだ。結果や成果にばかり注目してはならない。そうする代わりに、意思決定のプロセスを、従来よりもはるかに念入りに精査するといいだろう。

これは、権力を握っている人を評価するときには3つの理由からとりわけ重要だ。第1に、うまくいったのはまぐれだったときに、良い仕事をした人に報いたら、劣悪だけれど幸運だった指導者のせいで手痛い失敗をする羽目になる可能性が高まる。第2に、権力を握るのが得意な人は、自分を実際以上に良く見せるような話をでっち上げるのも上手だ。彼らはヘマをしたときにさえ、うまくやってのけたように私たちに思わせるのに長《た》けている。意思決定のプロセスをもっとよく精査すれば、それに対抗できる。そして第3に、優良な指導者も、すべてを適切に行っていてさえ、特定の瞬間だけ抜き取ってみれば劣悪に見えることがある。そのために私たちは、優良な指導者を不当に解任したり、劣悪な指導者にすがり続けたりしうる。

野球の世界から、ためになる例を1つ引こう。1989年のミネソタ・ツインズは平凡なチームで、勝率は5割をやや下回った。ファンは、監督のトム・ケリーをはじめとするチームの首脳陣におおいに腹を立てた。チームは、アメリカンリーグのサイ・ヤング賞受賞者のフランク・ヴァイオーラを、投手3人と引き換えに放出したところだった。翌年、チームの勝率はさらに下がった。1990年のシーズンは、162試合中74勝しかあげられず、所属する地区の最下位に沈んだ。ケリー監督は絶体絶命だった。ファンもスポーツ記者も、新しい指導者を迎え入れる時が来た、と不平をこぼしはじめた。それでもチームのオーナーは、その批判をはねつけることにした。彼はケリーに、もう一度チャンスを与えた。だが、1991年のシーズンの4月半ばには、ツインズはかつてないほどひどい状況に陥っているように見えた。その時点までの成績は、惨めな7連敗も含めて2勝9敗。ケリーはほどなく、マイナーリーグで仕事を探すことになりそうだった。

ところが6月に入ると、目を見張るようなことが起こった。ツインズは15連勝を飾ったのだ。これは、野球の歴史上でも屈指の連勝記録だ。大失態の烙印《らくいん》を押された1989年のトレードで獲得した投手たちが、期待に応えはじめたのだった。チームは勝ちを重ねていった。シーズン終盤には、ツインズは首位に立っていた。プロ野球の歴史でその時点まで、245チームがリーグ最下位でシーズンを終えていた。そして、翌シーズンを首位で終えたチームは1つもなかった。[25] だがそれも、1991年のミネソタ・ツインズ以前の話となった。ツインズは10月、大接戦となったワールドシリーズで、最終の第7戦でアトランタ・ブレーブスを打ち負かし、見事な復活劇を演じ切った。

もしチームのオーナーがプレッシャーに屈して、2シーズンにわたる不振を理由にケリーをクビにしていたら、どうなっていただろう？　確かなことは言えないが、監督としてのケリーの手腕が、1991年のワールドシリーズを制覇したツインズの躍進の重要な要因だったことは間違いない。もしチームのオーナーがチームの勝敗数を見るだけだったら、私たちがやりがちなことをやっていたかもしれない。つまり、間違った理由から優れた指導者をクビにする、ということだ。

ケリーを解雇したら誤りになっていただろう理由を理解するには、ツインズの成績をその背景とともに眺めるといい。野球では、チームごとに給与の総額が大幅に違う。たとえば2019年、ボストン・レッドソックスは選手たちに合計で2億2200万ドル支払ったが、タンパベイ・レイズは、わずか6000万ドルしか払わなかった。言い換えると、レッドソックスはレイズが1ドル払うごとに3ドル70セント払っていたわけだ。お金を多く費やすほど良い選手を雇えるから、監督どうしを比べるときには必ず、チームの給与総額を考慮に入れなければならない。さらに、野球史上最低レベルのチームでさえ、たいてい全試合の少なくとも3分の1は勝つので、成績不振にも下限がある。世界最低の監督が指揮する、メジャーリーグベースボールの史上最低チームもおそらく、予定されている162試合中約54試合に依然として勝つだろう。そのため、統計学者たちは、成績を評価するのに、はるかにふさわしい指標を考案した。最低のチームでさえあげる54勝を超えた後、1勝当たりどれだけのお金を費やさなければならないか、だ。たとえば、もしあるチームが104勝し、1億ドル使ったとしたら、50勝「追加」する(104－54＝50)ために1億ドルかけたことになる。[26] この例では、チームは追加の1勝当たり、200万ドル払ったわけだ。

トム・ケリーの地位が危うかった1989年と90年にはともに、ミネソタ・ツインズは他の多くのチームよりも、追加の1勝当たりに費やす金額がはるかに少なかった。[27] たとえば、ニューヨーク・ヤンキースはツインズの2倍も費やしていた。ケリーは、チームの給与総額を考えれば、それなりに良い成績をあげていたのだが、リーグでの順位にそれは表れなかった。ケリーは89年と90年にチームを再建したが、その効果が出るのにも時間がかかった。若い選手を一流のプレイヤーに育て上げることに、その再建は懸かっていたからだ。* オーナーたちが辛抱強かったおかげで、努力がおおいに報われて1991年のワールドシリーズ優勝に結実した。だが、自分だったら1990年のシーズン後にケリ

＊ さらに言うと、野球チームの監督は、選手構成に関する決定権は限られている。選手についての決定は、球場の現場ではなく、チームのゼネラルマネジャーが下すことが多い。その結果、監督は、自分と比べればまったく目につかないチームのフロントの指導者が下した決定に基づいて采配を振っているのだが、チームの成績が悪いと、私たちは現場の監督のせいにすることが多い。

ーをクビにしていた、というオーナーは多いだろう。

したがって、野球はリーダーシップについて、意外な教訓を与えてくれる。私たちは、勝ち負けばかり見て、その結果を生み出した決定は評価しないことが多いのだ。このように視野が狭いと、良い結果は良いリーダーシップのおかげ、悪い結果は悪いリーダーシップのせい、と考えてしまう。現実はもっと微妙だ。

この一見すると些細な点が重要なのは、野球のダイヤモンドよりも重大な領域を支配する、多くの不道徳で下劣な指導者が、自分の成果を目覚ましいものに見せ掛けるのが本当に得意だからだ。スケネクタディの精神病質《サイコパシー》のメンテナンス職員スティーヴ・ラウチを覚えているだろうか？　彼は昇進するためなら、前任者の省エネ記録を実際より悪く見せるために、わざわざ手間暇かけて何でもやった。自分のお粗末な実績を隠すためなら、乱暴な脅迫行為までした。野球の監督は、勝敗の記録に手を加えることはできないが、政治家やＣＥＯ、警察官、権限のある地位に就いているその他の人は実際、頻繁に統計をごまかしたり、データを操作したりして、人を欺くバラ色の印象を生み出す。悪質な指導者のうちには、タイミングを計るのが飛び抜けてうまい人がいる。最低の指導者たちは、自分が取り組むのを先延ばしにしてきた、実現不可能な課題を嬉々として後継者に負わせ、新しい指導者が権力を握るまでは万事順調だったかのような錯覚を生み出す。そのような不正な操作のせいで、私たちは悪質な指導者にいっそう報いやすくなる。間違ったことをしておきながら、情報操作や欺き、制度の抜け穴の悪用によって、まんまと逃げおおせた人々を称えてしまう。その罠《わな》を避けるには、意思決定そのものを評価し、適切な背景に照らして結果を慎重に精査しなくてはならない。

歴史を振り返ると、巧みなPRキャンペーンを展開したおかげで、受けるに値しない称賛を勝ち取った指導者が至る所に見られる。たとえば、ベニート・ムッソリーニを考えてほしい。このイタリアの独裁者は、いみじくもファシストの極悪人と見なされているが、彼の遺産には1つだけ称賛がつきまとっている。権威主義のあばた面《づら》から1つだけしつこく覗いているつけぼくろのようなものだ。私が言っているのは、「彼は列車を時刻表どおりに走らせた」という褒め言葉だ。だが、それには1つ問題がある。じつは、彼はそうはしなかったのだ。

イタリアの鉄道は、第1次世界大戦の後、悲惨な状態にあった。だが、修復と改革のためになされた投資の大半は、ムッソリーニが権力を握る前のものだった。[28] ムッソリーニは独裁者になってからは、虚栄心を満たすインフラに的を絞り、自国のエリートのために鉄道に沿って装飾を凝らした駅を建設する一方で、一般大衆のための通勤列車には目もくれなかった。[29] ムッソリーニの下での建設事業で何百もの人が亡くなり、ほとんどの列車は依然として時刻表どおりには走らなかった。そして、時刻表どおりに走っていた列車については、それを可能にするうえで、ムッソリーニの前任者が下した決定のほうがはるかに大きな役割を果たした。それにもかかわらず、このイタリアのファシストは、権力を握っているじつに多くの人が巧みにやってのけることをやった。彼は他者が下した決定を自分の手柄にしたのだ。表面的な結果だけに注目し、その背景や意思決定そのものを詳しく調べなければ、邪悪な行動を防ぐどころか強化することになってしまう。

問題は、万事がうまくいったときに、どうやって決定に至ったかを誰も吟味しない点にある。私たちは、惨事のための調査委員会は設置しても、成功に関する調査委員会は置かない。だが、これは変える必要がある。成功や失敗には、偶然が途方もなく大きな役割を果たすので、成功した事例も日常的に調査するべきだろう。手順が間違っていたにもかかわらず、たまたまうまくいっただけかもしれないから。

たとえば、1986年に起こったスペースシャトルのチャレンジャー号の爆発は、低温のときの発射で傷んだOリングにもっと注意が向けられていたなら、避けられただろう。[30] それなのに、その欠陥を直す力のある人のあまりに多くが、問題に目をつぶってしまった。Oリングが損傷しても爆発には至らなかったからだ――その時点までは。危うい前兆はすべて現れていた。発射後の調査は手順がなっていなかった。重大な危険信号がないがしろにされ、内部告発者も無視されたり黙らされたりした。だが、スペースシャトルは無事に地球に戻ってきていたので、誰も注意を払わなかった。もしチャレンジャー号が1986年に爆発していなかったとしても、おそらくいずれ爆発しただろう。偶然の成功から学ぶのは、壊滅的な失敗から学ぶのと同じぐらい重要だ。だが、私たち人間はたいてい、どうしてもそのようには考えない。

腐敗しやすい人が権力を追い求め、彼らのほうが権力を手に入れるのが得意であることは、すでに見た。これまでの4つのレッスンは、もっと優れた人々を権限のある地位に就けるための指針を提供してくれる。もっと賢く採用すること。ランダムに人を選んで監督させること。もっと人事異動をすること。結果だけではなく意思決定のプロセスも監査すること。これら4つの戦略をすべて実施すれば、もっと優れた人々に権力を握らせるという目標に向かっておおいに前進できる。だが、道はまだ半ばだ。なぜなら、私たちが何をしようと、腐敗しやすい人の一部は権力を持つからだ。それでは、人々がいったん権力を握ったら、自らの権限が持つ、人を蝕んで腐敗させる作用を受けないようにするためには、何ができるのだろう?

第11章　権力に伴う責任の重みを自覚させる

レッスン5——責任を頻繁にしっかりと思い出させる仕組みを作る

仕事に就いた初日にストレスを経験したことがあると思っている人は、考え直したほうがいい。イギリスの首相はみな、就任するときにはくたびれ果てていることが多いが、幸福感にあふれている。前の晩を勝利を祝って過ごした後、楽観的な笑みを浮かべてダウニング街10番地の首相官邸にやって来る。ロビン・バトラーの仕事は、その笑みを彼らの顔から拭い去ることだった。

「首相は、到着すると、わずか2、3時間しか寝ていないのに、仕事に取り掛からなければなりません」とバトラーは私に語った。[1] いったん執務室に入ると、新しい指導者は厖大な書類の山と向き合う羽目になる。次々に面会をこなし、公式声明に署名し、一刻の猶予も許さない決定を下さなければならない。大量の書類に、バトラーは1組の書類を含めるのだった。一見どうということのない書類のようだが、じつはそれは道徳上の地雷であり、1人の人間が直面しうるうちで最も難しい決定に関するものだった。バトラーは、それを説明するという、誰もやりたがらないような責務を担っていた。

バトラーの説明は以下のようなものだ。イギリスには4隻の原子力潜水艦があり、搭載している核ミサイルの名前にちなんで、俗に「トライデント」として知られている。あなたがこれを読んでいる間も、4隻のうち1隻が世界の海を巡回している。想像を絶する破壊力を持つ秘密の巨艦が、水面下深くに潜んでいるのだ。搭載している弾頭には、広島に投下されたもののおよそ４３０倍に相当する６・４メガトンの爆発力がある。[2]もし、兵器技術者が引き金——赤いコルトの45口径回転式拳銃の引き金を改造したもの——を引けば、数分のうちに、いくつかの国がまるごと消し去られうる。[3]ミサイルは、いったん発射されたらもう呼び戻すことはできない。

巡回中のトライデント潜水艦は、何か月にもわたって何のメッセージも送信しない。長いアンテナを後ろに垂らして、入ってくる命令をひたすら受信するだけで、沈黙を守ったまま航行する。秘密厳守がすべてに優先する。誰にも潜水艦の位置を知られてはならない。その理由は単純で、その潜水艦がイギリスの核抑止力になっているからだ。居場所を突き止められ、奇襲を受ければ、一瞬にしてその抑止力が失われ、イギリスは無防備になる。敵は潜水艦の位置を突き止めて無力化しないかぎり、イギリスを核攻撃すればたちまち報復命令が発せられるだろうという恐れにつきまとわれ続ける。「相互確証破壊」として知られる恐れだ。イギリスに核攻撃を加えれば、ただちに核兵器で反撃されると思って間違いない。

だが、ロンドンが核兵器による奇襲に見舞われ、たった1つの恐ろしいキノコ雲と放射線でイギリス政府があっという間に消し去られてしまったらどうなるのか？　報復攻撃の命令は誰が出すのか？　その不吉な疑問には、「最終手段の書簡」と呼ばれる、創意工夫に富んだ――それでいて、不穏な――手順によって答えが与えられてきた。[4]　数人の首相にとって、この手順は、トライデント原子力潜水艦のそれぞれのための4枚の便箋と封筒をロビン・バトラーによって手渡されるところから始まった。

「それから、恐ろしい道徳上の問題を説明してさし上げるのです」と、バトラーはウェストミンスターにある自分のアパートで紅茶を飲みながら私に語った。[5]　ナイト爵を持ち、貴族でもあるバトラーは長身の偉丈夫だ。若い頃にラグビーの選手をしていたときの名残だろう。80代に入っているというのに、雪のように白い髪にまったく似合わぬほど活発だ。だが、その書簡について彼が概要を説明すると、蒼白になるのは新しい首相の顔だった。

バトラーの説明は率直だったが、新任の指導者が直面している選択は、そう単純ではなかった。新首相は、もしイギリスが核兵器で攻撃され、政府が存在しなくなったらどうするべきかという指示を手書きすることになっていた。首相が何を書かなければならないかについて、公式の規則はないものの、主な選択肢が4つ提示される。報復する、報復しない、潜水艦をアメリカ海軍の管理下に置く、どうするかを潜水艦の司令官の判断に委ねる、の4つだ。難しいのは、核の抑止力はイギリスの敵たちが、それらの書簡に報復命令が書かれていると信じている場合にだけ有効である点だ。もし書簡に報復しないという指示が書かれていて、それが知られれば、敵はイギリスの核兵器のお返しを見舞われることを恐れずに攻撃できる。

自分の死後に発動する命令を、誰がどんな理由でイギリスを攻撃するのかも知らずに、前もって書かなければならないことを、バトラーは首相たちに説明するのだった。報復すれば、連鎖反応が引き起こされ、地球上の生命に終止符が打たれかねない。核の冬を生み出すほど強力な武器による報復は、人類を絶滅させうる。どのような状況で攻撃されるかもわからないまま、首相は決めなくてはならない。もし実行されれば、私たちの種を消し去る可能性のある命令を与えるべきか？　首相の立場になって考えてほしい。あなたならどうするだろう？

「首相にとっては衝撃的です」とバトラーは回想した。[6]「ですが、自分の責任の重みを何よりもよく思い知らせてくれるのが、これに違いありません」

イギリス政府はまったく偶然にも、高い地位にある人間に、権力に伴う重責を自覚させる究極の制度を考案したように思える。新しい首相は初日から、自分の決定が人命を奪いうること、人類を絶滅させる可能性さえあることに気づかざるをえない。では、これは首相たちに実際にはどのような影響を与えたのか？　それを突き止めるために、私はＷｅｂ会議ツールのＺｏｏｍで元首相のトニー・ブレアに話を聞いた。

ブレアは、着心地の良さそうなセーターを着て、（おそらく紅茶の入った）マグカップを手に、私の画面にパッと現れた。

「こんな、カジュアルな恰好で申し訳ない。ロックダウンや何やらのせいで」とブレアは説明した。[7]

選挙に勝って首相官邸に入ったかと思ったら、バトラーの衝撃的な説明を受けるという経験がどんなものだったか、私は尋ねた。

「他の人は誰もが有頂天でしたが、私はまったく違いました」とブレアは言った。「自分に降り掛かってきている責任の重みに押し潰されて、その責任をひしひしと感じていました。当選を目指して運動を繰り広げるのと、選出されて統治を行うのとは、まったくの別物であることを強く意識していました」[8]

だが、最終手段の書簡は、おそらく私が予想していたほどの重荷にはならなかった、とブレアは言った。「本当に正直に言うと、核戦争の勃発の可能性はあまりに低いように思えて……そう、もちろん、その書簡にどう書くかは、そうとう注意を払って決めましたが」とブレアは言い、しばらく思い返していた。「とはいえ、途方もなく低い可能性にしか思えませんでしたから、頭がいっぱいになったとは言えませんね」。それでも、ブレアは他の説明からも同じような「責任喚起効果」が得られ、自分の職責の規模を頭に叩き込まれたという。何百何千万もの人のために決定を下しているときには、影響を受ける人を統計値としてではなく、1人ひとりの人間としていつも考える必要があることを、常に意識していた、と彼は断言した。

「その区別はいつも強く意識していました」とブレアは言った。「フランスの作家ジョルジュ・デュアメルの著書の1冊に登場するある人物は、人類全般は愛しているのですが、個々の人間は憎んでいました」[9]。ブレアは、その人物のようには振る舞うまいと決意したという。

「私が実現した変化や改革の多くは、現場を訪れた結果として生じました」と、ブレアは振り返った。「公共の催しに1つ出席すると、今度はたとえば現場の最前線の医療労働者や警察官と数時間過ごしました。そうすると、地に足をつけていられます……。政治家にとって最も重要なのは、人々に関心が持てないなら政治の世界に入らないことです。現実の人々、個々の人間に関心が持てないのなら」

イギリスの政界では、ブレアは今や論争の矢面に立たされている。それは、イラク戦争にまつわる彼の決定に負うところが大きい。だが、あなたの政治的見解がどのようなものであろうと、権力を握るのがどのような感じかについての彼の見識は、検討に値する。冷戦時代の首相たちにとって、核戦争は現実の可能性のように感じられていたのだから、おそらく最終手段の書簡はなおさら厳粛なものだっただろう。ブレアにとっては、現場の最前線で普通の人々を訪ねるのが、立ち止まって考える機会となった。これは、きわめて重要な教訓だ。ほとんどの人は、自分の決定が他者にどんな影響を及ぼしうるかを絶えず思い起こさせられると、もっと自分を見詰め直し、それによって振る舞いを改善する可能性がある。これは魔法の特効薬ではない。だが、役には立つ。

権力が濫用されかねない状況ではいつも、権力を振るう人に、それに伴う責任を思い出させることが欠かせない。そのようなリマインダーは、最終手段の書簡の場合のように意図的に用意されていることがある。わざわざ用意するまでもない場合もある。ゾッとするようなリマインダーがつき物の状況だ。たとえば、外科医は手術台で亡くなった患者の姿が頭を離れない。そうした経験は恐ろしくはあるが、そのおかげで建設的なかたちで精神を集中させることができるという外科医は多い。メスの動きの1つとしておろそかにできないという思いは、消し去ることができない。

重大性が明らかで、しかも容赦のない視線に絶えずさらされる役割に就かされてしまう人もいる。たとえば、コーネル・ウィリアム・ブルックスは、全米黒人地位向上協会（ＮＡＡＣＰ）の会長だったときに、その責任を感じた。自分の行動が、他のどんな幹部や重役の行動とも違う目で見られ、アメリカの黒人という1つの集団の旗頭のものとして是非を問われることは、彼には明らかだった。「自分の言葉は自分だけのものではないことに気づきました」と、ハーヴァード大学ケネディスクールのオフィスを訪ねた私に、彼は述べた。「会長は、言葉を発する機会を得られない人々に代わって語っているのです。謙虚にならざるをえません」[10]

カナダ初の女性首相となったキム・キャンベルも、同じようなことを語ってくれた。「私のような外見や声の人は、それまで誰もその職に就いたことがありませんでした。適切な女性らしさを備えていると見えるようにするという難題を、どうこなせばいいのでしょう？　しかも、同時に、危機や困難な状況に対処するうえで、十分な強靭さや威厳や信頼性も持っていると見えるようにするには？」[11]。自分は、所属政党や自分自身のテストケースとしてではなく、女性に国家の権力を握らせるテストケースとして見られているのだ、という思いが常に彼女の頭にあった。「キム・キャンベルは、女性の首相が望ましくない理由を示す教訓的な事例だなどとは、誰にも言わせません。そんなことを言われれば、悶々《もんもん》としていたことでしょう」と彼女は言った。

権限のある地位を初めて占める先駆者や、昔から差別に直面してきた団体を代表して公式に先頭に立つ人にとって、責任の重みは、ときおり届くリマインダーのような生易しいものではない。常にその人の肩にかかっているのだ。正確なデータを得るのは難しいが、その重責はキム・キャンベルやコーネル・ウィリアム・ブルックスのような人に、なおさら清廉で高潔な指導者であり続けようとさせる。彼らは、それが自分だけの問題ではないことを心得ているからだ。

とはいえ、責任を頭でわかっているだけでは、善良な行動へと魔法のように移行できるという保証はない。数ある調査のうちでも、おおいに笑えるけれど、気の滅入るようなものを1つ紹介しよう。[12]

1973年、プリンストン大学で聖職者になるべく学んでいた学生たちが、研究者たちに会って聖職者になりたいという動機づけについて語るよう依頼された。それから、新約聖書の善きサマリア人の寓話についての短いスピーチを考えておくように指示された。善きサマリア人の寓話とは、強盗に遭って半死半生になった人の脇を冷淡な人が2人、何の手助けもせずに通り過ぎた後、1人のサマリア人が足を止めて介抱するという話だ。学生たちは、善きサマリア人についてのスピーチを用意した後、近くの建物に行ってスピーチをするように指示された。

ここで話が面白くなる。学生の3分の1は、その建物に行くまでには十分な時間がある、と言われた。3分の1は、すぐ行けば間に合う、と言われた。残る3分の1は、遅れているので急いで行く必要がある、と言われた。

研究者たちは意地が悪かった。学生はそれぞれ、善きサマリア人についてのスピーチをしに行く途中、建物の間の狭い通路で見知らぬ男性が苦しんでいるのに出会った。通路はとても狭いので、苦しんでいる男性を文字どおりまたぎ越えなければ通れなかった。じつは、その男性は実験の一環だったのだが、未来の聖職者たちはそれを知らなかった。時間に余裕のある学生の60%が立ち止まって助けた。時間どおりの学生の半分もそうした。ところが、遅れていた神学生は10%しか見知らぬ人を助けなかった。[13] これはなんとも皮肉だった。なぜなら学生たちは未来の聖職者であり、見ず知らずの人が苦しんでいるのに出くわしたら助けるようにという聖書の寓話について、スピーチをしに向かうところだったからだ。責任のリマインダーは効果を発揮しうるが、他の要因によって無効にされることもあるのだ。

だから、より優れた振る舞いを生み出すには、責任のリマインダーを別の心理的な調整と組み合わせなければならない。権限のある地位に就いている人に、自分の行動のコストと重大な結果も示すのだ。権限を握っている人が、目の前の人々の顔によってときおり深く心を乱されないとしたら、その人はおそらく職務を適切にこなしてはいない。

レッスン6――権力を握っている人に、人々を抽象的なもののように考えさせない

ケン・ファインバーグは、高給をもらう敏腕弁護士を絵に描いたような人物だ。完璧にアイロンをかけた白いシャツを着て、輝く銀のカフリンクスをつけ、鼈甲縁《べっこうぶち》の眼鏡をかけている。76歳で、歳の割には若く見えるが、頭は禿《は》げ上がり、額には皺が何本もある。その皺は、何十年にもわたって取り組んできた苦渋の決断が、彼の顔に刻みつけたかのようだ。よく響く声で、1語1語、ほとんどやり過ぎに思えるほどのボストン訛りで話す。何か強調しようとするときには、声を張り上げ、叫びだす。まるで、自分が大文字になって訴えているかのようだ。もっとも、彼の真骨頂は声の大きさではなく正確さだ。ファインバーグは、最新兵器の照準システムのように正確に言葉を使う。恐ろしい苦しみに見舞われた家族たちと話すことで築き上げたキャリアにとって、この技能はきわめて重要だった。

ファインバーグは過去35年にわたって、アメリカの主な補償基金を1つ残らず監督してきた。サンディフック小学校銃乱射事件、BP社の原油流出事故、ボストンマラソン爆弾テロ事件……。アメリカで大勢の犠牲者が出る恐ろしい出来事が起こるたびに、ケン・ファインバーグの電話が鳴った[14]。だが、これまで彼が与えられた最も困難な責務は、文句なく、9・11同時多発テロの犠牲者補償基金の監督だ。ニューヨーク州とペンシルヴェニア州と首都ワシントンで2977人が殺害された後、ファインバー

グは回答不可能な疑問に答えを出す羽目になった。それぞれの命にはどれだけの金銭的価値があるのか、というのがその疑問だ。

基金は莫大だったので、ファインバーグには裁量の余地があった。ある意味で、その分だけ仕事が難しくなった。なぜなら、誰もが同等であるわけではなかったからだ。そこで彼は、実際的な解決策に行き着いた。9・11同時多発テロの犠牲になっていなかったら、それぞれが残りの人生でどれだけのお金を稼いでいたかを突き止めるよう試みるのだ。それは不愉快なやり方であり、人々の価値をその人の稼ぎに煎じ詰め、補償額に大幅な格差を生むことになる。だが、それによって重大な問題が解決できる。高収入の犠牲者は、低所得の犠牲者よりも金銭債務が多いことがよくあるので、補償額が多ければ、すでに大変な思いをしている遺族の生活上の支障を最小限に抑えることにつながるからだ。将来、長年にわたって安定した所得があることを前提にして契約した住宅ローンの返済が、夫や妻の死によってできなくなるような人が出ることなど、誰も望まなかった。ファインバーグのモデルでは、見込まれていた所得——あるいは、それにおよそ近い額——が、無期限に入ってき続けることを保証していた。

最初の提案額に異議を唱える犠牲者や遺族が出た場合に備えて、ファインバーグは個人的な申し立てができる制度を用意した。彼が自ら本人やその遺族と会い、話を聞き、彼らの置かれた状況が調整の根拠になるかどうかを判断する。「850人の負傷者や遺族が、直接会いに来ました」とファインバーグは私に語った。[15]「9・11のトラウマと恐怖——亡骸さえ残らずに塵《ちり》に返るというかたちで愛する人を失う経験——には、すっかり参ってしまいました」。これらの人々と面と向き合うのは、激しく胸が痛むことだった。

ファインバーグは、死者を誰1人蘇らせることはできなかった。だが、嘆き悲しむ遺族の家計を蘇生させることはできた。だからファインバーグは、何か月にもわたって来る日も来る日も耳を傾けた。ゾッとするような話が自分の日常になったとき、感覚が麻痺《まひ》しなかったかどうか、私は尋ねた。すると、彼はたちどころに否定した。「何度やったところで、悲劇の圧倒的な感情のほとばしりから自分を切り離すことなど、少しもできるようになりません。それは、けっして乗り越えることができません」

金額の計算も、ひと筋縄ではいかなかった。世界貿易センターでバリスタとして低賃金で働いていて、テロ攻撃で障害者となった若者は、その後の人生でもっと所得が増えていたと考えるのが妥当だろう。ファインバーグは、多くのやりとりを覚えていた。「『ファインバーグさん、私はたしかに低賃金の仕事に就いていましたが、翌年には5倍の額がもらえる契約があったのです』。では、その契約書を見せてください。証拠となる文書を見せてください。『ファインバーグさん、私は○○ドルしか稼いでいませんが、ハーヴァードのロースクールに入学を認められたところでした』。では、入学を認められたことを示してください」。相手の言い分がもっともだと判断したときには、ファインバーグは補償金額を上乗せするのだった。そうでない場合は、主張を退けた。

嘆き悲しむ母親に、あなたの息子さんの人生には、あなたが言っているほどの価値はないのです、少なくとも金銭的な意味では、と言わなければならない状況を想像してほしい。遺族の目を覗き込みながら、彼らが失った愛する家族の、キャリアの夢や目標、未来の出世やそれに伴う所得には現実性がありません、と言わなければならないところを、思い浮かべてほしい。それこそ、ファインバーグがオフィスで過ごした日々の標準的な光景なのだ。

ファインバーグは、被害者となった苦しみをさらに募らせ、家族を引き裂きかねない決定を下すことを強いられる場合すらあった。ある女性は、もっとお金を要求するためではなく、夫についてただ誰かに話したかったので会いに来た。彼女の夫は消防士で、世界貿易センターのツインタワーから人々を救おうとしていて亡くなった。彼女は、夫は自分にとって世界の中心であり、模範的な夫で完璧な父親だった、とファインバーグに言った。彼女は、「ミスター・マム」と呼んでいた。彼は、消防署に出勤していないときには、6歳になる子に野球を教えたり、4歳の子に字の読み方を教えたり、2歳の子に読み聞かせをして寝かしつけたりしていたという。

「3人の子どもがいなかったら、私たちの暮らす建物の屋上に上がって飛び降り、彼のもとに行ってしまっているでしょう」と、彼女は涙ながらにファインバーグに語った。「でも、ミスター・マムがいなくては、私の人生は終わりです。あなたがどれだけお金をくれようと、関係ありません」[16]。それから、彼女は帰っていった。翌日、ファインバーグの電話が鳴った。ある弁護士からだった。

「ファインバーグさん、きのう、6歳と4歳と2歳の3人の子どものいる女性にお会いになりましたか？　亡くなった夫をミスター・マムと呼んでいる人です」

「ええ、惨い話です」

「ファインバーグさん、お伝えしたいことがあります。おつらい立場になると思いますが。難しい仕事をこなしていただかなければならないので。じつは、その女性は知らないのですが、ミスター・マムには他に5歳と3歳になる2人の子どもがいまして。ニューヨークのクイーンズに住む愛人との間に。私はその愛人と2人の子どもの代理人です。それで、あなたに知っておいていただきたくて。というのも、あなたが9・11の小切手を切るときには、3人ではなく5人の遺児がおりますから。もっとも、きっと適切に処理してくださることと信じております[17]」

ガチャ。弁護士は電話を切った。

あの女性に伝えるべきか？　それとも、黙っているべきか？

「けっきょく、こうしました」とファインバーグは振り返った。「彼女には言いませんでした。2つ計算をして、残された妻に、3人の子どもの保護者として小切手を1枚切り、彼女には知らせずに、ガールフレンドには、2人の子どもの保護者として別の小切手を切りました。そういうわけです」

ファインバーグは、何十年もこの種のジレンマを処理してきた結果、2つ教訓を学んだという。1つは、人生は一瞬にして思いがけない展開を見せうるので、大切にしなくてはいけない、ということ。だが、もう1つの教訓——これから本書で注目する教訓——は、私たちが普通は弁護士の冷徹で超然とした態度とは結びつけないものだった。

「人は、情け深い専制君主でいたほうがいいです」とファインバーグは主張した。「親身になるべきです。自分の政治的で大きな権力に、共感と感受性をたっぷり加えるのがいいです。そうした特質がなければ、つまり、自分は共感的で犠牲者の窮状を理解しているという認識がなければ、先が見えていません[18]」

この見識には戦略的な一面がある。犠牲者に対する共感がなければ、補償を受ける人は合意した額を受け容れる可能性が減るようで、犠牲者は何年も法廷闘争に巻き込まれかねなかった。だがファインバーグは、自分についてきわめて重要な人間的側面にも気づいていた。彼は850人の犠牲者や遺族と、真正面から向かい合った。それぞれの家族の痛みを直接目にした。生き残った犠牲者の場合には、彼らが一生つきまとわれることになる、損なわれた外見や傷跡を目にしないわけにはいかなかった。

「血も涙もない人間でないかぎり、1対1の内々の面談では、そういう人々の情緒的な脆弱性や表現に衝撃を受けることになります」とファインバーグは私に言った。「そこには明確な人間性があって、私はジュリアス・シーザーだ、アレクサンドロス大王だ、などと考えるのを防いでくれます。そして、それが利己的な権力強化の歯止めとなります」

総額70億ドル超がおよそ3万人の犠牲者と遺族に与えられ、そのほとんどが、ファインバーグの下した決定に基づいていた。彼は、自分が彼らの金銭的な運命を支配していることを承知していた。その結果、彼は大変な努力をし、自分が影響を与えている人々が漠然とした抽象的な存在にけっしてならないようにした。彼は、彼らの姿を思い浮かべ、声が途切れるのを耳にし、彼らとともに苦悩し、それからようやく決定に至った。誰かにノーと言うときには、相手の目をしっかり覗き込んでからそうするのだった。

残念ながら、意思決定の抽象的な面を取り除くというファインバーグの強い主張は、今日の世界では稀だ。今や「デスク・モンスター」――快適なオフィスチェアを離れることも、相手に与えた苦しみを直接目にすることもなく、他者の人生を損なったり、破綻させたり、終わらせさえしたりする人――になるのは、かつてないほど易しい。不愉快な決定を、それを下す人の視野から切り離すための産業が、まるごといくつも存在している。そうした仕事には、「企業人員削減専門家」や「人員整理コンサルタント」といった遠回しな名前がついている。彼らは、長年勤めてきた従業員を解雇して、誰か別の人に外注するのに伴う情緒的な不快感を、上司が覚えないで済むようにできる。だが、それがなぜ問題なのか? 深刻な害を取り繕って婉曲《えんきょく》表現に変え、他者に苦しみを与える決定を下している人々が、その苦しみをけっして直接目にしなくなったら、何が起こるのか?

よく晴れてすがすがしいある1月の日に、私はカリフォルニア州バークリーで、水の入ったボトルを持った学生たちと擦れ違った。1人が背負っているバックパックには、戦争に反対して、人権侵害の犠牲者のための正義を擁護するスローガンが派手に描かれていた。大勢の学生たちの間を抜けて、ロースクールの建物の廊下を通り、カリフォルニア大学バークリー校で最も物議を醸している教員であるジョン・ユーの部屋のドアをノックした。彼は、ジーンズにポロシャツという格好でオフィスでキーボードを叩いている他の教員とは対照的で、ダークスーツにダークタイという姿だった。ユーは笑みを浮かべながら、温かく私を迎えてくれた。私は彼と握手した。私の前に立っている男性を、法律学の教授ではなく戦争犯罪人と考えている人が大勢いることを、十分承知しながら。

その20年前、9・11同時多発テロのすぐ後、アメリカの司法長官の長官補代理だったユーは、ジョージ・W・ブッシュ大統領が、どのような行動が合法で、どのような行動が違法かを判断するのを助ける役目を担わされた。ユーは若く野心的な30代前半の弁護士であり、すでに大統領の補佐をしていた。彼はもともと、危機に際して大統領の権限を拡張することを主張する、一連の短い法的文書を書いて、ブッシュ政権の目に留まった。ある法律学の教授は後に、彼は「狂信者」だとしている[19]。

2002年1月9日、ユーは今では悪名高い覚書を書き、アフガニスタンで拘束された戦闘員にはジュネーヴ条約による保護――紛争中の拘束者に対する拷問を禁じる保護規定――が適用されない、と主張した。[20] 覚書の目的は、1つには、アメリカの役人や兵士が取り調べの最中に収監者を虐待しても戦争犯罪で告発されないようにすることだった。ユーは、軍事委員会を自称する他の弁護士と政権の役人の小集団とともに、彼らが後に「強化尋問」と婉曲的に呼ぶようになるものの法的正当性を見つけようと決意していた。[21] その結果、彼らは政府の他の法律顧問たちを意思決定の過程から排除した。それはおそらく、それらの弁護士が、国際法は実際にアメリカにも適用されるという、もっともな見方をしていたからだろう。その後、多くの法学者や政府の法律顧問は、ユーの法的な見解は行政権限や国際法についての主流派の合意から大きく逸脱している、と主張した。だがユーの見方は、正しかろうと間違っていようと、ブッシュ政権にとってはたしかに好都合だった。

2002年8月、ユーは新たな覚書を書いた。それは、たいていの人なら拷問と見なすような取り調べの方法に許可を与えるものだった。具体的には、ユーの覚書は、水責め（収監者に、溺死させられたり窒息死させられたりするような思いを、長い時間させる）を行ったり、収監者を小さな箱に閉じ込めてから、生きた虫を注ぎ込んでパニックを起こさせたり、最長で11日間も連続で収監者を眠らせなかったりすることに、法的な正当性を与えた。[22] ユーのように、こうした手法は将来の攻撃を防ぐのに必要だった、と主張する人もいる。だが、9・11同時多発テロの後にアメリカ政府に拷問された収監者の一部は無実だったことも、その後の調査で明らかになった。

人間の苦しみにとって重大な影響を持つ、きわめて道徳的な問題に取り組んできた人に会うと、その人の立場に立ってみないではいられなくなる。そのような立場で良心を苛《さいな》まれるのは、どのような感じなのだろう？　そこで私は、わかり切った質問を投げ掛けた。個人的に、どんな影響を受けたか？　眠れなくなることはあったか？

彼の返答は無頓着だった。「いいえ、眠れなかったことはないと思います。私は学者ですから、こうした事柄については、すでに常時考えています。決定を下すことに、個人的にはあまりストレスを感じません[23]」

私は質問の手を緩めなかった。学問上の討論はたっぷりやってきたが、知的な討論で自分の意見を述べるのと、意図的に人に自分が溺れ死ぬかのように感じさせることができる法的見解を述べるのとは大違いだと感じる、と私はユーに言った。すると、ユーはうなずいた。「たしかに違います。そして、政府でいっしょに仕事をした人のなかには、こうした問題に取り組んでいる間に神経が参ってしまったように思える人もいます」。だが、仕事仲間の間では激しい内面の葛藤があったにもかかわらず、ユーは、自分は違ったという。

「私は、こんなふうに見ていました」とユーは私に語った。「取り調べの手法については、1から12かそこらまでの段階があったというところですかね。だから、たとえば4で止めることもできます。それでは軽過ぎるかもしれません。後になって私たちは、国の安全を守ろうとすることに消極的過ぎた、と国民に批判されかねません。12までいけば、私たちがやらせ過ぎた、と人は言うでしょう。万事、トレードオフです。取り調べの手法に関しては、どんな方針も選ぶことができます。どこでストップをかけても、必ず便益とコストがあるのです[24]」

読者のなかには、ユーの肩を持ち、人命を救うことを目指す厳しい決定を称賛する人もいるだろう。

彼は戦争犯罪人だ、と考える人もいるだろう。だが、私がいちばん考えさせられたのは、彼が正しいか間違っているかではなかった。それは、彼の主張の仕方だった。どれだけ私が質問を畳み掛けようと、ユーは同じ超然とした、分析的な答えを返してくる。気さくで礼儀正しく、思慮深く答えた。私が厳しく追及しようとしたときにさえ、そうだ。彼はあくまで落ち着き払って、それぞれの決定のロジックを概説してくれた。これらの疑問について深く考えていたことは明らかだった。だが私は、感情のかけらすら一度として感じられなかったし、一瞬のためらいも見て取れなかった。

お礼を言ってバークリーの日差しの下に再び足を踏み出したとき、私は思い当たった。拷問は、ユーにとっては抽象概念であり続けているのだろう、と。彼が探し求めた答えは、書籍や書類の中にあるもので、遠方の独房の中にはなかった。自分は溺死するのだと思い込まされた人の目を、おそらく彼は覗き込んだことがなかったのだろう。たとえそのような経験をしたとしても、ユーの揺るぎない法的な見解は変わっていなかったかもしれない。何と言おうと、法は客観的で、冷徹で、感情に左右されないことになっている。そして、ユーの見方の一貫性は際立っていた。拷問が行われた秘密軍事施設を訪問するという、普通なら心を掻き乱される経験でさえ、彼の思考には何の影響も与えなかったかもしれない。

だが、適度な不快感こそが、道徳的に不愉快な決定を下す人々にとって必要なのかもしれない。ファインバーグとユーはともに、9・11同時多発テロの後、法の限界に取り組んでいた。ファインバーグは、自分の決定によって傷つく人々の目を、必ず真正面から覗き込むことにしていた。一方、ユーはそのような人は、けっして目にしなかった。

この2つは、ただの逸話的な事例ではない。ユーのやり方ではなくファインバーグのやり方に倣う

ＣＥＯや警察官や政治家が増えるようにすれば、無情な権力の濫用がもっと少ない社会を実現できると信じるに足る理由が、じつはあるのだ。

「心理的距離」の4つの尺度

人間関係は、「心理的距離」と呼ばれる概念によって仲介されている。私たちの社会生活は、いわばタマネギのようなものだ。中心には、配偶者や子ども、親、兄弟姉妹といった、直近の家族がいる。そのすぐ外側の層にはその他の親族がいて、次が友人たちだろうか。そして、その外に職場の人々などが続く。こうした層にいる人のすべて（いや、職場の人の場合には、それぞれ人にもよる）が、その身に何かあったとき、タマネギと同じであなたを泣かせることができる。だが、次々に層を重ねていくうちに、ついには皮に行き着く。捨ててしまえる部分だ。その層の人を失っても、何とも思わない。その外側は、もうタマネギの一部ですらない。その層の人は、あなたの頭に浮かびさえしない。

当然ながら、私たちのタマネギはそれぞれ違う。多感な人は、タマネギが大きいかもしれない。すぐに皮にたどり着き、ごく親密な個人的関係への関心でしか動かされない人もいる。

だが、特定の層が私たちにとって大切かどうかは、決まっているわけではない。時が過ぎるうちに変わることもある。道徳哲学者のピーター・シンガーが書いているように、人間と人間性の物語は、「拡大する輪」だ。[25] 赤ん坊のとき、私たちの道徳的宇宙は小さく、親だけに限られる。あるいはことによると、嫉妬している兄や姉がそこに加わる。だが、私たちは成長するにつれ、大切に思う人がどんどん増えていく。私たちの種の歴史も、拡大する道徳的な輪を特徴としてきた、とシンガーは主張する。かつて人間は、自分のすぐ周りの人々のことしか気にしなかった。今や私たちは、会ったこともなければ知ることもないだろう人々が地球の反対側で津波やテロ攻撃に見舞われたというニュースを聞いて、強く心を動かされうる。では、人は意図的に自分の道徳的な輪を拡げられるだろうか？　道徳のタマネギを育てることができるだろうか？

私たちが誰かを心の中でどう考えたり思い描いたりするか次第で、その人あるいは人々に対する見方がガラッと変わることがありうる。一例を挙げよう。アメリカ人はイラン人を敵と思うことが多い。だが、アメリカのキリスト教徒は、迫害されているイランのキリスト教徒に連帯感を抱くかもしれない。ハリウッドの映画監督は、私たちの心理的距離の感覚を操作して見方を変えさせる力を、昔から理解していた。登場人物が画面上で亡くなると、私たちは、その人についてほとんどわかっていないときには、あまり反応しないことになっている。誰だかわからない人には、私たちは心を動かされないのだ。戦争の場面で薙《な》ぎ倒される、誰とも知れない人々は、たいていの人にはごく限られた影響しか与えない。彼らにもきっと家族がいて、夢があったのだろうことは、暗黙のうちに承知してはいても、だ。私たちは、知らない人のことは眼中にない。だが、主人公——私たちが理解していると思っている登場人物、声援を送っていたり、自分を重ね合わせていたりする登場人物——が亡くなると、映画では涙を誘う場面となる。その効果はあまりに強力なので、たとえば子鹿のバンビの母親が死ぬと、アクション映画で、名もない登場人物のほぼすべてが画面上で亡くなったときよりも、私たちは胸が痛む。

具体性は重要だ。人は、「コンピューターオタク」全般については、毎週月曜日にオフィスに手作りのパンを持ってくるＩＴ業界出身のバイオリニストのヴァネッサについてとは、違う見方をしているかもしれない。あるいは、「移民」については、自分が勤める会社のフットボールチームに所属している移民第1世代のホセについてとは、違う見方をしているかもしれない（じつは、移民に強く反対している場所ほど移民が少ないことを、一貫して証拠が示している）。私たちは、ある人に出会う回数が増えるほど、その人はただのカテゴリーではなくなっていく。人々の性格と内面生活の層を、外側から剝がしていくにつれて、彼らは私たちの社会的・心理的タマネギの核心に近づく。そして、その逆も正しい。誰かが抽象概念にとどまっていたら、平気でその人を気にしないでいられる。

　それがわかれば、善い目的でも悪い目的でも使える青写真が手に入る。

　ニューヨーク大学の心理学者ヤコブ・トロープによると、心理的距離には4つの尺度があって、私たちが下す決定が、自分が大切にしているタマネギの内側に入っているかどうかを決めているという。[26]第1の尺度は、社会的距離だ（いや、あの恐ろしいパンデミックのときの「ソーシャル・ディスタンス」ではない）。社会的距離は、人が、自分の行動によって影響を受けることになる相手にどれだけ自分を重ね合わせられるかを表す。娘のいちばんの親友の父親である隣人をクビにするのは、一度も会ったことのない人をクビにするのよりも難しい。第2の尺度は、時間的距離だ。決定を下す瞬間から、その決定の結果がもたらされるまで、どれだけ時間差があるか？　化学薬品企業のＣＥＯは、有毒物質がゆっくりと地下水に浸み込むのを許すほうが、レストランで誰かのグラスの水に毒を入れるよりも気安く思えるだろう。第3は、空間的距離だ。物理的に遠く離れた所にいる人のほうが、自分と同じ部屋にいる人よりも気安く害することができる。そして最後の第4の尺度が、経験的距離だ。ユーのようにただ頭で考えるだけで済むときのほうが、腹の底から感じたり、経験したり、目の当たりにしたりしなければならないときよりも、気安く他者を害したり、虐待したりできる。

心理的距離による人間性の剝奪

心理的距離が人間の行動を決める例として、戦争は特に参考になる。人類史の大半を通して、戦争はこの4つの尺度のうち、3つに関しては不変だった。スパルタ人にとってであろうと、ヘイスティングズの戦いのときのウィリアム征服王にとってであろうと、戦場での殺戮《さつりく》は間近で、即時で、腹の底から感じるものだった。槍を誰かの腹に突き立てるときには、時間的距離も空間的距離も経験的距離もまったく欠如しており、それは避けようがなかった。このような心理的距離の欠如は、戦いに勝とうとしている将軍たちには、ある単純な理由から問題含みだった。すなわち、大勢の人間が本能的に人を殺すことに嫌悪感を抱いているのだ。

19世紀には、フランス軍将校のアルダン・デュ・ピックは、1860年代のフランス人兵士のかなりの割合が、戦場の向こう側の、生きて呼吸をしている人間に向けて発砲せずに、武器を意図的に宙に向けて発射している証拠を発見した。[27] デーヴ・グロスマンの著書『戦争における「人殺し」の心理学』は、歴史を通して見られるこの現象の概観を提供し、驚くほどの数の兵士が戦闘中に武器を実際には使わないという衝撃的な証拠を示してくれる。[28] ゲティスバーグの戦いの後、回収された2万7574丁のマスケット銃の90%は、まだ弾丸が込められていたか、発砲されずに二度弾丸を込められていたかのどちらかだった。[29] そして、兵士たちは武器を使うときにも、実際に誰かを撃つのを嫌がる人がいる。ヴェトナム戦争では、殺された人1人当たり、最大5万発の弾丸が発射されたと推定されている。[30] グロスマンの本は、今や警察や軍の訓練では紙の標的ではなくもっと人間に似た的を使うことを指摘している。実世界で人間を撃つのに備えて練習させるためだ。こうした小さな調整によって、武器を使った衝突時の発砲率が上がることがわかっている。

とはいえ、引き金を引くのをためらう気持ちをはるかに簡単に克服するための、胸の悪くなるようなコツがある。自分が殺そうとしている人を人間とは考えない、という方法だ。頭の中で相手を、遠慮なく処分できる人間未満の抽象的な存在に変えてしまえばいい。歴史上有数の残虐行為の前にはたいてい、人間を虫や害獣、さらにはモノにさえなぞらえる言葉が聞かれる。奴隷は家畜呼ばわりされた。アメリカ先住民は野蛮人と呼ばれた。ルワンダで集団殺害《ジェノサイド》を働いた人々は、ツチ族をゴキブリと呼んだ*。ナチスはユダヤ人をドブネズミと呼び、ポスターにはシラミとして描いた。

だが、凶悪な政権下でさえ、標的とされている集団がじつは人間であることを視覚的に思い起こさせると、大きな効果を発揮しうる。ヒトラーの下で行われたユダヤ人の強制移送に対して成功を収めた数少ない抵抗運動の1つが「ローゼン通り《シュトラーセ》の抗議」であり、非ユダヤ系ドイツ人の女性たちが、自らのユダヤ人の夫の拘束に抗議して立ち上がった事例だ。拘束された男性たちは、非ユダヤ系ドイツ人と公式に結婚しており、妻たちは完全に人間と見られていたので、この抗議活動は成功を収めた。拘束され

＊ ルワンダの事例は例外であり、原則の存在を逆に立証している。このジェノサイドは極端に凶暴なもので、普通の人々がなたで隣人たちを滅多斬りにして殺害した。この極度の物理的近さと心理的近さは、その近接性を圧倒するうえで、人間性の剝奪がどれほど大きな力を振るいうるかの、さらなる証拠となる。

たユダヤ人たちは、けっきょく解放されて命が助かった。だが、人間の残虐な行為や虐待のほとんどでは、それを行った人々は、自分と犠牲者の間に社会的距離を置こうとした。殺害の時間的側面や空間的側面、あるいは経験的側面が変更できないため、「敵」の命の価値を減じることに的が絞られ続けた。そうすれば、犯罪者にも備わっている人間的な本能や、殺人に対する嫌悪感を抑え込む助けになった。

心理的距離が増加した現代社会

最近では、そうした嫌悪感を抑えるのが、いっそう易しくなっている。現代の戦争に登場した数々のイノベーションが、心理的距離を拡げたからだ。たとえば無人機による攻撃は、空間的な距離と経験的な距離を増す。パイロットは何千キロメートルも離れたビデオ画面の前でコントローラーを操り、大勢の人を殺すことができる。戦闘の音や臭いや光景は、取り除かれている。たとえば、ネヴァダ州の砂漠にあるクリーチ空軍基地に通勤する無人機のパイロットは、ペルシア湾の航空母艦にジェット戦闘機を着艦させるパイロットとは根本的に異なる経験をする。[31] ネヴァダ州の無人機のパイロットのうちには、敵の戦闘員に向けて致命的なミサイルを発射した後、自分の自動車に乗り、牛乳を買って帰り、子どもたちとともに夕食のテーブルを囲む人もいる。[32] 彼らには、殺人はテレビゲームと区別がつかないかもしれない。人間性の剝奪が意図的なものでないときにさえ、人々がビデオ画面上のはるか彼方の微小な点にしか見えないなら、自分の大切な道徳のタマネギの一部と考えるのが難しくなる。

幸い、私たちのうちで、死ぬまでに誰かを殺す人はほとんどいない。だが、こうした心理的距離の極端な例の背後にある概念を理解すれば、権力のある人にもっと善良に振る舞ってもらうようにするのに役立ちうる。極悪非道の管理職であれ、横領する重役であれ、ケチな暴君のような入国審査官であれ、権力を握っている人が心理的距離をどう経験するかを調整することが、より良い社会を生み出すためのカギだ。

その方法を知るために、しばらく空間的距離に注目しよう。過去には、東インド会社のような、全世界に勢力を拡げる巨大組織は例外的だった。ところが今や、小企業でさえ一地域だけで所有・運営されていることのほうが例外だ。西洋の首都にいる重役たちは、地球の裏側に有毒な汚泥を投棄したり、現地に足を運ぶことなく世界の最貧国で救命用の薬の価格を上げたりする決定を下すのが日常茶飯事になっている。自分が一度も訪れたことのない企業本社で働く人々に解雇されることも、しだいにありふれた経験になりつつある。私たちはそれに懸念を抱くべきだ。私たちの道徳的な抑止力は、人と人との間の空間が増すほど弱まるからだ。2017年に実施されたある実験では、参加者はテントウムシを殺す装置を操作するように言われた。参加者の一方のグループは、その装置がある部屋にいて、装置を目にすることができた。ただし、操作はリモートコントロールで行った。もう一方のグループは、同じ指示を与えられたが、装置は別の場所にあったので、目にすることはできなかった。装置から空間的に引き離されていた参加者のほうが、装置と同じ部屋にいた参加者よりも、進んで多くのテントウムシを殺した（特大の道徳的なタマネギを持っている人はほっとするだろうが、この実験で実際にテントウムシが殺されることはなかった。装置はよくできた偽物だったのだ）[33]。

自分が害する人々との社会的距離を感じる能力も、現代には桁違いに増した。石器時代には、もしあなたが隣人からベリーを盗んだら、その後もほとんどいつも被害者を目にし、被害者もあなたを目にしただろう。もし盗んでいるところを見つかったら、ただでは済まされなかったし、盗人の烙印を押されて生きていく羽目になったはずだ。だが今日では、盗みは、エクセルのスプレッドシートの、どんな人のものかまったくわからない口座からお金を奪うことでやってのけられる。ユージーン・ソルテスは、ホワイトカラー犯罪についての著書『彼らがそれをする理由（*Why They Do It*）』で、書類やスプレッドシートの上では平気で嘘をつくけれど、他の人間に証拠を突きつけられると、たちまち罪を認めた横領者たちを挙げている。

だから、説明責任制度を設立する最善の方法は、支配する側とされる側との心理的距離を最小にすることであるのは、明らかに思える。だが、早まってはならない。いくら心理的距離を縮めると言っても、私たちはおそらく、フォーチュン500のCEOたちに、目覚めている時間をすべて、個々の従業員を知るために費やしてもらうことは望んでいないだろうし、彼らに従業員の解雇を任せるのも、時間の最善の使い方ではない。それに、警察官たちが、罪を犯したら彼らが逮捕するはずのギャングのメンバーと週末にポーカーをすることを、私たちは望むだろうか？　絶対にそうは思わない。そんな行為は、腐敗と依怙贔屓を招くばかりだ。

同様に、外科医が患者の人間性に心を動かされるあまりに、冷徹であくまで正確に彼らの体にメスを入れることができなくなってしまうというのも、おそらく望ましいことではない。外科医の脳は、他者の痛みに動揺しないでいるのが際立って得意であることが、調査からわかっている。[34]患者の人間性を尊重し過ぎる看護師は、仕事上のストレスが増し、燃え尽きてしまう率が高いという証拠もある。[35]医療の世界では、人間性を多少脇に置くことが、不可欠の対処メカニズムの役割を果たしうるのだ。私の兄はメディカルスクールでの初日に、「肉眼解剖学」という、いかにも適切な名前の講座で死体の解剖をさせられた。医師の志望者の多くがそうであるように、兄もその経験が非常に不快だった。彼は担当教授に、解剖台に横たわる人を肉の塊と考えようとするべきなのか、誰かのおじいさんと考えようとするべきなのか、と尋ねた。すると、教授は答えた。「その両方だ」

したがって、心理的距離はジレンマではあるが、社会学者が「ゴルディロックス・ソリューション」と呼ぶもので解決できる。害や死をもたらす可能性がある難しい決定を下す人は誰もが、まさに適切な量の感情的近さを持つ必要があるのだ。心理的に近づき過ぎると、避けようのない感傷で判断が曇ってしまう。遠ざかり過ぎると、健全な量の気遣いや慎重さが失われてしまう。現代世界の多くの領域で、振り子は不健全なほどの距離へと振れ過ぎてしまった。私たちは、従業員に関心を抱くＣＥＯや、自分の書類をそれが影響を及ぼす人間の顔と重ねて見られる政府の法律顧問や、地域社会型警察活動を増やす必要がある。

現実には、世の中は逆の方向に向かっている。心理的に近い人間たちに取って代わった、心理的に距離のある人間たちが、今度は、機械学習によって動かされる不可解なアルゴリズムを使うコンピューターに取って代わられつつある。機械学習と人工知能（ＡＩ）は、生活水準を改善し、より公正な社会を生み出す大きな可能性を持っているものの、説明責任不在の支配も生み出しかねない。

ここまで、より善良な人に権力を握らせ、権力のある人の振る舞いを改善する方法を探ってきた。私たちは、権力のある人に、自分が負わされている責任を思い起こさせると同時に、彼らが他者を抽象的な存在ではなく個々の人間として見るようにさせることで、世の中をより公正な場所にする方向へと大きく前進できる。問題は、社会学者なら誰もが言うだろうが、人々は解決策全体の一部にすぎない点にある。最終手段の書簡によって首相に厳粛な教訓を与えることもできれば、中間管理職に、彼らの無頓着な行動や無情な行動が引き起こす人的損害を示すことも可能だ。それは常にやる価値がある。人間の思いやりや共感は、善を生み出すための強い力となりうるからだ。だが、人々の活動の場となる根本的な制度が破綻していたら、善意の人々でさえ不適当な行動を取りがちになる。設計がお粗末な制度の下にいる善良な人々は、邪悪な衝動に依然として屈しかねない。

そして、不愉快な真実はまだある。権限のある地位に就いている人の多くが、責任の喚起や、人々がけっして抽象的な存在にならないようにする努力によっても、まったく心を動かされないのだ。たとえば、サイコパスは最終手段の書簡にもたいして影響されないだろうし、自分の犠牲者の顔をわざわざ見ることになど関心がないだろう。苦しみを与える機会を楽しみにするサイコパスさえいる。だが、私たちが懸念するべきなのはサイコパスだけではない。すでに見たように、ありきたりの、腐敗した人や腐敗しやすい人の多くが、権力を握ることになる。そもそも善いことなどしようとさえせず、自己利益や強欲やナルシシズムに動機づけられた極悪な人々だ。

では、劣悪な制度が相変わらず問題であり、権力を握っている腐敗しやすい人々が依然として脅威であるのなら、どうやって制度を改善し、腐敗しやすい人が邪悪な行動をするのを止めることができるだろうか？

第12章　権力者に監視の目を意識させる

もし神が存在しなかったなら、生み出す必要があるだろう。
――ヴォルテール

レッスン7――人は監視されていると善良になる

もしあなたがタイムトラベラーで、犯罪を実行しまくるのにふさわしい時と場所を決めようとしていたら、間違っても9世紀のイングランドは選びたがらないだろう。刑罰とその執行方法は、（控え目に言っても）およそ愉快なものではなかったから。だが、裁判自体も命取りになりえた。被告が無罪か有罪かを決めるだけの証拠がない場合には、判決は「神判」というやり方で決まった。それは「ジュディシアム・デイ」、すなわち神による裁きに基づいていた。被告は通常なら恐ろしい苦しみを引き起こすことに耐えるよう強制された。たとえば「熱湯」の神判では、犯罪者とされた人は、煮えたぎる湯で満たされた大釜から指輪や石を取り出すことを求められた。[1] それで火傷《やけど》を負えば、被告が有罪であるという神の証拠だった。もし奇跡が起こって無事に済めば、神がはっきりと語ったわけであり、その人は無罪ということだった。「赤熱した鉄」の神判も、その名前から想像がつくように、心地好いものではなかった。犯罪者とされる人は、赤熱した鉄の塊をきっかり9歩運ばされ、それから火傷（あるいは、火傷しなかったこと）で罪が判定された。

そのような神判は、中世のイングランドに限られたものではなかった。ベドウィンの地域社会の一部でも、「ビシャア」という方法で、人が嘘をついているかどうかを判断する。嘘をついたとされる人は、熱せられた物（スプーンのことが多い）を舐《な》めさせられる[2]。舌が火傷すれば、嘘つきと見なされる。中世のドイツやポーランドやスコットランドでは、出血という方法が取られた。殺された人の亡骸は、犯人が近くに連れてこられると自然に血を流す、と信じられていた[3]。マダガスカル島では、犯罪の嫌疑を掛けられた人は、島に自生する「タンゲナ」という木の実から作った猛毒をまぶしたニワトリの皮を3切れ食べさせられた[4]。もし死ぬと、妖術使いと断じられ、名誉を失って埋葬された。19世紀の女王ラナヴァルナ1世の統治期間には、ある推定によると、このような神判の結果、毎年人口の50人に1人が死んだという[5]。

あなたにはこうした制度が狂気の沙汰のように思えたとしたら、それはあなた1人のことではない。有毒な木の実、熱湯で火傷した手、熱せられたスプーンなどはみな、少なくとも一見、刑事司法制度の理想的な基盤には思えない。だが、ジョージ・メイソン大学の経済学者ピーター・リーソンの見方は違う。彼にとって、神判は被疑者の罪を判断するための、奇妙ではあっても完全に合理的な方法だった——事実を収集し切れず、エルキュール・ポアロやシャーロック・ホームズの類いが自分の村をうろついていないときにはいつも。これらの神判のロジックは、権限を握っている人が権力を濫用するのを止める方法を理解するのに役立ちうる。

リーソンは、無実の人の手を煮えたぎるお湯から守るために神が介入した、と言っているわけではない。そうではなく、神判がうまくいったのは、神判はうまくいくと被疑者が信じていたからだ、と彼は言う。より正確に言うなら、神判は有罪者と無実の人を効果的に区別する仕組みを提供した。理由は単純で、神は常に監視している、と誰もが信じていたからだ。

リーソンは、フリソガーというアングロサクソンの農夫が隣人の家畜を盗んだとして訴えられたところを想像するように言う。[6]証拠が不十分で、有罪とも無罪とも判断できないなら、フリソガーは自分の無実を証明するために熱湯の神判を受ける気があるかどうか、訊かれるかもしれない。もしフリソガーが有罪なら、彼は自分の罪を神が知っていて、相応の罰を下すと信じているだろう。したがって、神判を受ければ熱湯で火傷するに違いないと考える。その結果、彼は罰金を払うと言い張るか、あるいは、なんとしても神判を避けようとする。神判を受けたがらないことで、彼は罪を自白しているのに等しい。だが、もしフリソガーが無実なら、進んで神判を受け容れるだろう。自分が無実であるのを神も知っていて、奇跡を起こして救ってくれると信じているからだ。ある意味でこれは、ソロモン王と赤ん坊の話に似ている。自分の赤ん坊を真っ二つにされるぐらいなら、手放すほうがましだと考えて赤ん坊を諦めた女性が、それによって自分が本当の母親であることを示したという、あの話だ。深刻な結果になることがはっきりした時点で、真相が明らかになることがよくあるのだ。

驚くべきことに、中世イングランドのフリソガーたちは、しばしば奇跡に助けられた。神の介入は非常に広く信じられていたので、誰かが神判による裁きを受け容れる意思を熱烈に表明したときには、聖職者はその人の無罪を信じるのだった（おそらく、その判断は正しかった）。リーソンは次のように説明している。「聖職者はこれを承知しているので、神判を調整して、正しい結果が出るようにできる。たとえば、もしフリソガーが神判を受けることを選べば、神判を行う聖職者はお湯の温度を下げ、フリソガーが火傷しないで済むようにすることが可能だ。フリソガーは、自分が無事でいられると信じて腕を大釜に突っ込む。そしてその予想どおりになる──神のおかげではなく、機転を利かせた聖職者のおかげで」[7]。まさにこのように神判に手心が加えられたことを示す証拠がある。被疑者が神による精査を進んで受ける気を示したので、聖職者がその被疑者を救うことにしたという証拠だ。こうして神判は、聖なる熱湯にはとてもできないほどうまく、有罪者と無実の人を区別できたのだった。

　神判は、きわめて重要な見識を提供してくれる。私たちは、自分を罰することができる何らかの力によって監視されていると信じているときには、より善良な行動を取るのだ。私たちは、より正直にもなる。嘘を言えばそれが暴露されるリスクが高まるからだ。ここが肝心なのだが、罰を与えられる恐れがあるだけで、より善良な振る舞いを引き出すのに十分なことがよくある。だが、大規模な監視が社会の悩みの種の解決策になると想像するのは、かなり悲惨に思える。では、もっと良い方法はないのか？そして、神判や信心深さは、警察官が過剰な暴力を使うのを引き止めることや、政治家が国家のお金を巻き上げて私腹を肥やすのを思いとどまらせることと、何の関係があるというのか？　それを突き止めるためには、人間社会における宗教の役割について、もう少し深く考えてみる必要がある。

　何千年にもわたって、私たちの内なる悪魔は、天から見下ろしている神の注意深い目を人間が恐れていたときには、ある程度まで抑え込まれてきた。今日、私たちが罪を犯せば罰する神を、何十億もの人が信じている。その信念はあまりにありふれているので、まるで人間の自然な衝動に違いないかのように思えるほどだ。だが、それは違う。石器時代には、人々はおそらく、神を道徳の執行者とは見なしていなかっただろう。ブリティッシュ・コロンビア大学の心理学教授アラ・ノレンザヤンは、著書『ビッグ・ゴッド』で次のように説明している。狩猟採集民の神々は「通常、窃盗や搾取といった道徳上の罪には無関心だった。……多くの神や霊は、物事を十分知り尽くしてさえいなかったので、道徳的な行動の良き監視者になれなかった。彼らは村の中のことは認識していたが、その外のことは把握していなかった。そして、ライバルの神々に騙されたり操られたりすることもあった。宗教の初期のルーツは、道徳の面で広範に及んではいなかった」[8]。はるか昔までさかのぼれば、私たちの祖先はおそらく神の怒りをあまり恐れていなかった。それが一変したのは、ノレンザヤンが「ビッグ・ゴッド」と呼ぶものが登場したときだ。ビッグ・ゴッドとは、主要な現代の信仰の神々で、私たちのすることのいっさいを認識しており、私たちが罪を犯すと進んで罰する。

　世界の主要な宗教は、神が監視していることを思い起こさせるものであふれている。アブラハムの宗教（ユダヤ教とキリスト教とイスラム教）は、神には何一つ隠すことができない、と明確に述べている。教会の献金皿からお金を盗んだり、隣人について善からぬことを考えたりしたら、たとえ他の人間がけっして気づかないとしても、神は知っている。他の宗教も、信者に同じようなメッセージを送る。チベットとネパールでは、「ブッダの目」が村のあちこちに描かれている。これは、最近のイノベーションではない。インカの人々は、帝国を監視していた神ビラコチャの視線を心配しなければならなかった。

ノレンザヤンが指摘しているように、そのような神による監視はさらに昔までさかのぼる。「古代エジプトでもとりわけ古くて重要な神の1人が天空の神ホルスであり、『2つの目のホルス』としても知られている」[9]

ノレンザヤンは、神に監視されているという恐ろしい思いが、社会にとって有益な役割を果たした、と主張する。人々は、自分が監視されていると信じていたので、そう信じていない場合よりも道徳的に振る舞った。ビッグ・ゴッドは、刑事や調査報道ジャーナリストが登場するよりもはるか前から、見つかったり捕まったりする恐れを人々に抱かせた。そのうえ、社会は同じ神あるいは神々への信仰を共有していたので、信心深さが社会的な信頼を築き上げた、とノレンザヤンは言う。もし誰もが神罰を信じていたら、小売商人は客が売掛金を返済してくれると信じる気持ちが強まる。売り手も、買い手も、買い手が必ず代価を払うことを知っている——現世か、あるいは来世で。核兵器が「MAD（相互確証破壊）」のおかげで抑止力として働くのとちょうど同じで、宗教も別の形態のMADを生み出す。「mutually assured damnation（相互確証天罰）」だ。信念が共有されていると、社会は団結する。

ノレンザヤンの見るところでは、ビッグ・ゴッドは権力の空白を埋めた。空白が生じていたのは、近代以前の政治体制がはなはだ脆弱だったためだ。警察活動は存在しなかった。特に農村地域では、政治体制の存在感は事実上皆無だった。国王の宮殿の視界から遠ざかれば遠ざかるほど、人間による監視を受けているとは感じづらくなった。これを見事に捉えたのが、映画『モンティ・パイソン・アンド・ホーリー・グレイル』で、アーサー王と、名もない女性農民と、デニスという名の反体制的な農民が会話を交わす場面だ。

アーサー王――我はアーサー、ブリトン人の王なり。あれは誰の城か？
農民――王って、誰の？
アーサー王――ブリトン人の。
農民――誰ですか、「ブリトン人」っていうのは？
アーサー王――それは、我々みなだ。我々はみな、ブリトン人で、我は汝《なんじ》らの王だ。
農民――へえ。それじゃ、あなたはどうやって王になったんです？
アーサー王――清いことこの上なき銀襴《ぎんらん》をまとった湖の姫の腕が、水の中からエクスカリバーを差し上げ、神の摂理により、我、アーサーがエクスカリバーを帯びるべきことを示した。それゆえ、我は汝らの王なのだ。
デニス――いいか、よく聞け。池に身を横たえた妙な女が剣を配るなんてことが、統治の制度の基盤になるものか。至上の行政権は、一般大衆による権能付与に由来するものであって、茶番めいた水上の儀式によってもたらされるものなんかではない。

デニスの言葉には一理ある。彼も女性農民も、日常生活ではアーサーの統治にたいして恐れを抱く理由はなかっただろう。円卓の騎士たちは、犯罪の常習者や不忠な農民を探してぶらついていたりしなかっただろうから。政治体制による法の施行がないときには、その空白を何かで埋め合わせるしかなかった。ノレンザヤンは、ビッグ・ゴッドがその役割を担った、と主張する。そして、ビッグ・ゴッド抜きでは、多くの社会が手に負えない混乱と無秩序に陥っていただろう、と言う。ホルスやビラコチャといったビッグ・ゴッドがいるのなら、誰がビッグ・ブラザーなど必要とするだろうか〔訳注「ビッグ・ブラザー」は、ジョージ・オーウェルの『一九八四年』で、全体主義国家オセアニアを統治する独裁者〕。

だが、ノレンザヤンのビッグ・ゴッドの主張は、さらに一歩先まで行く。神が常に監視しているという確信は、より平和的な社会を作り上げるのに役立つだけではなく、さまざまな社会の間で、勝者と敗者も生み出した。宗教的な信念によって、どの社会も、滅びるか、生き延びるか、栄えるかが決まりうるのだった。

具体的には、狩猟採集民のもののような道徳と無縁の神々――崇拝する人々を監視できない神々――を信仰し続けた社会は、監視されていると感じていた社会ほどうまくいかなかった、とノレンザヤンは言う。天からの抑止力が働かないと、人々はあまり協力しなかった。全知の神を共有していないと、人々は互いをあまり信用しなかった。果てしない内紛のせいで進歩が起こらなかった。そうした社会は勢いを失った。あるいは、もっと協力的な社会に征服され、その中に組み込まれた（「超自然的罰仮説」という学説さえある。天罰を信じていると、個人のレベルで進化上の優位性が得られた、という説だ。[10] この説によると、天からの罰を信じている人々は、殺されたり投獄されたりするような攻撃的な行動をあまり取らず、子孫を残す可能性が高まったという。ダーウィンの進化論に倣って言えば、「最適者生存」ならぬ「最敬虔《けいけん》者生存」仮説だ）。

超自然的な信念が社会的な成功につながりうる、と主張したのは、ノレンザヤンが最初ではない。同じような主張をしたのが、社会学の父マックス・ヴェーバーで、彼は、勤勉の神々《こうごう》しさに対するプロテスタントの信心が、自己永続的な繁栄を生み出した、としている。

だが、もしビッグ・ゴッドにまつわる主張が正しいのなら、世界の人口の圧倒的多数が、道徳規範を示す全知の神を信じているのは、偶然ではない。むしろ、そうした神への信仰は、成功する社会を生み出すのを助け、この種の宗教が広まることにつながったのに対して、他の宗教は途絶えた、と考えられる。一方、宗教信者たちは、宗教の盛衰は、その宗教が真実かどうか次第だ、と説明する。キリスト教徒は、キリスト教が繁栄してきたのは、それが真の信仰だからだと信じているし、イスラム教徒もユダヤ教徒も、自分の宗教について、同じように信じている。それは、ノレンザヤンのもっと機能的で実際的な宗教観とは相容れない。その宗教観を最もよく捉えたのは、ヴォルテールかもしれない。彼はこう言っている。「もし神が存在しなかったなら、生み出す必要があるだろう」

ビッグ・ゴッド仮説には、いくつか欠点がある。特筆するべきなのは、中世には神の罰がほぼ普遍的に信じられていたにもかかわらず、殺人や犯罪がはびこっていた点だ。だが、現代でもそうなのだが、「人は監視されていると善良になる」というノレンザヤンの見方を裏づける証拠はたっぷりある。もし彼が正しければ、それは権限を握っている人に権力の濫用を思いとどまらせるのに使うことのできる、きわめて重要な見識となる。

では、どのような証拠があるのか？　監視されているときには不適当な行動をためらうという私たちの衝動は、幼い頃から見られる。イギリスのケント大学のジャレド・ピアッツァは実験を行い、興味をそそる箱を部屋に置き、子どもたちに中を見ないように指示した。[11]部屋に独りだけで取り残された子どももいた。大人が部屋にとどまり、監視されていた子どももいた。だが、部屋に独りで残された子どもの一部には、彼らが箱を開けないように、「プリンセス・アリス」の目に見えない力が見張っている、と告げておいた。それからその子どもたちに、アリスが本当にいると思うかどうか尋ねた。プリンセスが本当にいると信じている、と答えた子どもは全員、禁断の箱の中を覗くのを我慢した。信じていない子どもはたいてい、箱を開けた。だが、その子どもたちでさえ、規則を破る前に、アリスが隠れているはずの椅子の上を、サッと手で払うようにしてアリスがいないことを確認した。彼らは、念のために慎重になっていたのだ。

注目するべきことに、研究者たちが数字を処理すると、プリンセス・アリスの存在を信じていると答えた子どもたちは、大人がいっしょに部屋にいた子どもたちと同じぐらい適切に振る舞ったことがわかった。だが、抽象的な存在は、監視の目を光らせている神を物理的に思い起こさせるものほど効果的ではない。だから、サンタ・クロースの名を出して脅しても、行儀の悪い子どもたちに振る舞いを改めさせられないことに気づいた親は、もっと工夫するようになったのだ。今では、クリスマスが近づくと見張り役の「棚の上の妖精《エルフ・オン・ザ・シェルフ》」を置いて、なかなか言うことを聞かない子どもたちから、少しはましな行動を引き出す親もいる。

あいにく、刑務所のコンクリートの棚にエルフを置いたぐらいでは、看守による虐待は終わらせられないし、天罰の恐れは、政治家やCEOの悪行を防ぐには明らかに不十分だ。だが、監視されていることをさりげなく思い出させることには、大きな効果がある。イギリスのニューカッスル大学によるある調査では、共用の作業空間を利用する人々が、用意されている飲食物を飲んだり食べたりできたが、「良心箱《オネスティ・ボックス》」に代金を入れることになっていた。この実験の設定の1つでは、オネスティ・ボックスを見下ろす場所に、じっと睨《にら》みつけるような2つの目の描かれたポスターが貼られていた。もう1つの設定では、ポスターはただのスイセンの花の写真だった。参加者は、目が描かれたポスターがあるときには、スイセンがオネスティ・ボックスを見下ろしているときの合計3倍の額を払った[12]（その後、何人かの研究者は、この結果の一部を再現できなかったので、ポスターの効果は誇張されている、と主張した。彼らはおそらく正しいのだろう[13]）。

それでもなお、監視されているときと、自分が誰だか知られずに済むと感じているときに働く力は、再び独裁者ゲームをやってみるとわかる。あなたが誰かとペアになったところを想像してほしい。あなたは6ドルもらい、全額を取ってもいいし、相手と分けてもいい、と言われる。あなたがいくら相手に分けるかという決定は、そのとき身につけているものの影響をわずかにでも受けるだろうか？

トロント大学の研究者たちは、この疑問の答えを確かめるための実験を考えた[14]。彼らは、実験条件をほんの少し、ランダムに変えた。参加者の一部は濃い色のサングラスをかけた。それ以外の参加者は透明なレンズの眼鏡をかけた。すると驚くべきことに、透明な眼鏡をかけた人が平均で2ドル71セントを相手に渡したのに対して、サングラスをかけた人は1ドル81セントしか分け与えなかった。これは大きな違いであり、現金の分配の仕方が55対45と70対30の割合に分かれたのだ。濃い色のサングラスをかけたせいで、人は自分の匿名性が上がるように感じ、無意識のうちに自分の中でも邪悪な衝動に身を任せてしまった、というのが最も妥当な説明だろう。まったく、サングラス様様だ。

これらの実験は、不適当な行動を思いとどまらせられるかどうかが、些細な違いに懸かっている可能性を指摘している。監視されていることを人々に思い出させるような、わずかな手掛かりでさえ、大きな効果を発揮しうる。モロッコでは、研究者たちが素晴らしい設定の実験を考えた。彼らは小売商人たちを訪ねて、現金の贈り物を受け取るか、それを辞退して慈善目的で寄付できるようにするか、選んでもらった。ただしこの実験では、いつその選択をしてもらうかに違いを持たせた。一部の小売商人には、1日のうちのランダムな時間を選んで質問した。残りの商人たちには、イスラム教徒に祈禱《きとう》を呼び掛ける声が町中に響き渡っているときにだけ質問した。その声は、天の神のことを本能的に思い起こさせる、音声のリマインダーだった。ランダムに声を掛けられた商人のうち、60％が気前が良かった（人間の本性について希望の持てる結果だ）！　だが、祈禱への呼び掛けの間に質問された商人は、全員が慈善のための選択肢を選んだ。[15] この調査がとりわけ興味深いのは、それがアメとムチの両方にかかわっているからだ。祈禱への呼び掛けは、善行をする責任の重さのリマインダーとして機能するはずだが、同時に、自分の良からぬ面の言いなりになったときに受ける天罰について考えるようにも人々に仕向ける。

それでも、これらの結果には限度がある。ビッグ・ゴッドからの天罰を信じていて、それが行動を導く決定的な要因となっている人が現代社会にもいるかもしれないが、それがすべての人の動機づけになるとは、とうてい思えない。ほとんどの人は、スピード違反をすることからオフィスの事務用品を盗むことまで、ありとあらゆる種類の悪行を考えるときに、神について常に心配するほど信心深くはない（あなたも、自分がどんな人間かは、自分がいちばんよくわかっているだろう）。それに、たとえリマインダーが効果を発揮するにしても、イスラム教の祈禱への呼び掛けやキリスト教の賛美歌を、フォーチュン500の企業本社のあらゆる役員室やホワイトハウスに絶えず流すというのは、実行可能な選択肢にはほど遠い。それに、オフィスや警察署の至る所に目の写真を貼りつけることに少しでも抑止効果があったとしてさえ、しばらくすれば人々がそれに慣れてしまって、その効果も薄れるだろう。

幸い、こうした実用性のなさはあまり問題にならない。なぜなら今や現代の政府や雇用者が、以前は天罰や神判への恐れによって打ち立てられていた監視と懲罰による脅しを提供するからだ。デニス（『モンティ・パイソン・アンド・ホーリー・グレイル』に出てきた、怪しいほど教養のある中世の農民）が今日の社会に生まれ変わったら、警察や内国歳入庁や勤務先の人事部が介入することを知り、恐れるだろう。だからといって、宗教の根本的な魅力全般に影響が出るわけではなく、その魅力は、何十億もの人にとって強いものであり続けている。だが、多くの人にとって、神による監視から得られていた社会的な抑止力の恩恵は、人間による監視から得られるものに取って代わられたことは確かだ。

人は監視されているときのほうが善良な行動を取ることは、証拠から裏づけられている。悪行で捕まったり罰せられたりすることを人々に恐れさせるのには、もはやもっぱら神に頼る必要がなくなったことは明らかだ。だが、ここまでの考察はすべて、依然として少し抽象的過ぎる。監視によって実世界で権力の濫用を減らすようにするには、どうすればいいのか？

レッスン8——支配される側ではなく支配する側に焦点を合わせて監視する

私は毎日自分のオフィスに行くときに、死体の前を通る。比喩的な意味で言っているのではない。ユニヴァーシティ・カレッジ・ロンドンには、功利主義の近代の創始者であるジェレミー・ベンサムの、死後190年を過ぎたミイラがガラスケースに収まっている。功利主義とは、最も倫理的な選択は最大多数の最大幸福を生み出すものである、とする哲学だ。ベンサムの亡骸というか、その残りには、本人の服が着せられている。[16] ベンサムは、自分の頭部もそれ以外の部分と併せて保存させるつもりだった。晩年の10年間は、死んだときにすぐに使えるように、ガラス製の義眼を2つポケットに入れて持ち歩いてさえいた、とする説もある。ところが、彼の願いをかなえて頭部を保存するために乾燥させていたときに、「悲惨なことになり、容貌がほとんど失われ、断然醜くなってしまった」[17]。縮んで皺だらけになったその恐ろしげな頭は大学の博物館行きとなり、代わりにガラスケースの中の体には、蠟《ろう》でできた、はるかに好感の持てる頭が載っている（ベンサムの亡骸は大学審議会の会合に運ばれて出席するという、よく語られる話は、悲しいかな、作り事であり、彼の頭がライバルの大学に盗まれてサッカーの試合で使われたという話にしても同様だ）。とはいえ、ベンサムの亡骸が今、ユニヴァーシティ・カレッジ・ロンドン学生センターのガラスケースに収まって、四方から見られるようになっているのは、彼にふさわしいことだ。彼の最終的な安息の地は、彼が生前に設計した監視システムである一望監視施設「パノプティコン」によく似たものとなったからだ。

　ベンサムは1785年に、収監者が最小限の監視によって刑務所の規則に従うようにするための、新しい種類の刑務所を設計した。その発想は単純で、残忍で、すっきりしたものだった。刑務所は円形で、監房がその円周に沿って配置される。中心に1つ監視塔があり、看守には収監者が見えるが、収監者には看守は見えないようになっている。こうしてパノプティコンは、ベンサムが「目に見えない遍在性」と呼ぶものを実現させ、看守がどの瞬間にも監視している可能性があるという印象を生み出す。[18] ところが、収監者は正確にはいつ看守が見ているのかは知りようがないので、絶えず適切な行動を取らざるをえない。たとえ看守があまり介入しなくても、時が過ぎるうちに、収監者はひたすら規則に従うようになる、とベンサムは主張した。パノプティコンの理想的なバージョンでは、これは自己改革につながり、収監者を怒鳴りつけたり打ち据えたりするまでもなく、啓発的なかたちで更正させることができる（フランスの哲学者ミシェル・フーコーは、著書『監獄の誕生』で、この権力の行使の持ちうる邪悪な影響を詳述している）。ベンサムの発想は、イリノイ州のステイトヴィル刑務所からオーストラリアのラウンドハウスやコロンビアのパノプティコまで、世界中の施設で採用された。今日もまだ使われているいくつかの刑務所も、ベンサムの原理に基づいて設計された。

だが、あなたのオフィスも同様かもしれない。

ベンサムは、次のように信じていた。自分の発想は「建物によって占めたり見渡したりできる、あまり広くない空間的範囲に、大勢の人を入れて彼らに目を光らせておくための、ありとあらゆる施設に応用可能だと思う。その目的がどれほど異なろうと、あるいは互いに反するものであろうと、関係ない」。多くの企業がベンサムに同意してきた。そうした企業は、自社のオフィスをベンサムのパノプティコン刑務所の21世紀版にした。ただし、中央に監視塔はないが。

２０１４年のある調査によると、アメリカのオフィスの４分の３近くが、今やいわゆる「オープン・プラン」で設計されており、職場を分割する壁は低いか存在しないかのどちらかだという。[19] もしあなたが勤務日の一部をX（旧ツイッター）に費やしたり、電話で家族や友人とおしゃべりしたりして過ごせば、誰もが知るところとなる。そして、みんなに知られてしまうことは、あなたも知っている。このようなオフィスの造りは、被雇用者に有害な影響を与えるという一貫した証拠があるのにもかかわらず、圧倒的な普及率を保っている。オープン・プランのオフィスについての１００の調査を２０１１年に精査すると、そのようなオフィスは被雇用者を疎外し、彼らのストレスを増し、日ごとの満足度を下げることがわかった[20]。それだけではない。オープン・プランのオフィスは、協同を促すことがそもそもの主眼だった。ところが、実世界のデータは、その逆になることを示している。オープン・プランのオフィスでは、社会的な交流が70%減るのだ[21]。パノプティコン型の職場は、監視には向いているが、そこを占める人々にはひどい場所となる。

そのうえ、デジタルテクノロジーの台頭に伴い、企業は労働者についてあらゆることを監視する前代未聞の能力を得た。職場には不穏なまでに多くの監視テクノロジーが導入され、その数は増え続けている。襟やネクタイなどにつける、常時オンのラペルマイク、マイクロチップが埋め込まれたＩＤバッジ、被雇用者が自分の席に着いているかどうかを判断する椅子センサー、コンピューターのキーストローク・モニター、机に向かっている被雇用者の写真を一定間隔で撮影するソフトウェア、頭を1つ切り落とすと2つ頭が生えてくるという、ギリシア神話のヒュドラの現代版と言える電子メールの受信箱に取り組んでいるはずの被雇用者が、レシピを眺めていたりしないように、コンピューター画面のスクリーンショットを定期的に撮影するテクノロジー……。ベンサムなら、こうした方法のいっさいを称賛して、口笛を吹くだろう――彼の新しい口が蠟でできていなかったなら。

このようなディストピアのような監視制度は、権威主義的な国々ではなお悪い。たとえば中国では、「社会信用システム」が国民を常に監視して、「不適切」な行動をすべて罰することを目指している。現時点では一連のパイロットプロジェクトとして存在しているこのシステムは、早くも不穏な様相を呈している。１３００万人がすでにブラックリストに載せられており、彼らは飛行機のチケットを予約することも、列車の切符を買うこともできない[22]。交通規則や信号を無視して道路を横断すると、顔認識ソフトウェアで自動的に身元を突き止められる都市もある。そして、その人の顔が巨大な掲示板に表示され、たちまち恥ずかしい思いをさせられる。一部の地域では、共産党の定めた規則を破った人は誰もが、警察が撮るような顔写真を、その地域でSNSを使っている人の画面に表示され、デジタルの世界で排斥される。中国のメッセージングアプリの微信（ウィーチャット）では、ブラックリストに載せられた石家荘《シージャーヂュアン》市の人は、地図上に示される。それと比べれば、ジョージ・オーウェルが『一九八四年』で想像した監視国家の「テレスクリーン」もまだ趣があって気楽なもののように見えてくる。

何が問題かと言えば、現代の私たちの監視制度は、万事逆向きなのだ。だから、逆転させるべきだ。私たちは見当違いの人々を監視している。21世紀のパノプティコンはひっくり返して、逆に、権力を握っている人が絶えず監視されていると感じるようにするべきなのだ。エネルギー大手のエンロン社が経営破綻したり、バーナード・マドフのマルチ商法が行き詰まったりしたのは、平社員がペーパークリップをいくつか盗んだからでも、勤務時間中に20分ほどYouTubeで猫の動画を眺めていたからでもない。そうした平社員を支配している人自身が、悪質な振る舞いをし、途方もなく大きな害を招いたからだ。

さまざまな推定によると、ホワイトカラー犯罪は、アメリカだけでも毎年2500億〜4000億ドルの損失や損害を引き起こしているという[23]。アメリカの街中で行われる不法侵入、強盗、窃盗、放火といった財産犯の被害額をすべて足し合わせても170億ドルをわずかに上回るだけであり、ホワイトカラー犯罪の損害はその15〜25倍の額に達する[24]。控え目な推定によると、主に有毒化学物質、不良品、毒性廃棄物や有害な汚染物質への曝露《ばくろ》、厳格な検査なしに提供される依存性物質に関連した企業の違法行為のせいで、毎年およそ30万のアメリカ人が亡くなることもわかっている。[25] これは、アメリカで毎年自殺する人の数のざっと20倍にもなる。

それにもかかわらず、企業の本社で最も監視されているのは、そのような深刻な害を最も及ぼしそうでない人であることがあまりにも多い。重役室や役員室は不透明なままだ。役員室は隠しマイクで盗聴されないし、役員がＧＰＳソフトウェアで追跡されることもない。オープン・プランのオフィスの長所を絶賛するＣＥＯたちは、たいてい自分の執務室の閉ざされたドアの向こうに引っ込んでいる。トップレベルの重役たちに「生産的」に時間を使わせるために、彼らのキーストロークが記録され、精査されることがないのは請け合いだ。

これはなにも、そこまで厳格な監視をしはじめるべきだというわけではなく、むしろ、どんな監視をするにしても、まず上層部を対象にするべきである、ということだ。交通規則や信号を無視して道路を横断するありきたりの人々ではなく、中国の腐敗した共産党こそ、はるかに厳しい精査を受けて然《しか》るべきだ。支配される人ではなく、支配する人のことこそ、私たちは懸念する必要がある（企業の中で誰が実際に害をなしうるかに基づいて、労働者の物理的な空間を再設定する興味深い例を、日本が提供してくれる。日本の企業文化では、無能な労働者は解雇されず、「窓際族」と呼ばれるようになる。彼らは、オフィスの端に移らされるからだ。彼らは降格され、取るに足りない仕事をあてがわれるので、窓から外を眺めていられる。誰もわざわざ彼らを監視する必要さえない）。

現代には、私たちは神の全知を人間の監視でおおむね置き換えた。だが、今日の監視者は、自らが監視されていると感じるべき人にほかならない。少なくとも、ビッグ・ゴッドは万人を等しく監視する、と言われている。ありとあらゆる岩や木——あるいは、少なくともありとあらゆる岩——の陰に隠れている人に、自分の腐敗した行為が監視されているのではないか、と権力を握っている人々が心配していたなら、世の中はもっと良い場所になるだろう。

その教訓を文字どおりに捉えたのが、アナス・アレメヤウ・アナスだ。アナスはガーナでの「潜入ジャーナリズム」の先駆者として、同業者よりも少しばかり先まで進んだ。彼は変装の達人であり、衣服に工夫を凝らし、権力を握っている人に近づき、彼らが普通ならジャーナリストには絶対漏らさない秘密を語らせる。岩に化けて周囲に溶け込んだことさえ、何度かあった（そのときに使った衣装は若干素人っぽく、滑稽な覗き穴が2つ空いていて、それを彼が被ると人間の大きさの砂岩の塊に見えるが、この変装でうまく周りに溶け込める、と彼は言う）。岩に化けた以外にも、特殊メイクで顔を変え、タイの刑務所の聖職者や、警察官、刑務所の収監者、精神科病院の患者、そして何度かは女性にもなった。彼の職業上の成功は、人に正体を気づかれないことに懸かっているので、アナスという名前は西アフリカ全土で知れ渡っているのにもかかわらず、彼がどんな顔をしているかは誰も知らない。彼のことを報道業界のジェームズ・ボンドと呼ぶ人もいる。

「私の報道には3つの目的があります。悪者たちの名前を世に知らしめること、彼らを恥じ入らせること、そして、刑務所に送り込むこと」。スカイプで話したとき、アナスは私にそう語った[26]。私たちはカメラをオンにしていたが、私にはたいして見えなかった。彼はバケットハットを被っていて、それから紫色と金色のビーズが垂れ下がって顔を覆い、片耳以外はみな隠れていた。彼は、自身が「パラシュート・ジャーナリズム」と呼ぶものを問題視しているそうだ。西洋のジャーナリストがガーナを訪れて長い週末を過ごし、権力を握っている人々に取材し、記事を書き、帰っていく。そのような調べ方では、何も達成できない、とアナスは主張した。ガーナでは何もかもがひどく不明瞭だからだ。腐敗は、パラシュート・ジャーナリズムでは暴き出せない。「ロンドンかアメリカからパッと飛んできて、1週間過ごし、私たちよりもうまく真実を明るみに出せるなどということは、考えられないでしょう」と彼は言った。彼が口を利くと、息でビーズがかすかに揺れた。

アナスはさまざまに変装して、アフリカ各地で権力のある人々を摘発してきた。ガーナでは、大きなサッカー・スキャンダルをスッパ抜いた。賄賂と大規模な汚職が絡んだ事件だった。彼は司法制度の内部で何年も潜入調査をし、30人を超える判事が賄賂を要求する場面を撮影した[27]。彼らは現金やヤギやヒツジを受け取った。それと引き換えに、殺人やレイプや違法薬物の密売などの常習犯を無罪放免にした。これはガーナの歴史上最大級のスキャンダルにまで発展し、司法制度の大幅な改革のきっかけとなった。

そのような仕事には、かなりの犠牲が伴っていた。ある議員が、潜入調査による暴露の数々を行った廉《かど》でアナスの身元を突き止めて絞首刑にすることを求めた。その議員は、アナスの協力者の1人がアフメド・フセイン゠スアルであることを、なんとか探り出した[28]。議員は、フセイン゠スアルの名前と写真を、彼の居場所についての情報とともに公表した。2019年1月16日、フセイン゠スアルはガーナの首都アクラの郊外を自動車で走っていた。交差点で速度を落としたとき、前の週にその近隣をうろついていた2人の男性が、彼の自動車に近づいた。2人は至近距離からフセイン゠スアルを撃った。1発目の銃弾が彼の首に当たり、2発目と3発目が胸に命中した。彼が失血死しかけているなか、2人の銃撃者は呆然と立ち尽くしている目撃者たちの方を向き、唇に指を一本当て、微笑むと、去っていった。[29]

身の毛のよだつようなこの殺人にも、アナスは決意を固くするだけだった。彼が調査を行うまでは、判事たちはあからさまな不正行為をしても罰を免れるものと踏んでいた。政治家たちは無敵のように感じていた。ガーナでは、賄賂は公人の生活では当たり前だった。刑罰を免れられる文化が浸透していたので、悪質な振る舞いが横行した。権力を握っている人々は、他の誰もが監視されている一方で、誰も自分たちを監視してはいないと信じていた。ところが、アナスが独力でその思い込みを覆した。権力を握っているガーナ人たちは、周囲の人間の誰が――自分が気づかない岩さえもが――監視していてもおかしくない、と心配しはじめた。アナスは誰にも自分の素顔を見せなかったので、誰もがアナスである可能性があった。だから、絶大な効果があった。

腐敗した高官たちを標的にしたアナスの調査が重要だったのは、不正を働く大物たちを倒すというのが、いわゆる「トリクルダウン」の原理が実際に効果を上げるように見える、数少ない事例の1つだからだ。私の教え子の1人であるアダム・ソールズベリーは、オックスフォード大学で西アフリカにおける腐敗の研究を行った。すると、ブルキナファソで関税同盟を主導していた悪徳役人が権力の座を追われると、彼がそれまで支配していた人々が、たちまち行いを改めたことがわかった。[30]腐敗した上司という手本がなくなると、部下たちは自らを改革した。首を切り落とすとうまくいくようだ（ジェレミー・ベンサムには朗報だろう）。ソールズベリーの発見は、人を精査するときには権力を握っている人にレンズの焦点を合わせるべきだという見方に、さらなる裏づけを与えた。彼らによる権力濫用のほうがはるかに深刻な結果をもたらすので、最上層の人間の行動を改めさせれば、下層ではより多くの人に行動を改めさせることにつながりやすい。一方、その逆は想像しづらい。下層の事務員や秘書が前よりも善良に振る舞ったとしても、腐敗した判事やＣＥＯまでもが突然、非の打ち所のないほど清廉にはならないだろう。それなのに、権力のある人々が自らを現代のビッグ・ゴッドに仕立て上げたため、私たちは完全に見当違いの人々に視線を向けがちだ。ローマの詩人ユウェナリスは、次のような有名な言葉を残している。「誰が見張りを見張るのか？」

アナスの実践しているような潜入ジャーナリズムは、西洋の社会ではめったに見られない。倫理的に疑わしいものと見なされているからだ。これは残念だ。潜入ジャーナリズムは悪事を暴くためだけではなく、権力を握っていて、悪質な行いをしようかどうか考えている人々に適度の心配を抱かせるための、強力な手段にもなりうるのだから。さらに深刻なことに、ジャーナリズム自体が、ほぼすべての場所で衰退している。ＳＮＳが普及し、オンラインの広告収入も落ち込んでいるために、小規模な報道機関が大量に廃業に追い込まれている。その結果、お目つけ役が激減してしまった。『ワシントン・ポスト』や『ガーディアン』、『ニューヨーク・タイムズ』、『ル・モンド』といった大新聞は、盛んに活動を続けている。だが、地元や地域のジャーナリズムが空洞化し、全国版のエリート紙に読者が流れると、自由な報道の監視能力が衰え、その力を恐れる人が確実に減っていくだろう。そして、メディア業界の強力な巨大複合企業によって報道機関が席巻されればされるほど、その監視の目は適切な場所に注がれなくなっていく。

ジャーナリズムが不在になったら何が起こるのか？　ウガンダが有益な教訓を提供してくれる。東アフリカにあるこの国で教育支出の監査が行われると、学校に割り振られた金額の10ドルに最大８ドルの割合が盗まれていたことが明るみに出た。その支出は、子どもたちではなく腐敗に回っていたのだ。ジャーナリストたちは、その話を一面記事にした。彼らは、最初に割り振られた金額と、学校のために実際に使われた金額の差を暴露した。その報道は途方もない影響を与えた。まもなく、盗まれる金額は10ドル当たり2ドルだけになった。だが肝心なのは、横領が最も大きく減ったのが新聞販売店の近隣地域だったことだ。腐敗した役人が正体を暴かれたときに、効果があったのは、人々がそれについての記事を実際に読むことができる場合に限られた。もし、記事を書く人や読む人がいなかったら、権力のある人々は刑罰を免れると感じ、なおさら悪質になる。監視活動は、その結果を適切な人々が目にすることと組み合わせる必要があるのだ。[31]

テクノロジーも助けになりうる。たとえばインドは、腐敗を標的にした巧妙な制度を開発した。インドでは普通の人々が、「私は賄賂を払った」と呼ばれるウェブサイト経由でゆすりを密告できる。[32]匿名で新しい報告がなされるたびに、地図上にデジタルのピンが新たに現れる。いくらもしないうちに、不正の温床がどこかが明らかになり、改革者たちは最悪の地域に的を絞ることができる。

ベンガルールでは、ある改革者が奇妙なことに気づいた。自動車の運転免許試験場に、小さなデジタルのピンが集中している。彼はたちまち悟った。試験を行っている役人たちが、賄賂と引き換えに、拙劣な運転者を合格させていたのだ。それは汚職であるだけでなく、危険な行為でもあった。自動車を運転するべきでない人が、財布の中身を少しばかり減らす気さえあれば、路上に出られる。研究者たちがニューデリーで、運転免許の試験に素早く合格できた人には誰にでも現金を渡す実験をしたところ、同じ問題が見つかった。ほとんどの人がほとんど瞬時に合格し、現金を受け取った。だがその後、合格者に、賄賂を受け取らない清廉潔白な試験官による抜き打ちの運転技能試験を受けさせると、74%がわざわざ運転の仕方を学習する手間をかけなかったことを認めた。そして大半が、公正な試験に落第した。[33]彼らは、お金に物を言わせて免許証を獲得していたのだった。制度全体が腐敗していたわけだ。

そのような致命的な袖の下をなくすために、ベンガルールの地方政府は運転免許試験を改革し、至る所に電子センサーを設置した。試験全体も録画することにした。ベンガルールの運転免許試験場での賄賂は、一夜にして激減した。だが、キーストロークを記録する必要も、運転の指導教官をGPSで監視する必要もなかった。この問題は、効果を発揮するのに必要最低限の侵害性しかない監視によって特定され、解決された。じつにうまくいった。私たちの全員が腐敗した運転免許試験官に出くわすわけではないが、この介入の成功は、普遍的な教訓となる。

アナスの潜入ジャーナリズムからインドの運転免許試験やパノプティコン刑務所まで、どれを見ても明らかなように、絶えず人々を監視し続ける必要はない。それどころか、人々――特に、権力を握っていない人々――を絶えず監視するのは、ディストピアへの早道となる。だが、代わりにユートピアへとじわじわ近づくには、権限を握っている人々に、いつ監視されていてもおかしくない、と思わせるべきだ。そうすれば、プライバシーを絶えず侵害することを避けつつ、権力を握っている人に、その権力を濫用するのを思いとどまらせることができる、妥協点が見つかる。

レッスン9――ランダム性を利用して抑止力を最大化しつつ、プライバシーの侵害を最小化する

2013年12月、クリスマスの数日前のことだった。マダガスカルの首都では、強烈な日差しに焼

けた道路の敷石が熱を発し、露店で売られている食べ物の匂いと下水の悪臭を際立たせていた。私たちの四輪駆動車の車列は、この町の崩れかかった道をガタガタと駆け抜けていった。ゼブー（コブ牛）が道路に歩み出てくるたびにクラクションを鳴らす。エンジンがやかましい音を立てるので、嫌でも目につく。絶対に周りに紛れ込んでしまわないように、私たちの青い不格好なキャンバス生地のベストの背中には、「ELECTION OBSERVER」（選挙オブザーバー）と白い太文字でデカデカと書かれていた。私たちは、いかがわしいことが起こらないようにするために派遣された監視団で、その日は投票日だった。

現場に到着すると、チェックリストの項目を順に確認していった。投票箱はもともとの結束バンドで封をされているか？　兵士が投票者を威嚇していないか？　投票者は登録証明書の提示を求められているか？　私たちは投票箱を1つひとつ点検した。万事問題なさそうだった。けっきょく、選挙は公正に行われているのかもしれない。あるいは、ことによると投票所の係員たちは、私たちが来ることを警告されていたのかもしれない。どちらにしても、私たちは任務を終えて自動車に戻り、道を進んだ。次の投票所までは800メートル余りで、道は一直線だ。先ほどの投票所の係員が次の投票所の係員に電話をして、私たちが向かっていることを伝えるのを防ぐ手立てはない。もし不正をしていたら、それを隠すだけの貴重な数分間が彼らに与えられるわけだ。

監視は、悪質な行動を止める代わりに、ただ別の場所に追いやるだけの場合もある。

選挙の監視はモグラ叩きのようなものだ。ある場所で不正投票を抑え込めば、別の場所でそれが行われることのほうが多い。政治家の手下たちは、公式のベストを着た外国人たちが見守っている前で、不正な投票用紙をわしづかみにしては次々に投票箱に詰め込むほど間抜けではない。だが、選挙オブザーバーが派遣されると、監視されていない近隣の選挙区で不正投票が急増することを、研究者たちは発見している。[34] 入念にやらないかぎり、選挙の監視は時間の無駄で、選挙で不正を働いている人々を多少手間取らせるだけにとどまる。だから、お粗末なやり方の監視は抑止力を持たず、不正を行う側にイノベーションを強要するだけだ。幸い、これには単純で気の利いた解決策がある。ランダム性を持ち込むのだ。政治家の手下や悪党どもは、いつどこで監視されているのか知りようがなければ、罰を逃れるのが難しくなる。

ニューヨーク市警察なら、そのやり方を示すことができる。

それは、マンハッタン北西部の、よくある違法薬物の押収だった。[35] 麻薬取締局（DEA）は、ある薬物の密売人の隠れ家を見つけた。たいした密売人ではなかった。せいぜい、地元の売買の中心人物といったところだ。だが、1つ問題があった。彼のアパートを徹底的に調べるための令状がまだ出ていなかったのだ。事務手続きに時間がかかるのはよくあることだ。そこでDEAの捜査官たちは、ニューヨーク市警察に電話し、かつて「アメリカのクラック・キャピタル」〔訳注　「クラック」は純度の高いコカインのこと。「キャピタル」は「首都、中心地」の意〕として知られていたワシントンハイツから、アパートの見張りのために警察官を1人派遣してもらった。誰も出入りさせないでほしい、おそらく、中には大量の薬物と現金があるだろうから、と彼らはその警察官に言った。密売者が警察に見つかったことを密売組織の人間が知って、事態の収拾を図ろうとするようなことがあってはならなかったからだ。

ニューヨーク市警察の警察官は、アパートを見張ることに同意した。彼は、建物に乗りつけ、階段を上がってそのアパートまで行き、中に入った。果たして、ヘロインの袋が至る所にあった。それから彼は、現金も見つけた。2万ドル分の紙幣が、何本も棒状にきつく巻かれてあった。アパートの中には彼1人だった。それは薬物を売ったお金だ。捜査官も警察官も、誰もまだそのアパートの中には入っていなかった。そこにいくらお金があるか、知っている人などいるだろうか？　なくなったところで、誰が気づくというのか？　その密売人は、お金の一部がなくなっている、と苦情を言うかもしれない。だが、警察官の言葉と犯罪者の言葉が食い違ったらどうなるか？　結果は火を見るよりも明らかだ。そこでその警察官は、不審に思われないように6000ドルだけ抜き取り、残りはそのままにした。彼は札束を防弾チョッキの内側に詰め込み、DEAの捜査官が令状を持ってやって来るのを待った。

捜査官たちは到着すると、警察官に協力の礼を言った。彼はその場を離れ、何事もなかったかのように、その日の仕事に取り掛かった。やがて勤務時間が終わった。だが、不法に手に入れた現金を持って帰宅しようとしたところで逮捕された。

「DEAの捜査官たち」は、じつはニューヨーク市警察の内務調査局の秘密捜査員だった。「ヘロイン」の袋には、実際にはパンケーキミックスが入っていた。「密売人の隠れ家」は、市警察が借りたアパートだった。内部はすべて、フォートノックスの連邦金塊貯蔵所さながら電子装置だらけで、盗聴器と隠しカメラがすべてを捉えるようになっていた。その警察官はすでに、腐敗と違法活動の嫌疑を掛けられており、この誠実度検査に落第したのだった。

「こうした検査のせいで、盗むのがはるかに難しくなります。不可能にはなりませんが、はるかに難しくなるのです」とチャールズ・カンピシは私に語った。[36] カンピシは１９９６～２０１４年にニューヨーク市警察の内務調査局の局長を務め、ほぼ独力で同警察の浄化を推し進めた。最初はささやかに始めた。「店に入っていって、ただでコーヒーをもらってはならない、という方針を打ち出しました」とカンピシは言った。「それは、腐敗のレベルの最底辺でした。けれど、もしその最底辺からスタートしなければ、けっして最上部まで行き着くことはない、という発想です」。そうした方針を強化するのが、誠実度検査、すなわち、警察官による警察官を対象とする囮《おとり》捜査だ。

誠実度検査は、的を絞って行われることもある。内務調査局は、署の警察官や一般人から通報を受けると、嫌疑の掛かっている警察官を監視し、不適当な行動を取りやすい機会を与える。警察官に罪を犯すように圧力をかけたりはしないが、お金がぎっしり詰まった財布が遺失物として届けられるといった、一見、誰にも知られずに素早くひと稼ぎできそうな状況を設定することが多かった。囮の警察官が犯罪者を装うこともあった。取り調べや逮捕のときに、その偽犯罪者は、自分の正体を知らない同業の警察官を侮辱し、相手が乱暴になって暴力を使うかどうか試す。試された警察官は、現金を自分の懐に入れたり、パンチを繰り出したりしたら逮捕される。

だが、カンピシの最も効果的なイノベーションは、誠実度検査をランダム化したことだった。何年にも及ぶ彼の監視の下で、ニューヨーク市警察は大幅に改善された。たとえば、２０１２年にはカンピシの助力で５３０回の誠実度検査が企画された。手順がうまくいかないことも何十回もあったが、誘惑に負けてお金を受け取ったり、仕込んでおいた薬物を盗んだりした警察官は６人しかいなかった。そして、カンピシの得たきわめて重要な見識は、次のようなものだった。毎年５００回の誠実度検査をランダムに行えば、何千もの警察官が、自分は検査されている、と考える。なにしろ、一般の人々も現に落とし物の財布を届けるし、違法薬物の押収現場では、テーブルなどに現金が置いてあることがよくある。だから、警察官は区別がつかないので、本当の場面でも、仕組まれた状況で自分が試されている、と誤って思い込むことが非常に多いのだ。

１９９０年代後半にある研究者がニューヨーク市警察の警察官たちを調べ、過去1年間に自分が内務調査局の調査対象にされたかどうか尋ねると、果たして、この思い込みが裏づけられた。研究者は警察官たちの答えに基づいて、毎年約６０００回の誠実度検査が行われていると推定した。これは実際より12倍も多かった。[37] さらに、自分が対象にされたと感じた人以外の警察官も、いつ自分が監視されていてもおかしくないことを知っていた。薬物を押収しに出動したり、日常的に車両を停止させて運転者に職務質問したりするときには、いつもそれが巧妙に仕組まれた検査である可能性があった。だから警察官たちは適度の緊張感を抱き、現金を掠《かす》め取ったり、薬物を盗んだり、傲慢な犯罪者を殴りつけたりすることが少なくなった。

だからといって、隠しカメラをたくさん設置し、休憩室の冷蔵庫にケーキを入れておいて従業員を誘惑し、ケーキに手を出した人を捕まえろ、と言っているわけではない。そんな社会で暮らしたがる人などいない。誰もが疑われ、社会的な信用が存在しない社会などご免だ。そんなことをする代わりに、権限のある地位に就いていて、重大な悪影響を及ぼしかねない人々にだけ、監視されているという不安を抱かせるようにするべきだ。誰も彼も絶えず監視するのは不健全だ。ごく普通の労働者を常時監視することは、けっして受け容れられない。だが、深刻な害を引き起こす余地がたっぷりある人に、ランダム化した誠実度検査をするのは、たいてい容認できる。アナスのような詮索好きのジャーナリストたちによる、より活発な監視を組み合わせれば、私たちの社会における、回避可能な最悪の権力濫用を抑止するうえで、おおいに役立つ。入念な精査は、ビッグ・ゴッドが果たしていた役を演じることができる――私たちがこのようなしっかりした人間による監視体制を発達させる以前にビッグ・ゴッドが果たしていた役を。だが、オーウェルの『一九八四年』を生み出す羽目になってはいけないので、人間による監視はすべて、できるだけ制限し、権力を握っている人を最大の標的とし、可能なときにはいつも、常時ではなくランダムに行うべきだ。抑止という祭壇に自分たちの自由を生贄《いけにえ》として捧げてはならない。

最後になるが、ムチばかりでアメなしにする必要もない。うまく企画してランダム化した制度は、善行も促すものであるべきだ。たとえばスウェーデンでは、スピード違反防止の努力は両面作戦のかたちを取った。当然予想されるように、スピード違反をした人は罰金を科された。だが、制限速度未満で走っている人は、ランダムに選ばれて抽籤に登録された[38]。違反者が払った罰金を、法律を遵守する運転者からランダムに選んだ抽籤の当籤者の賞金として使った。こうして、不適当な行動を罰すると同時に、良い振る舞いをする動機づけも生み出したのだ。ランダム化――籤引き制――は、権力の座に就かせる人を選ぶのに役立つだけではなく、権力を握っている人に、自分の行動の説明責任を取らせる有用な手段にもなる。ランダム性の威力は、権力を握ることが多過ぎる腐敗しやすい人々との戦いで、もっと頻繁に利用するべきだ。

たとえどんな方法を取ろうと、普通の労働者や市民ではなく権力を握っている人を監視する方向へと、振り子を振り戻さなければならない。そして、それはノレンザヤンが発見した、古代エジプトから今日に至るまで存在している単純な真実、すなわち、人は監視されると善良になるという真理があるからなのだ。

第13章 模範的な指導者を権力の座に就けるために

レッスン10――高潔な救済者の出現を待つのをやめる。代わりに、彼らを生み出す

紀元前458年、ローマの東にあるアペニン山脈のアエクイ族という部族が、ローマ軍の1隊を包囲した。ローマの歴史家リウィウスは、次のように記している。わずか「5人の騎兵だけが敵の囲みを突破して執政官《コンスル》率いる軍が包囲されたという知らせをローマに持ち帰った」[1]。続いて起こった「恐慌と混乱」の中で、ローマ人は自分たちの石器時代の脳に届いて、危機に際して自信を与えてくれる強い指導者を求めた。そして、それはルキウス・クィンクティウス・キンキナトゥスだ、ということで意見が一致した。

ローマ人たちがやって来たとき、キンキナトゥスはまったくもって「農作業に打ち込んで」おり、畑

を耕していた。[2]都の権力闘争から遠く離れた所に身を置いていた彼は、自分が独裁官に指名されたことを知って驚いた。だが、その責務を引き受けることに渋々同意し、ローマ人たちを率いた。それは彼の義務だった。任期は少なくとも半年続くことになっていた。ところがキンキナトゥスは、軍を指揮して戦いでアエクイ族を打ち負かすと、「独裁官になってから16日目に辞任した」[3]。そして、自分の畑に戻った。

20年後、ローマ人たちは再びキンキナトゥスを頼った。このときは、スプリウス・マエリウスという名の富裕な大衆迎合主義者《ポピュリスト》の脅威を退けるように依頼した。スプリウス・マエリウスは、人々の支持を獲得して権力を奪おうとしていた。それは、権力に飢えた狡猾な強奪者の典型的な例であるばかりか、扇動を試みる人間に大衆が誘惑される好例でもあった。キンキナトゥスはこの脅威も取り除いた。そしてまた、権力を手放した。このときは21日しか支配権を握らなかった。

キンキナトゥスの伝説(歴史というよりも伝説だ、と主張する歴史家もいる)は、人類にとってきわめて重要で複雑な寓話を提供してくれる。キンキナトゥスは指導者の模範――権力を求めず、他者の役に立つためにそれを渋々引き受けた人物――として崇《あが》められた。彼がそうしたのは、自分が公正に振るえない権力は望んでいなかったからかもしれない。ギリシアの歴史家ハリカルナッソスのディオニュシオスは、キンキナトゥスと彼の例に倣った人々を称賛した。「彼らは自ら額に汗して働き、質素に暮らし、名誉ある貧困に苛立つことはなく、王権の座に就こうなどとは露ほども思わず、そのような座を差し出されたときには、実際に拒んでいる」。ディオニュシオスは、そのような指導者がどれほど稀になってしまったか、と嘆いている。彼の同時代人たちは、「あらゆることにおいて、その正反対の慣例に従う」ばかりだったからだ。[4] 彼の気持ちはよくわかる。

キンキナトゥスがアエクイ族を打ち負かしてから2000年以上も後、ジョージ・ワシントンがアメリカのキンキナトゥスとして知られるようになった。両者の類似には目を見張らされる。ワシントンも愛国的な農業従事者で、国家のために尽くし、君主になるよう要請されたが辞退し、大統領の任期を2期務めた後、引退した。彼らは例外であり、原則の存在を立証しているように見えた。権力は最悪の人々を引き寄せ、最善の人々さえ腐敗させるが、どういうわけか、キンキナトゥスとジョージ・ワシントンはその両方の影響を免れた。彼らは権力を求めもしなければ、その抗い難い魅力によって堕することもなかった。彼らは腐敗を知らなかった。

2人の名誉を称えるためにシンシナティ協会がワシントン時代のアメリカで設立された〔訳注「シンシナティ（Cincinnati）」は「キンキナトゥス（Cincinnatus）」にちなんだ命名〕。その標語に、公職の精神が凝縮されている。「Omnia reliquit servare rempublicam（共和国を救うためにすべてを放棄した者）」。ジョージ・ワシントンは、この協会の初代名誉会長に選ばれた。だがまもなく、協会は批判を受けた。ベンジャミン・フランクリンは、これが新しいアメリカの貴族階級、「世襲制の騎士団」を生み出すことになるのを心配した。フランクリンは協会の会員規定に懸念を覚えた。長子相続性の原則に基づいていたからだ。これでは、父から息子へと会員資格が引き継がれ、エリート層が自己複製を繰り返すことになる。権力は、実績とは無関係に血筋に沿って伝わる。骨の髄まで高潔な革命家だったワシントンは、世襲制を定める条項が削除されなければ名誉会長の地位を退く、と言って変更を迫った。それで協会側が折れた。ところが協会は、誰にも気づかれないうちにその条項を復活させた。そのため、シンシナティ協会の会員資格は今日に至るまで、血統と直結している。なんと呆れた皮肉だろう。他者に尽くすために実直にも地位を放棄するというワシントンの偉大な業績に捧げられた協会が、不謹慎にも地位にしがみつき、自らを利する振る舞いを見せるとは。彼らはキンキナトゥスの名を借りながら、それに恥じない行動を取れなかった。うんざりするほどお馴染みの現象だろう。

そこで教訓。私たちは、現代のキンキナトゥスが出現して救ってくるのを待つよりも優れた戦略を必要としている。ほとんどの場合、待っていてもがっかりさせられ、希望が砕け散るだけだ。それは、現行制度のあまりに多くが、腐敗しやすい人をやたらと引き寄せた挙げ句、権力の座に選んでしまうからだ。いったんその地位に就くと、彼らは権力によって変わってしまう――前より悪い方向に。例外的に高潔な人もいる。この世は、善良で真っ当な人がほとんどを占めている。その多くが、私たちのコーチだったり、上司だったり、地域を担当する警察官だったりする。それでもなお、少数ながら影響力のある、悪意に満ちた人々が、持てる権力を振るって途方もない害を及ぼしてきた。高潔な救済者が農地を離れるのを待つよりももっと現実的な目標は、制度を変えて、より多くの普通の人をキンキナトゥスのように振る舞うよう仕向けることだ。権力を追い求めるのではなく、権力の座に就いてほしいという要請に応えることを奨励する。そして、人を酔わせる支配力の効果を楽しんで腐敗するのではなく、その力を手放すように、人々を促すのだ。

私たちは長い道のりを歩んできた。チンパンジーからＣＥＯへ――霊長類の専制政治から、狩猟採集民のバンドへ、そしてこれまでに生み出されたうちで最も高度な階級制へ――という私たちの進化には、何十万年もかかった。だが私たちはそれ以降、比較的短い時間ですべてを台無しにした。過去数世紀の間に途方もない進歩が起こり、世の中は計り知れないほど良い場所になったのにもかかわらず、権力を握る人々に、私たちは相変わらず一貫して落胆させられている。だからこそ、権力は腐敗するというアクトン卿の警句が、真実としてだけでなく当然のこととして広く受け容れられているのだ。権限のある地位を占める人のじつに多くが有害だ。だが、そうである必要はない。とはいえ、問題を解決するには、まずその問題を理解しなければならない。

精神病質《サイコパシー》のメンテナンス職員が示してくれたように、権力に最も引き寄せられる人が、それに最もふさわしくない人であることが多い。地域の警察署が常軌を逸して軍隊のようになる事例が教えてくれたように、不適当な採用戦略がその問題を悪化させ、私たちのうちの最も権力に飢えた人を誘い込む。アリゾナ州で99世帯を自分の領民のように支配した独裁者がはっきりさせてくれたように、そのような腐敗しやすい人々を寄せつけないためには、競争が欠かせない。だが、競争があったとしてさえ、ネクタイを締めた白人男性たちや、船長を選ぶ子どもたち、くしゃみをする犬、背の高い兵士たちにこだわったプロイセン王が実証してくれたように、私たちの石器時代の脳は判断を惑わせ、不適当な理由から不適当な指導者を選ばせる。もしこうした認知バイアスを克服したとしても、スターバックスで独りで座っている人や、駐車違反をする外交官や、ヴァーモント州の総督が明白にしてくれたように、私たちは権力を握っている人の行動に影響を与えたければ、依然として制度を大きく改革する必要がある。手を汚したタイの首相や、一生を通じて学習を続けた泥棒、洪水で水位が上がるなか、患者たちを殺した医師が、それぞれ理解しやすくしてくれたように、権力は、私たちが思うほど腐敗しないこともある。だが、楽観が過ぎるといけないので言っておくが、カルトリーダーのバイオテロリストや、乱暴な

ＢＭＷの運転者たちが明らかにしたように、アクトン卿の金言は、不幸にも正しい。コカインでハイになったサルや、吹き矢で麻酔をかけられたヒヒや、急速に老け込む重役たちが立証したように、裁量権を感じられない権力は私たちに生理学的なストレスを引き起こして大きな打撃を与えうる。

それでも、こうした傾向は1つとして不変であるわけではない。もっと優れた人々が私たちを導くことができる。私たちはより賢く採用を行い、籤引き制を使って権力のある人々を出し抜き、監視を改善できる。指導者たちに、自分の責任の重みを思い起こさせることができる。人々が権力の犠牲者にされる前に、人々は抽象的な存在ではなく人間であることを指導者たちに悟らせることができる。人員を異動させ、権力の濫用を思いとどまらせたり見つけたりすることができる。ランダム化した誠実度検査を使って悪者を捕まえることができる。そして、監視するのなら、下層の人々ではなく、真に有害なことをする上層部の人々に的を絞ることができる。

そう、もっと良い方法はある。そして、もっと良い世の中にすることは可能だ。私たちは一丸となって取り組み、適切な改革を行えば、振り子を振り戻して、権力を追い求めたり濫用したりする腐敗しやすい人を押しのけ、そうではない人々を促して彼らに取って代わってもらうことができる。そうすればついに、権力のある人と腐敗しない人が同一であるような社会での暮らしを満喫することができるのだ。

謝辞

私は本書の多くを、キャンプ用のポータブルチェアに座って書いた――自転車の籠に入れ、イングランド南岸の人気《ひとけ》のない広大な浜辺に運んだチェアに座って。新型コロナのパンデミックのときのことで、馬鹿らしいほど極端なソーシャル・ディスタンスを取っていたわけだ。だが、本というもの、特に本書のような書籍は、ソーシャル・ディスタンスとは知的対極に位置する。本とは、書き手の脳が何年も何年も刺激された結果の累積だ。他者が提示した興味をそそるアイデアや、一見些細でありながら、書き手の頭に長年引っ掛かっている考えや、何気ない会話の間に賢い人々の口から洩れたちょっとした余談の数々がそうした刺激のもととなる。権力と階級制と地位という、腹立たしいまでに複雑なものについての見識を親切にも提供してくれた多くの賢い人に、そしてまた、首尾良くトップの座に上り詰めた経緯や他者を破滅させた理由を語ってくれた大勢のひどい人に、本書は負うところが大きい。

担当エージェントのアンソニー・マッテロにもお世話になった。彼は常に自分の権力を公正に振るい、権力の公正な行使という考え方の正しさを最初から信じていた。もし彼がミーアキャットだったなら、彼の「ムーブ・コール」には、いつも従う価値があるだろう。アメリカ側の担当編集者のリック・ホーガンは、出版の真の導師《グル》だ。バグワン・シュリ・ラジニーシさながら、彼には献身的なカルト集団がいる。彼の叡智《えいち》の恩恵を受けてきて、感謝の念に満ちた書き手たちだ。私も喜んでその仲間入りをした。だが、彼はけっしてその権限を濫用してサラダバーにサルモネラ菌を混入したりしない、と私は自信を持って言える。イギリス側の担当編集者のジョー・ジグモンドは、私を導いて退屈なアイデアから遠ざけ、本書をはるかに良い作品にしてくれた。彼——と、イギリス側の担当エージェントのキャスピアン・デニス——を選んで、イギリスの水域でこの船の船長になってもらって本当によかった（彼らの顔をコンピューターのシミュレーションで見て決めたのではなく、彼らの優れた操船技能に基づいた選択）。ベケット・ルエダ、オリヴィア・バーンハード、ダン・カディ、スティーヴ・ボルトの細心の注意にも感謝したい。

本書は、マダガスカル、タイ、ザンビア、ベラルーシ、コートジヴォワール、チュニジア、フランス、ラトヴィア、イギリス、インド、スイス、アメリカ、トーゴなど、私が世界各地で調査を行っていたときに、道を踏み外した人や破綻した制度を理解するのを助けてくれた方々の厚遇と親切がなければ書けなかっただろう。そして、私が感心していない無数の人々——西アフリカの乱暴な叛逆者たちや、東南アジアでクーデターを起こした将軍たち、東ヨーロッパの腐敗したＣＥＯたち、北アフリカの拷問者たち——にも、まあ、お礼を言いたい。彼らは自分がどうやって今日の地位に就いたのかを、私が理解するのを助けてくれた。彼らがたどった道を、他の同じように腐敗しやすい人々に対して、本書が将来、閉ざす役に立つことを願っている。

ロックダウンが行われていた夏の一部を捧げて、私がハイエナや階級制や住宅所有者管理組合《ホームオーナーズ・アソシエーション》について読むのを手伝ってくれた、ユニヴァーシティ・カレッジ・ロンドンの以下の熱心な学部生の小さな一団にも、たっぷりお礼を言いたい。アントニ・ミコッキ、ダニエラ・シムズ、エドゥ・ケネディ、エミリー・カニング、ハナ・ホワイト、マリア・カリーヴァ、タラ・デクラーク。これを、私の熱烈な推薦状だと考えてほしい。この謝辞の部分を、大学院の志願書に添えたり、雇用してくれそうな人に見せたりするといい。もし、この謝辞がその目的で使われているときに、それを読んだ人は、入学を認めたり、採用したりしていただきたい。彼らは並外れて優秀だから。

取材はしたものの、直接本文に含めなかった人々にも感謝している。各章を執筆する間中、彼らの考えが私の思考に浸透していった。以下に、彼らの一部を挙げておく。サマンサ・パワー大使、シェイン・バウアー、エリカ・チェノウェス、マルコ・ビジャファニャ、ローラ・クレイ、バーナード・ザッカ、ダニ・ワン、デイヴィッド・スカーベック、リー・グッドマーク、ピーター・マンデルソン卿、ゾーイ・ビリンガム、ジョン・タリー、アナン・パンヤーラチュン首相、デイン・モリソー、オマー・マクドゥーム、サイモン・マン、ジャン゠フランソワ・ボヌフォン、デニス・トゥーリッシュ、クリストフ・ティテカ。

最後に、最も感謝したいのが自分の家族だ。彼らは私の知っている重要なことのすべて——そして、あらゆるもののうちで最も偉大な権力は、自分を愛してくれる素晴らしい人々と時間を過ごすのを可能にする権力であること——を教えてくれた。

なぜ悪人が上に立つのか
人間社会の不都合な権力構造

2024年 11月 5日　第1刷発行
2025年 2月17日　第2刷発行

著　者――ブライアン・クラース
訳　者――柴田裕之
発行者――山田徹也
発行所――東洋経済新報社
〒103-8345　東京都中央区日本橋本石町 1-2-1
電話＝東洋経済コールセンター　03(6386)1040
https://toyokeizai.net/

装　丁………橋爪朋世
D T P………アイランドコレクション
製　版………朝日メディアインターナショナル
印　刷………TOPPANクロレ
編集担当……九法　崇
Printed in Japan　　ISBN 978-4-492-22423-6

【著者・訳者紹介】

ブライアン・クラース（Brian Klaas）
ミネソタ州で生まれ育ち、オックスフォード大学で博士号を取得。現在はユニヴァーシティ・カレッジ・ロンドンの国際政治学の准教授。『アトランティック』誌の寄稿者で、『ワシントン・ポスト』紙の元ウィークリー・コラムニスト。受賞歴のあるポッドキャスト*Power Corrupts*のホストを務めている。個人のホームページはBrianPKlaas.com、Xのアカウントは@BrianKlaas。

柴田裕之（しばた・やすし）
翻訳家。早稲田大学、Earlham College卒業。訳書に、ケイヴ『ケンブリッジ大学・人気哲学者の「不死」の講義』、エストライク『あなたが消された未来』、ケーガン『「死」とは何か』、ベジャン『流れといのち』『自由と進化』、オーウェン『生存する意識』、ハラリ『サピエンス全史』『ホモ・デウス』『21 Lessons』、カシオポ／パトリック『孤独の科学』、ドゥ・ヴァール『ママ、最後の抱擁』、ヴァン・デア・コーク『身体はトラウマを記録する』、リドレー『進化は万能である』（共訳）、ファンク『地球を「売り物」にする人たち』、リフキン『限界費用ゼロ社会』『レジリエンスの時代』、ファーガソン『スクエア・アンド・タワー』『大惨事（カタストロフィ）の人類史』、コルカー『統合失調症の一族』、ガロー『格差の起源』（監訳）、グレイ／スリ『ゴースト・ワーク』、ゾルン／マルツ『静寂の技法』、他多数。

原注

第1章　序——権力はなぜ腐敗するのか？

1. Roger W. Byard, "The Brutal Events on Houtman Abrolhos following the Wreck of the *Batavia* in 1629," *Forensic Science, Medicine, and Pathology*, 2020.
2. Mike Dash, *Batavia's Graveyard* (New York: Crown, 2002), 82.（『難破船バタヴィア号の惨劇』マイク・ダッシュ著、鈴木主税訳、アスペクト、2003年）
3. 同上。
4. 同上、150. 以下も参照のこと。E. D. Drake-Brockman, *Voyage to Disaster: The Life of Francisco Pelsaert* (Sydney: Angus & Robertson, 1963).
5. *Batavia's Graveyard* の著者マイク・ダッシュに2020年5月25日に行った個人取材。
6. バタヴィア号の日誌より。Dash, *Batavia's Graveyard*, 216 での引用。（『難破船バタヴィア号の惨劇』）
7. "Six Tongan Castaways in 'Ata Island," Australia Channel 7 documentary, 1966年に初放映。https://www.youtube.com/watch?v=qHO_RlJxnVI で視聴可能。
8. 同上。
9. 同上。以下も参照のこと。Rutger Bregman, *Humankind: A Hopeful History* (London: Bloomsbury, 2020).（『Humankind 希望の歴史：人類が善き未来をつくるための18章』上下、ルトガー・ブレグマン著、野中香方子訳、文藝春秋、2021年）
10. Rutger Bregman, "The Real Lord of the Flies: What Happened When Six Boys Were Shipwrecked for 15 Months," *Guardian*, 9 May 2020. 以下も参照のこと。Bregman, *Humankind*.（『Humankind 希望の歴史』）
11. 少年たちを救出した漁師ピーター・ウォーナーに2020年6月3日に行った電話取材。
12. 同上。
13. "Six Tongan Castaways in 'Ata Island."
14. World Bank Data, "Madagascar: GDP Growth (Annual %)," https://data.worldbank.org/indicator/NY.GDP.MKTP.KD.ZG?locations=MG.

15. マーク・ラヴァルマナナ元大統領にマダガスカルのアンタナナリヴォで2016年5月9日に行った個人取材。
16. 以下を参照のこと。Brian Klaas, "A Cosmetic End to Madagascar's Crisis?," International Crisis Group, Africa Report No. 218, May 2014.
17. "Madagascar: Air Force Two s'envole vers les Etats-Unis," Radio France Internationale, 23 November 2012.
18. Brian Klaas, "Bullets over Ballots: How Electoral Exclusion Increases the Risk of Coups d'État and Civil Wars" (DPhil thesis, University of Oxford, 2015).
19. もともとのスタンフォード監獄実験は、一連の論文で概説されている。特に、Craig Haney, Curtis Banks, and Philip Zimbardo, "Study of Prisoners and Guards in a Simulated Prison," *Naval Research Reviews* 9:1–17 (Washington, DC: Office of Naval Research). 以下も参照のこと。Craig Haney and Philip Zimbardo, "Social Roles and Role-Playing: Observations from the Stanford Prison Study," in *Current Perspectives in Social Psychology*, 4th ed., ed. E. P. Hollander and R. G. Hunt (New York: Oxford University Press, 1976), 266–74.
20. Ben Blum, "The Lifespan of a Lie," Medium, 7 June 2018.
21. Brian Resnick, "The Stanford Prison Experiment Is Based on Lies. Hear Them for Yourself," Vox, 14 June 2018.
22. Thomas Carnahan and Sam McFarland, "Revisiting the Stanford Prison Experiment: Could Participant Self-Selection Have Led to the Cruelty?," *Personality and Social Psychology Bulletin* 33 (5) (2007): 603–14.
23. 同上、608.
24. John Antonakis and Olaf Dalgas, "Predicting Elections: Child's Play!," *Science* 323 (5918): (2009): 1183.
25. 同上。
26. Rema Hanna and Shing-Yi Wang, "Dishonesty and Selection into Public Service: Evidence from India," *American Economic Journal: Economic Policy* 9 (3) (2017): 262–90.
27. S. Barfort et al., "Sustaining Honesty in Public Service: The Role of Selection," *American Economic Journal: Economic Policy* 11 (4) (2019): 96–123. 以下も参照のこと。Ray Fisman and Miriam A. Golden, *Corruption: What Everyone*

Needs to Know (Oxford: Oxford University Press, 2017).（『コラプション：なぜ汚職は起こるのか』レイ・フィスマン／ミリアム・A・ゴールデン著、山形浩生／守岡桜訳、溝口哲郎解説、慶應義塾大学出版会、2019年）

第2章　権力の進化史

1. 以下を参照のこと。M. C. Weiss et al., “The Physiology and Habitat of the Last Universal Common Ancestor,” *Nature Microbiology* 1 (9) (2016): 1–8.
2. 以下を参照のこと。P. Duda and J. Zrzavý, “Evolution of Life History and Behavior in Hominidae: Towards Phylogenetic Reconstruction of the Chimpanzee-Human Last Common Ancestor,” *Journal of Human Evolution* 65 (4) (2013): 424–46.
3. R. Waterson, E. Lander, and R. Wilson, “Initial Sequence of the Chimpanzee Genome and Comparison with the Human Genome,” *Nature* 437 (2005): 69–87.
4. Frans de Waal, *Chimpanzee Politics: Power and Sex among Apes* (New York: Harper & Row, 1982).（『チンパンジーの政治学：猿の権力と性』フランス・ドゥ・ヴァール著、西田利貞訳、産経新聞出版、2006年、ほか）
5. エモリー大学の霊長類学者フランス・ドゥ・ヴァールに2020年3月25日に行った電話取材。
6. 同上。
7. E. W. Menzel, “Patterns of Responsiveness in Chimpanzees Reared through Infancy under Conditions of Environmental Restriction,” *Psychologische Forschung* 27 (4) (1964): 337–65. 以下も参照のこと。W. A. Mason, “Sociability and Social Organization in Monkeys and Apes,” in *Advances in Experimental Social Psychology*, ed. L. Berkowitz (New York: Academic Press, 1964), 1:277–305.
8. Katherine S. Pollard, “What Makes Us Different?,” *Scientific American*, 1 November 2012.
9. 同上。
10. K. Hamann et al., “Collaboration Encourages Equal Sharing in Children but Not in Chimpanzees,” *Nature* 476 (7360) (2011): 328–31.
11. デューク大学の発達心理学者マイケル・トマセロに2020年5月23日に

行った電子メール取材。

12. Hamann et al., "Collaboration Encourages Equal Sharing."
13. 以下を参照のこと。J. D. Lewis-Williams and M. Biesele, "Eland Hunting Rituals among Northern and Southern San Groups: Striking Similarities," *Africa*, 1978, 117–34.
14. 以下を参照のこと。R. B. Lee and I. DeVore, eds., *Kalahari Hunter-Gatherers: Studies of the !Kung San and Their Neighbors* (Cambridge, MA: Harvard University Press, 1976).
15. Richard B. Lee, "Eating Christmas in the Kalahari," *Natural History*, December 1969, 224. 以下も参照のこと。Christopher Boehm, *Hierarchy in the Forest: The Evolution of Egalitarian Behavior* (Cambridge, MA: Harvard University Press, 2009).
16. Lee, "Eating Christmas," 225.
17. 以下を参照のこと。Polly Wiessner, "Leveling the Hunter," in *Food and the Status Quest: An Interdisciplinary Perspective*, ed. P. Wiessner and W. Schiefenhövel (Oxford: Berghan Books, 1996).
18. アムステルダム自由大学の進化心理学者マルク・ファン・フフトに2020年5月8日に行った電話取材。
19. Neil Thomas Roach, "The Evolution of High-Speed Throwing," Harvard University research summary, https://scholar.harvard.edu/ntroach/evolution-throwing.
20. Neil Thomas Roach, "The Biomechanics and Evolution of High-Speed Throwing" (PhD diss., Harvard University, 2012).
21. L. Allington-Jones, "The Clacton Spear: The Last One Hundred Years," *Archaeological Journal* 172 (2) (2015): 273–96.
22. David Yuzuk, *The Giant Killer: American Hero, Mercenary, Spy . . . The Incredible True Story of the Smallest Man to Serve in the U.S. Military—Green Beret Captain Richard Flaherty* (New York: Mission Point Press, 2020).
23. Christopher Ingraham, "American Toddlers Are Still Shooting People on a Weekly Basis This Year," *Washington Post*, 29 September 2017.
24. Peter Turchin, *Ultrasociety: How 10,000 Years of War Made Humans the Greatest Cooperators on Earth* (Chaplin, CT: Beresta Books, 2016), 106.

25. Boehm, *Hierarchy in the Forest.*
26. 同上、105.
27. 以下を参照のこと。E. A. Cashdan, “Egalitarianism among Hunters and Gatherers,” *American Anthropologist* 82 (1) (1980): 116–20.
28. “Human social organization during the Late Pleistocene: Challenging the nomadic-egalitarian model” by Manvir Singh and Luke Glowacki, 2021.
29. 狩猟採集民社会は女性を対等に扱うことのほうが多かった、と主張する研究もあれば、その逆を主張する研究もある。以下を参照のこと。John D. Speth, “Seasonality, Resource Stress, and Food Sharing in So-Called ‘Egalitarian’ Foraging Societies,” *Journal of Anthropological Archaeology* 9 (1990): 148–88.
30. Boehm, *Hierarchy in the Forest.*
31. J. Gómez et al., “The Phylogenetic Roots of Human Lethal Violence,” *Nature* 538 (7624) (2016): 233–37.
32. 同上。
33. Boehm, *Hierarchy in the Forest*, 7–8 および、クリストファー・ベームに2020年5月29日に行った電話取材。
34. 科学者でコネティカット大学教授のピーター・ターチンに2020年4月7日に行った電話取材。
35. この数学的関係は、1900年代前半にイギリスの自動車業界の先駆者でもあった技術者のフレデリック・ランチェスターによって突き止められた。遠距離戦闘で大きいほうの軍隊の優位性が拡大する現象は、「ランチェスターの2乗法則」と名づけられた。
36. ターチンへの電話取材。
37. 同上。
38. 以下を参照のこと。J. L. Weisdorf, “From Foraging to Farming: Explaining the Neolithic Revolution,” *Journal of Economic Surveys* 19 (4) (2005): 561–86 および Jared Diamond, “The Worst Mistake in the History of the Human Race,” *Discover*, 1 May 1999.
39. R. L. Carneiro, “A Theory of the Origin of the State: Traditional Theories of State Origins Are Considered and Rejected in Favor of a New Ecological Hypothesis,” *Science* 169 (3947) (1970): 733–38.

40. Turchin, *Ultrasociety*.
41. Gómez et al., "Phylogenetic Roots."
42. 同上。
43. ターチンへの電話取材。

第3章　権力に引き寄せられる人たち

1. ウォールドの生涯に関する考察については、以下を参照のこと。Jordan Ellenberg, *How Not to Be Wrong* (New York: Penguin, 2014).(『データを正しく見るための数学的思考：数学の言葉で世界を見る』ジョーダン・エレンバーグ著、松浦俊輔訳、日経BP社、2015年)
2. W. Allan Wallis, "The Statistical Research Group, 1942–1945," *Journal of the American Statistical Association* 75 (370) (1980): 322.
3. Oskar Morgenstern, "Abraham Wald, 1902–1950," *Econometrica* 19 (4) (1951): 361–67.
4. マリー＝フランス・ボカサにフランスのパリで2019年9月30日に行った取材。
5. J. H. Crabb, "The Coronation of Emperor Bokassa," *Africa Today* 25 (3) (1978): 25–44. 以下も参照のこと。"The Coronation of Jean-Bedel Bokassa," BBC World Service, 4 December 2018.
6. Brian Tetley, *Dark Age: The Political Odyssey of Emperor Bokassa* (Montreal: McGill-Queen's Press, 2002).
7. 同上。以下も参照のこと。"In Pictures: Bokassa's Ruined Palace in CAR," BBC News, 8 February 2014.
8. Scott Kraft, "Ex-Emperor's Reign of Terror Relived: Bokassa Trial: Lurid Tales of Cannibalism, Torture," *Los Angeles Times*, 15 March 1987.
9. "Nostalgia for a Nightmare," *Economist*, 25 August 2016.
10. Jeremy Luedi, "The Vietnamese Daughters of an African Emperor," Asia by Africa, 13 May 2018. ボカサの家族についてさらに詳しくは、以下も参照のこと。Jay Nordlinger, *Children of Monsters* (New York: Encounter Books, 2015).
11. ボカサへの取材。以下も参照のこと。Marie-France Bokassa, *Au château de l'ogre* (Paris: Flammarion, 2019).
12. R. D. Arvey et al., "The Determinants of Leadership Role Occupancy: Genetic

and Personality Factors," *Leadership Quarterly* 17 (1) (2006): 1–20.

13. J.-E. De Neve et al., "Born to Lead? A Twin Design and Genetic Association Study of Leadership Role Occupancy," *Leadership Quarterly* 24 (1) (2013): 45–60.
14. M. L. East et al., "Maternal Effects on Offspring Social Status in Spotted Hyenas," *Behavioral Ecology* 20 (3) (2009): 478–83 および K. E. Holekamp and L. Smale, "Dominance Acquisition during Mammalian Social Development: The 'Inheritance' of Maternal Rank," *American Zoologist* 31 (2) (1991): 306–17.
15. M. A. van der Kooij and C. Sandi, "The Genetics of Social Hierarchies," *Current Opinion in Behavioral Sciences* 2 (2015): 52–57.
16. S. Zajitschek et al., "Paternal Personality and Social Status Influence Offspring Activity in Zebrafish," *BMC Evolutionary Biology* 17 (1) (2017): 1–10.
17. Nicole Torres, "Most People Don't Want to Be Managers," *Harvard Business Review*, 18 September 2014.
18. D. C. McClelland, C. Alexander, and E. Marks, "The Need for Power, Stress, Immune Function, and Illness among Male Prisoners," *Journal of Abnormal Psychology* 91 (1) (1982): 61.
19. F. Pratto et al., "Social Dominance Orientation: A Personality Variable Predicting Social and Political Attitudes," *Journal of Personality and Social Psychology* 67 (4) (1994): 741.
20. Radley Balko, "Tiny Georgia Police Department Posts Terrifying SWAT Video," *Washington Post*, 13 August 2014.
21. C. Delehanty et al., "Militarization and Police Violence: The Case of the 1033 Program," *Research & Politics* 4 (2) (2017): 1–7.
22. Francis X. Donnelly, "Michigan Town's Feud over Military Gear Gets Ugly," *Detroit News*, 17 April 2018. セットフォードの警察署長が最近、軍の余剰装備品に関連した横領で起訴されたことは指摘に値する。
23. Radley Balko, "Overkill: The Rise of Paramilitary Police Raids in America," *CATO Institute*, 25 March 2014, 8.
24. Lorenzo Franceschi-Bicchierai, "Small-Town Cops Pile Up on Useless Military Gear," *Wired*, 26 June 2012.
25. ロンドン警視庁の元警視監ヘレン・キングにイギリスのロンドンで2020年

2月11日に行った取材。
26. Simone Weichselbaum and Beth Schwartzapfel, "When Warriors Put on the Badge," Marshall Project, 30 March 2017.
27. Delehanty et al., "Militarization and Police Violence."
28. "Freeze! NZ Police's Most Entertaining Recruitment Video, Yet!," NZPoliceRecruitment, 26 November 2017, https://www.youtube.com/watch?v=f9psILoYmCc.
29. ニュージーランド警察の住民担当最高責任者代理ケイ・ライアンに2020年5月12日に行った電話取材。
30. "Hungry Boy 45 Sec—'Do You Care Enough to Be a Cop?,'" NZPoliceRecruitment, 30 March 2016, https://www.youtube.com/watch?v=6pz42UqcmzQ.
31. ライアンへの取材。
32. この箇所のデータは、2020年6月12日にニュージーランド警察によって電子メールで提供された。
33. ニュージーランド政府に対する2015年10月29日の情報開示請求。https://fyi.org.nz/request/3174/response/10477/attach/html/3/rakete%20emma%2015%2017696%201%20signed%20reply.pdf.html.
34. "The Counted," *Guardian*, 2016 data, https://www.theguardian.com/us-news/ng-interactive/2015/jun/01/the-counted-police-killings-us-database.
35. 元総合格闘技選手ロジャー・トレスからの、2020年9月5日の電子メール。
36. "National and State Statistical Review for 2017," Community Associations Institute, 2017, https://foundation.caionline.org/wp-content/uploads/2018/06/2017StatsReview.pdf.
37. ロジャー・トレスに2020年5月13日に行った電話取材。

第4章　権力を与えられがちな人たち

1. Mitch Moxley, *Apologies to My Censor* (New York: Harper Perennial, 2013).
2. ジャーナリストのミッチ・モクスリーに2020年4月27日に行った電話取材。
3. Moxley, *Apologies to My Censor*, 261.
4. モクスリーへの電話取材。
5. Alice Yan, "Inside China's Booming 'Rent a Foreigner' Industry," *South China Morning Post*, 12 June 2017.

6. 同上。
7. この箇所のデータは、公開されている情報源からマリア・カリーヴァが私のためにまとめてくれた。
8. Christopher Zara, "People Were Asked to Name Women Tech Leaders. They said 'Alexa' and 'Siri,'" *Fast Company*, 20 March 2018.
9. "Black bosses 'shut out' by 'vanilla boys' club,'" BBC News, 3 February 2021, https://www.bbc.co.uk/news/business-55910874.
10. これは、公開されているデータからダニエラ・シムズが私のためにまとめてくれた。
11. この箇所のデータは以下より。"Women in Parliaments," Inter-Parliamentary Union, https://data.ipu.org/women-ranking?month=10&year=2020.
12. 以下を参照のこと。Brian Klaas, *The Despot's Accomplice: How the West Is Aiding & Abetting the Decline of Democracy* (Oxford: Oxford University Press, 2017).
13. エモリー大学の霊長類学者フランス・ドゥ・ヴァールに2020年3月25日に行った電話取材。
14. C. D. FitzGibbon and J. H. Fanshawe, "Stotting in Thomson's Gazelles: An Honest Signal of Condition," *Behavioral Ecology and Sociobiology* 23 (2) (1988): 69–74.
15. 以下を参照のこと。S. R. X. Dall et al., "Information and Its Use by Animals in Evolutionary Ecology," *Trends in Ecology & Evolution* 20 (4) (2005): 187–93.
16. Simon P. Lailvaux, Leeann T. Reaney, and Patricia R. Y. Backwell, "Dishonest Signalling of Fighting Ability and Multiple Performance Traits in the Fiddler Crab, *Uca mjoebergi*," *Functional Ecology* 23 (2) (2009): 359–66.
17. D. R. Carney, A. J. Cuddy, and A. J. Yap, "Power Posing: Brief Nonverbal Displays Affect Neuroendocrine Levels and Risk Tolerance," *Psychological Science* 21 (10) (2010): 1363–68.
18. Amy Cuddy, "Your Body Language May Shape Who You Are," https://www.ted.com/talks/amy_cuddy_your_body_language_may_shape_who_you_are?language=en.
19. Maquita Peters, "Power Poses Co-author: 'I Do Not Believe the Effects Are Real,'" *NPR Weekend Edition Saturday*, 1 October 2016.

20. たとえば、以下を参照のこと。L. ten Brinke, K. D. Vohs, and D. R. Carney, "Can Ordinary People Detect Deception After All?," *Trends in Cognitive Sciences* 20（8）（2016）: 579–88.
21. R. Bliege Bird et al., "Signaling Theory, Strategic Interaction, and Symbolic Capital," *Current Anthropology* 46（2）（2005）: 221–48.
22. Thorstein Veblen, *The Theory of the Leisure Class*（New York: MacMillan, 1899）.（『有閑階級の理論』ソースタイン・ヴェブレン著、村井章子訳、ちくま学芸文庫、2016年、ほか）
23. A. B. Trigg, "Veblen, Bourdieu, and Conspicuous Consumption," *Journal of Economic Issues* 35（1）（2001）: 99–115.
24. M. Van Vugt and W. Iredale, "Men Behaving Nicely: Public Goods as Peacock Tails," *British Journal of Psychology* 104（1）（2013）: 3–13.
25. たとえば、以下を参照のこと。P. Blumberg, "The Decline and Fall of the Status Symbol: Some Thoughts on Status in a Post-Industrial Society," *Social Problems* 21（4）（1974）: 480–98.
26. Amanda Riley-Jones, "The Evolution of Tanning," *Reader's Digest*, https://www.readersdigest.co.uk/health/health-conditions/the-evolution-of-tanning.
27. R. I. Dunbar, "The Social Brain Hypothesis and Its Implications for Social Evolution," *Annals of Human Biology* 36（5）（2009）: 562–72. 以下も参照のこと。R. Giphart and M. van Vugt, *Mismatch: How Our Stone Age Brain Deceives Us Every Day（and What We Can Do about It）*（London: Hachette, 2018）.
28. Leda Cosmides and John Tooby, "Evolutionary Psychology: A Primer," UC–Santa Barbara Center for Evolutionary Psychology, 1997, https://www.cep.ucsb.edu/primer.html.
29. Daniel Lieberman, "Evolution's Sweet Tooth," *New York Times*, 5 June 2012.
30. N. P. Li, M. van Vugt, and S. M. Colarelli, "The Evolutionary Mismatch Hypothesis: Implications for Psychological Science," *Current Directions in Psychological Science* 27（1）（2018）: 38–44.
31. A. Ahuja and M. van Vugt, *Selected: Why Some People Lead, Why Others Follow, and Why It Matters*（London: Profile Books, 2010）.（『なぜ、あの人がリーダーなのか？：科学的リーダーシップ論』マルク・ファン・フフト／アンジャナ・アフジャ著、小坂恵理訳、早川書房、2012年）

32. M. van Vugt and R. Ronay, "The Evolutionary Psychology of Leadership: Theory, Review, and Roadmap," *Organizational Psychology Review* 4 (1) (2014): 74–95.
33. 同上。
34. スキッドモア大学の心理学准教授コリーン・モス＝ラクシンに2020年4月23日に行った電話取材。
35. C. A. Moss-Racusin et al., "Science Faculty's Subtle Gender Biases Favor Male Students," *Proceedings of the National Academy of Sciences* 109 (41) (2012): 16474–79.
36. C. P. Gilman, *Herland* (1915; repr., New York: Pantheon, 2010).（『フェミニジア：女だけのユートピア』シャーロット・P・ギルマン著、三輪妙子訳、現代書館、1984年）
37. A. H. Eagly and B. T. Johnson, "Gender and Leadership Style: A Meta-Analysis," *Psychological Bulletin* 108 (2) (1990): 233.
38. M. van Vugt et al., "Evolution and the Social Psychology of Leadership: The Mismatch Hypothesis," *Leadership at the Crossroads* 1 (2008): 267–82. 以下も参照のこと。Ahuja and van Vugt, *Selected*.
39. Ahuja and van Vugt, *Selected*, 164.（『なぜ、あの人がリーダーなのか？』）
40. J. M. O'Brien, *Alexander the Great: The Invisible Enemy, a Biography* (London: Routledge, 2003), 56.
41. Stephen S. Hall, *Size Matters: How Height Affects the Health Happiness, and Success of Boys—and the Men They Become* (Boston: Houghton Mifflin, 2006).
42. Nancy Mitford, *Frederick the Great* (1970; repr., London: Vintage, 2011).
43. 同上。
44. G. Stulp et al., "Tall Claims? Sense and Nonsense about the Importance of Height of US Presidents," *Leadership Quarterly* 24 (1) (2013): 159–71.
45. 同上。
46. N. M. Blaker et al., "The Height Leadership Advantage in Men and Women: Testing Evolutionary Psychology Predictions about the Perceptions of Tall Leaders," *Group Processes & Intergroup Relations* 16 (1) (2013): 17–27.
47. Marissa Calligeros, "Queensland Councillor Has Legs Broken to Gain Height," *Sydney Morning Herald*, 29 April 2009.

48. J. Komlos, “Height and Social Status in Eighteenth-Century Germany,” *Journal of Interdisciplinary History* 20 (4) (1990): 607–21.
49. A. Case and C. Paxson, “Stature and Status: Height, Ability, and Labor Market Outcomes,” *Journal of Political Economy* 116 (3) (2008): 499–532. 以下も参照のこと。N. Persico, A. Postlewaite, and D. Silverman, “The Effect of Adolescent Experience on Labor Market Outcomes: The Case of Height,” *Journal of Political Economy* 112 (5) (2004): 1019–53.
50. M. Levine et al., “Identity and Emergency Intervention: How Social Group Membership and Inclusiveness of Group Boundaries Shape Helping Behavior,” *Personality and Social Psychology Bulletin* 31 (4) (2005): 443–53.
51. 以下を参照のこと。Ahuja and van Vugt, *Selected*, “Chapter 6: The Mismatch Hypothesis.”(『なぜ、あの人がリーダーなのか？』)
52. 以下を参照のこと。D. S. Berry and L. Zebrowitz-McArthur, “What's in a Face? Facial Maturity and the Attribution of Legal Responsibility,” *Personality and Social Psychology Bulletin* 14 (1) (1988): 23–33; D. S. Berry and L. Z. McArthur, “Some Components and Consequences of a Babyface,” *Journal of Personality and Social Psychology* 48 (1985): 312–23; および D. J. Shoemaker, P. R. South, and J. Lowe, “Facial Stereotypes of Deviants and Judgments of Guilt or Innocence,” *Social Forces* 51 (1973): 427–33.
53. R. W. Livingston and N. A. Pearce, “The Teddy-Bear Effect: Does Having a Baby Face Benefit Black Chief Executive Officers?,” *Psychological Science* 20 (10) (2009): 1229–36.

第5章　なぜサイコパスが権力を握るのか？

1. スケネクタディの特別支援教育教師リッチ・アグネロに2020年3月18日に行った電話取材。
2. 同上。
3. “Petty Tyrant,” *This American Life*, 12 November 2010.
4. Steven Cook, “Day 8: Workers Cite Raucci Abuse,” *Schenectady Daily Gazette*, 11 March 2010.
5. “Petty Tyrant,” *This American Life*.
6. Steven Cook, “Day 7: Witnesses Recall Raucci's Drive for Power in School

District," *Schenectady Daily Gazette,* 10 March 2010.
7. "Petty Tyrant," *This American Life*.
8. 2010年3月8日、スティーヴ・ラウチの裁判で反対尋問を受けていたキャシー・ギャリソンの言葉。
9. CSEA代表キャシー・ギャリソンへの匿名書簡。日付なし。
10. Steve Cook, "Day 10: At Raucci Trial, Victim Tells of Threats, Damage," *Schenectady Daily Gazette*, 16 March 2010.
11. "Petty Tyrant," *This American Life*.
12. スティーヴ・ラウチの裁判で証拠として提出された、彼の発言の秘密録音の文字起こし。
13. Kathleen Moore, "Emails Show How Raucci Complaints Went Nowhere," *Schenectady Daily Gazette*, 22 July 2011.
14. Cook, "Day 7."
15. Steven Cook, "DNA Test Links Explosive to Raucci," *Schenectady Daily Gazette*, 12 May 2009.
16. Steven Cook, "Friend-Turned-Informant Provided Crucial Evidence in Raucci Case," *Schenectady Daily Gazette*, 7 June 2010.
17. スケネクタディ学区の元職員ロン・クリスに2020年3月10日に行った電子メール取材。
18. スティーヴ・ラウチの裁判で証拠として提出された、彼の発言の秘密録音の文字起こし。
19. 同上。
20. D. L. Paulhus and K. M. Williams, "The Dark Triad of Personality: Narcissism, Machiavellianism, and Psychopathy," *Journal of Research in Personality* 36 (6) (2002): 556–63.
21. P. K. Jonason and G. D. Webster, "The Dirty Dozen: A Concise Measure of the Dark Triad," *Psychological Assessment* 22 (2) (2010): 420.
22. 法臨床心理学者クイーバ・ムカネナに2020年2月24日に行った電話取材。
23. Ed Yong, "Spiders Gather in Groups to Impersonate Ants," *National Geographic*, 3 June 2009.
24. Ed Yong, "Spider Mimics Ant to Eat Spiders and Avoid Being Eaten by Spiders," *National Geographic*, 1 July 2009.

25. Ximena Nelson, "The Spider's Charade," *Scientific American* 311 (6) (December 2014): 86–91.

26. Yong, "Spider Mimics Ant."

27. Kevin Dutton, *The Wisdom of Psychopaths* (London: Random House, 2012).（『サイコパス：秘められた能力』ケヴィン・ダットン著、小林由香利訳、NHK出版、2013年）

28. Y. Trichet, "Genèse et évolution de la manie sans délire chez Philippe Pinel. Contribution à l'étude des fondements psychopathologiques de la notion de passage à l'acte," *L'Évolution psychiatrique* 79 (2) (2014): 207–24.

29. M. Dolan and R. Fullam, "Theory of Mind and Mentalizing Ability in Antisocial Personality Disorders with and without Psychopathy," *Psychological Medicine* 34 (2004): 1093–102.

30. G. Rizzolatti and L. Craighero, "The Mirror-Neuron System," *Annual Review of Neuroscience* 27 (2004): 169–92.

31. K. Jankowiak-Siuda, K. Rymarczyk, and A. Grabowska, "How We Empathize with Others: A Neurobiological Perspective," *Medical Science Monitor* 17 (1) (2011): RA18.

32. H. Meffert et al., "Reduced Spontaneous but Relatively Normal Deliberate Vicarious Representations in Psychopathy," *Brain* 136 (8) (2013): 2550–62.

33. エセックス大学の心理学者ニコラス・クーパーに2020年5月20日に行った電話取材。以下も参照のこと。C. C. Yang, N. Khalifa, and B. Völlm, "The Effects of Repetitive Transcranial Magnetic Stimulation on Empathy: A Systematic Review and Meta-Analysis," *Psychological Medicine* 48 (5) (2018): 737–50.

34. P. Babiak, R. D. Hare, and T. McLaren, *Snakes in Suits: When Psychopaths Go to Work* (New York: Regan Books, 2006).

35. N. Roulin and J. S. Bourdage, "Once an Impression Manager, Always an Impression Manager? Antecedents of Honest and Deceptive Impression Management Use and Variability across Multiple Job Interviews," *Frontiers in Psychology* 8 (2017): 29.

36. J. Volmer, I. K. Koch, and A. S. Göritz, "The Bright and Dark Sides of Leaders' Dark Triad Traits: Effects on Subordinates' Career Success and Well-Being,"

Personality and Individual Differences 101 (2016): 413–18.

37. P. Babiak, C. S. Neumann, and R. D. Hare, "Corporate Psychopathy: Talking the Walk," *Behavioral Sciences & the Law* 28 (2) (2010): 174–93.
38. 以下を参照のこと。G. Morse, "Executive Psychopaths," *Harvard Business Review* 82 (10) (2004): 20–21.
39. Babiak, Neumann, and Hare, "Corporate Psychopathy."
40. T. Osumi and H. Ohira, "The Positive Side of Psychopathy: Emotional Detachment in Psychopathy and Rational Decision-Making in the Ultimatum Game," *Personality and Individual Differences* 49 (5) (2010): 451–56.
41. J. B. Vieira et al., "Distinct Neural Activation Patterns Underlie Economic Decisions in High and Low Psychopathy Scorers," *Social Cognitive and Affective Neuroscience* 9 (8) (2014): 1099–107.
42. Dutton, *Wisdom of Psychopaths*.（『サイコパス』）
43. Ryan Murphy, "Psychopathy by US State," SSRN, 26 May 2018, https://ssrn.com/abstract=3185182.
44. M. Cima, F. Tonnaer, and M. D. Hauser, "Psychopaths Know Right from Wrong but Don't Care," *Social Cognitive and Affective Neuroscience* 5 (1) (2010): 59–67.
45. ブリティッシュ・コロンビア大学の心理学者リーン・テン・ブリンクに2020年2月12日に行った電話取材。
46. L. ten Brinke, A. Kish, and D. Keltner, "Hedge Fund Managers with Psychopathic Tendencies Make for Worse Investors," *Personality and Social Psychology Bulletin* 44 (2) (2018): 214–23.
47. 以下を参照のこと。Brian Klaas, *The Despot's Accomplice* (Oxford: Oxford University Press, 2017).
48. H. M. Lentz, ed., *Heads of States and Governments since 1945* (London: Routledge, 2014).
49. J. J. Ray and J. A. B. Ray, "Some Apparent Advantages of Subclinical Psychopathy," *Journal of Social Psychology* 117 (1) (1982): 135–42.
50. 同上。以下も参照のこと。Dutton, *Wisdom of Psychopaths*.（『サイコパス』）
51. G. E. Gall et al., "As Dusk Falls: Collective Decisions about the Return to Sleeping Sites in Meerkats," *Animal Behaviour* 132 (2017): 91–99. 以下も参

照のこと。Elizabeth Preston, "Sneezing Dogs, Dancing Bees: How Animals Vote," *New York Times*, 2 March 2020.

52. Preston, "Sneezing Dogs."
53. D. D. Johnson and J. H. Fowler, "The Evolution of Overconfidence," *Nature* 477 (7364) (2011): 317–20.
54. J. Kolev, Y. Fuentes-Medel, and F. Murray, "Is Blinded Review Enough? How Gendered Outcomes Arise Even under Anonymous Evaluation," National Bureau of Economic Research, 2019, https://www.nber.org/papers/w25759?utm_campaign=ntwh&utm_medium=email&utm_source=ntwg16.

第6章　悪いのは制度か、それとも人か？

1. T. Talhelm et al., "Large-Scale Psychological Differences within China Explained by Rice versus Wheat Agriculture," *Science* 344 (6184) (2014): 603–8. 以下も参照のこと。Michaeleen Doucleff, "Rice Theory: Why Eastern Cultures Are More Cooperative," National Public Radio, 8 May 2014.
2. T. Talhelm, X. Zhang, and S. Oishi, "Moving Chairs in Starbucks: Observational Studies Find Rice-Wheat Cultural Differences in Daily Life in China," *Science Advances* 4 (4) (2018).
3. David Biello, "Does Rice Farming Lead to Collectivist Thinking?," *Scientific American*, 12 May 2014.
4. たとえば、以下を参照のこと。S. Maruna and R. E. Mann, "A Fundamental Attribution Error? Rethinking Cognitive Distortions," *Legal and Criminological Psychology* 11 (2) (2006): 155–77.
5. S. Kaiser, G. Furian, and C. Schlembach, "Aggressive Behaviour in Road Traffic—Findings from Austria," *Transportation Research Procedia*, 14 (2016): 4384–92.
6. R. Fisman and E. Miguel, "Corruption, Norms, and Legal Enforcement: Evidence from Diplomatic Parking Tickets," *Journal of Political Economy* 115 (6) (2007): 1020–48.
7. A. Ichino and G. Maggi, "Work Environment and Individual Background: Explaining Regional Shirking Differentials in a Large Italian Firm," *Quarterly Journal of Economics* 115 (3) (2000): 1057–90.

8. サセックス大学の養蜂が専門のフランシス・ラトニークス教授に2020年4月1日に行った電話取材。
9. F. L. Ratnieks and T. Wenseleers, "Policing Insect Societies," *Science* 307 (5706) (2005): 54–56.
10. 同上。
11. ラトニークスへの電話取材。
12. 以下を参照のこと。T. Wenseleers and F. L. Ratnieks, "Tragedy of the Commons in *Melipona* Bees," *Proceedings of the Royal Society of London. Series B: Biological Sciences* 271 (2004): S310–12; および T. Wenseleers, A. G. Hart, and F. L. Ratnieks, "When Resistance Is Useless: Policing and the Evolution of Reproductive Acquiescence in Insect Societies," *American Naturalist* 164 (6) (2004): E154–67.
13. ラトニークスへの電話取材。
14. この箇所の研究の大半は以下より。Adam Hochschild, *King Leopold's Ghost: A Story of Greed, Terror, and Heroism in Colonial Africa* (London: Houghton Mifflin Harcourt, 1999).
15. 同上、36.
16. N. Ascherson, *The King Incorporated: Leopold the Second and the Congo* (London: Granta Books, 1999).
17. Hochschild, *King Leopold's Ghost*. 以下も参照のこと。"Léopold II à Solvyns, 17 Novembre 1877," in P. van Zuylen, *L'échiquier congolais, ou le secret du Roi* (Brussels: Dessart, 1959), 43.
18. C. Guise-Richardson, "Redefining Vulcanization: Charles Goodyear, Patents, and Industrial Control, 1834–1865," *Technology and Culture* 51 (2) (2010): 357–87.
19. G. B. Kauffman, "Charles Goodyear (1800–1860), American Inventor, on the Bicentennial of His Birth," *Chemical Educator* 6 (1) (2001): 50–54.
20. "How Scot John Boyd Dunlop Gave the World the Pneumatic Tyre," *Scotsman*, 5 February 2016.
21. G. A. Tobin, "The Bicycle Boom of the 1890's: The Development of Private Transportation and the Birth of the Modern Tourist," *Journal of Popular Culture* 7 (4) (1974): 838.

22. Hochschild, *King Leopold's Ghost.* 以下も参照のこと。C. A. Cline, "ED Morel and the Crusade against the Foreign Office," *Journal of Modern History* 39 (2) (1967): 126–37.
23. Hochschild, *King Leopold's Ghost.*
24. 同上、161.
25. B. B. de Mesquita, "Leopold II and the Selectorate: An Account in Contrast to a Racial Explanation," *Historical Social Research / Historische Sozialforschung*, 2007, 203–21.
26. Hochschild, *King Leopold's Ghost.* 以下も参照のこと。Joanna Kakissis, "Where 'Human Zoos' Once Stood, a Belgian Museum Now Faces Its Colonial Past," National Public Radio, 26 September 2018.
27. N. Geras, *Crimes against Humanity: Birth of a Concept* (Manchester, United Kingdom: Manchester University Press, 2013).
28. ベルギーの学者ジュール・マルシャルがホックシールドに送った書簡、*King Leopold's Ghost*, 277.
29. De Mesquita, "Leopold II and the Selectorate."
30. 外交官L・ポール・ブレマー3世にヴァーモント州で2020年2月2日に行った取材。
31. "Bin Laden Said to Offer Gold to Killers," Associated Press, 7 May 2004.
32. *Report of the National Commission on Terrorism*, 6 June 2000, pursuant to Public Law 105-277.
33. ブレマーへの取材。
34. L. P. Bremer, *My Year in Iraq: The Struggle to Build a Future of Hope* (New York: Simon & Schuster, 2006).
35. Patrick E. Tyler, "New Policy in Iraq to Authorize GI's to Shoot Looters," *New York Times*, 14 May 2003.
36. Valentinas Mite, "Disappointing Some Iraqis, U.S. Says It Won't Shoot Looters," Radio Free Europe / Radio Liberty, 16 May 2003.
37. ブレマーへの取材。
38. "Closure of Shiite Newspaper in Baghdad Sparks Protests," *PBS News*, 29 March 2004.
39. ブレマーへの取材。

第7章　権力が腐敗するように見える理由

1. J. J. Martin, "Tortured Testimonies," *Acta Histriae* 19 (2011): 375–92.
2. R. E. Hassner, "The Cost of Torture: Evidence from the Spanish Inquisition," *Security Studies* 29 (3) (2020): 1–36.
3. F. E. de Janösi, "The Correspondence between Lord Acton and Bishop Creighton," *Cambridge Historical Journal* 6 (3) (1940): 307–21.
4. Sydney E. Ahlstrom, "Lord Acton's Famous Remark," *New York Times*, 13 March 1974.
5. de Janösi, "Correspondence between Lord Acton."
6. タイの元首相アピシット・ウェーチャチーワにタイのバンコクで2016年3月25日に行った取材。
7. 同上。
8. Ian MacKinnon, "Court Rules Thai Prime Minister Must Resign over Cookery Show," *Guardian*, 9 September 2008.
9. アピシット・ウェーチャチーワにタイのバンコクで2019年11月5日に行った取材。
10. "Descent into Chaos: Thailand's 2010 Red Shirt Protests and the Government Crackdown," Human Rights Watch, 2 May 2011.
11. アピシットに2019年11月5日に行った取材。
12. "Thailand PM Abhisit in Pledge to End Bangkok Protest," BBC News, 15 May 2010.
13. "Thailand Ex-PM Abhisit Murder Charge Dismissed," BBC News, 28 August 2014.
14. アピシットに2019年11月5日に行った取材。
15. タイ軍のウェラチョン・スコンドハパティパク少将にタイのバンコクで2014年12月18日に行った取材。
16. 以下を参照のこと。M. Walzer, "Political Action: The Problem of Dirty Hands," *Philosophy & Public Affairs* 2 (2) (Winter 1973): 160–80.
17. 同上。
18. R. Bellamy, "Dirty Hands and Clean Gloves: Liberal Ideals and Real Politics," *European Journal of Political Theory* 9 (4) (2010): 412–30.
19. "Churchill's HMAS *Sydney* Mystery," *Daily Telegraph*, 17 November 2011.

20. James Scovel, “Thaddeus Stevens,” *Lippincott's Monthly Magazine*, April 1898, 548–50.
21. 元泥棒のエリック・アリソンに2020年5月20日に行った電話取材。この箇所でのアリソンの引用は、すべてこの取材より。
22. S. G. Hall and T. Ambrosio, “Authoritarian Learning: A Conceptual Overview,” *East European Politics* 33（2）（2017）: 143–61.
23. Mike Dash, “Khrushchev in Water Wings: On Mao, Humiliation and the Sino-Soviet Split,” *Smithsonian Magazine*, 4 May 2012.
24. Nic Cheeseman and Brian Klaas, *How to Rig an Election*（New Haven, CT: Yale University Press, 2018）.
25. 同上。
26. Zack Beauchamp, “Juche, the State Ideology That Makes North Koreans Revere Kim Jong Un, Explained,” Vox, 18 June 2018.
27. C. Crabtree, H. L. Kern, and D. A. Siegel, “Cults of Personality, Preference Falsification, and the Dictator's Dilemma,” *Journal of Theoretical Politics* 32（3）（2020）: 409–34.
28. I. Robertson-Steel, “Evolution of Triage Systems,” *Emergency Medicine Journal* 23（2）（2006）: 154–55.
29. Sheri Fink, “The Deadly Choices at Memorial,” *New York Times*, 25 August 2009.
30. 同上。
31. 同上。以下も参照のこと。 Sheri Fink, *Five Days at Memorial: Life and Death in a Storm-Ravaged Hospital*（New York: Atlantic Books, 2013）.（『メモリアル病院の5日間：生か死か――ハリケーンで破壊された病院に隠された真実』シェリ・フィンク著、高橋則明／匝瑳玲子訳、KADOKAWA、2015年）
32. Fink, “Deadly Choices at Memorial.”
33. 同上。
34. Sheri Fink, “The Deadly Choices at Memorial,” *New York Times Magazine*, 11 September 2009.
35. Dominic Rushe, “Bernard Madoff Fraud ‘Began 20 Years Earlier than Admitted,’” *Guardian*, 18 November 2011.
36. Brian Ross and Joseph Rhee, “SEC Official Married into Madoff Family,”

ABC News, 16 December 2008, https://abcnews.go.com/Blotter/WallStreet/story?id=6471863&page=1.
37. "Investigation of Failure of the SEC to Uncover Bernard Madoff's Ponzi Scheme," public report, US Securities and Exchange Commission, 31 August 2009, https://www.sec.gov/files/oig-509-exec-summary.pdf.
38. 同上。
39. 以下を参照のこと。Harry Markopolos, *No One Would Listen: A True Financial Thriller* (Hoboken, NJ: John Wiley & Sons, 2011).
40. "The IRS' Case of Missing Children," *Los Angeles Times*, 11 December 1989.

第8章　権力は現に腐敗する

1. 以下を参照のこと。Manbeena Sandhu, *Nothing to Lose: The Authorized Biography of Ma Anand Sheela* (New Delhi: Harper Collins India, 2020).
2. シーラ・バーンスティール（マー・アナンド・シーラという名でも知られる）に2020年8月7日に行った電子メール取材。
3. Win McCormack, "Bhagwan's Sexism," *New Republic*, 12 April 2018. 以下も参照のこと。Win McCormack, *The Rajneesh Chronicles: The True Story of the Cult That Unleashed the First Act of Bioterrorism on US Soil* (Portland, OR: Tin House Books, 2010).
4. マー・アナンド・シーラにスイスで2018年10月6日に行った取材。
5. Win McCormack, "Range War: The Disciples Come to Antelope," *Oregon Magazine*, November 1981.
6. 以下を参照のこと。Frances FitzGerald, "Rajneeshpuram," *New Yorker*, 15 September 1986.
7. 同上。
8. マー・アナンド・シーラに2020年2月12日に行った電話取材。
9. FitzGerald, "Rajneeshpuram."
10. FitzGerald, "Rajneeshpuram."
11. Les Zaitz, "Rajneeshee Leaders Take Revenge on the Dalles' with Poison, Homeless," *Oregonian*, republished 14 April 2011.
12. Frances FitzGerald, "Rajneeshpuram II," *New Yorker*, 29 September 1986.
13. 元検察官バリー・シェルダールに2018年10月11日に行った電話取材。

14. McCormack, *Rajneesh Chronicles.*
15. 同上。
16. 同上。
17. カリフォルニア大学バークリー校の心理学者ダッチャー・ケルトナーにカリフォルニア州バークリーで2020年1月27日に行った取材。
18. D. Keltner, D. H. Gruenfeld, and C. Anderson, "Power, Approach, and Inhibition," *Psychological Review* 110 (2) (2003): 265.
19. ケルトナーへの取材。
20. "Who Gets Power—and Why It Can Corrupt Even the Best of Us," *The Hidden Brain*, National Public Radio, 29 June 2018.
21. 同上。
22. D. Keltner, *The Power Paradox: How We Gain and Lose Influence* (New York: Penguin, 2016).
23. ケルトナーへの取材。
24. J. Henrich, S. J. Heine, and A. Norenzayan, "The Weirdest People in the World?," *Behavioral and Brain Sciences* 33 (2–3) (2010): 61–83.
25. S. Bendahan et al., "Leader Corruption Depends on Power and Testosterone," *Leadership Quarterly* 26 (2) (2015): 101–22.
26. N. L. Mead et al., "Power Increases the Socially Toxic Component of Narcissism among Individuals with High Baseline Testosterone," *Journal of Experimental Psychology: General* 147 (4) (2018): 591.
27. A. F. Dixson and J. Herbert, "Testosterone, Aggressive Behavior and Dominance Rank in Captive Adult Male Talapoin Monkeys (*Miopithecus talapoin*)," *Physiology & Behavior* 18 (3) (1977): 539–43.
28. N. J. Fast et al., "Illusory Control: A Generative Force behind Power's Far-Reaching Effects," *Psychological Science* 20 (4) (2009): 502–8.
29. G. A. Van Kleef et al., "Power, Distress, and Compassion: Turning a Blind Eye to the Suffering of Others," *Psychological Science* 19 (12) (2008): 1315–22.
30. 以下を参照のこと。N. Harding, "Reading Leadership through Hegel's Master/Slave Dialectic: Towards a Theory of the Powerlessness of the Powerful," *Leadership* 10 (4) (2014): 391–411.
31. 権力が人を蝕む作用に関する研究の概観については、以下を参照のこと。

Keltner, *Power Paradox.*

第9章　権力や地位は健康や寿命に影響を与える

1. Kelcie Grega, "What Happens to Drugs, Property and Other Assets Seized by Law Enforcement?," *Las Vegas Sun*, 14 February 2020.
2. ウェイクフォレスト大学の生理学と薬理学の教授マイケル・ネイダー博士に2020年5月14日に行った電話取材。
3. 同上。
4. 以下を参照のこと。M. A. Nader et al., "PET Imaging of Dopamine D2 Receptors during Chronic Cocaine Self-Administration in Monkeys," *Nature Neuroscience* 9 (8) (2006): 1050–56.
5. ネイダーへの電話取材。
6. D. Morgan et al., "Social Dominance in Monkeys: Dopamine D-2 Receptors and Cocaine Self-Administration," *Nature Neuroscience* 5 (2) (2002): 169–74.
7. R. W. Gould et al., "Social Status in Monkeys: Effects of Social Confrontation on Brain Function and Cocaine Self-Administration," *Neuropsychopharmacology* 42 (5) (2017): 1093–102.
8. ネイダーへの電話取材。
9. M. G. Marmot et al., "Health Inequalities among British Civil Servants: The Whitehall II Study," *Lancet* 337 (8754) (1991): 1387–93.
10. ユニヴァーシティ・カレッジ・ロンドンの疫学教授サー・マイケル・マーモットに2020年5月6日に行った電話取材。
11. 以下を参照のこと。Michael Marmot, *The Status Syndrome: How Social Standing Affects Our Health and Longevity* (New York, Times Books, 2004). (『ステータス症候群：社会格差という病』マイケル・マーモット著、鏡森定信／橋本英樹監訳、日本評論社、2007年)
12. マーモットへの電話取材。
13. Robert Sapolsky, *Why Zebras Don't Get Ulcers: The Acclaimed Guide to Stress, Stress-Related Diseases, and Coping* (New York: W. H. Freeman, 1998).
14. Robert Sapolsky, "The Physiology and Pathophysiology of Unhappiness," in *Well-Being: Foundations of Hedonic Psychology*, ed. D. Kahneman, E. Diener,

and N. Schwarz (New York: Russell Sage Foundation, 1999).
15. 以下を参照のこと。Marmot, *Status Syndrome*, “Chapter 5: Who's in Charge?”(『ステータス症候群』)
16. デューク大学博士課程在籍のジョーダン・アンダーソンに2020年4月21日に行った電話取材。
17. デューク大学の進化人類学者で遺伝学者のジェニー・タンに2020年4月21日に行った電話取材。
18. D. L. Cheney and R. M. Seyfarth, *Baboon Metaphysics: The Evolution of a Social Mind* (Chicago: University of Chicago Press, 2008).
19. タンへの電話取材。
20. 同上。
21. J. Tung et al., “The Costs of Competition: High Social Status Males Experience Accelerated Epigenetic Aging in Wild Baboons,” *bioRxiv*, 2020, https://www.biorxiv.org/content/biorxiv/early/2020/02/24/2020.02.22.961052.full.pdf.
22. 以下を参照のこと。R. M. Sapolsky, “The Influence of Social Hierarchy on Primate Health,” *Science* 308 (5722) (2005): 648–52.
23. L. R. Gesquiere et al., “Life at the Top: Rank and Stress in Wild Male Baboons,” *Science* 333 (6040) (2011): 357–60.
24. Mark Borgschulte et al., “CEO Stress, Aging, and Death,” working paper, 19 July 2020, https://eml.berkeley.edu/~ulrike/Papers/CEO_Stress.pdf.
25. 同上。
26. A. R. Olenski, M. V. Abola, and A. B. Jena, “Do Heads of Government Age More Quickly? Observational Study Comparing Mortality between Elected Leaders and Runners-Up in National Elections of 17 Countries,” *British Medical Journal*, 2015, 351.
27. Borgschulte et al., “CEO Stress and Life Expectancy: The Role of Corporate Governance and Financial Distress,” 1 September 2019, https://eml.berkeley.edu/~ulrike/Papers/CEO_Stress_and_Life_Expectancy_20190901.pdf.
28. S. Cohen et al., “Sociability and Susceptibility to the Common Cold,” *Psychological Science* 14 (5) (2003): 389–95.
29. 同上。
30. N. Snyder-Mackler et al., “Social Status Alters Immune Regulation and

Response to Infection in Macaques," *Science* 354 (6315) (2016): 1041–45. 以下も参照のこと。J. Tung et al., "Social Networks Predict Gut Microbiome Composition in Wild Baboons," *eLife* 4 (2015): e05224.
31. 同上。

第10章　腐敗しない人を権力者にする

1. 2010年10月17日、ブレント・ハッチ。訴状 AST Case 10-988830 を支持する警察官の宣誓供述書。『アンカレッジ・デイリーニューズ』紙のジャーナリスト、カイル・ホプキンズ提供。
2. 同上。
3. Kyle Hopkins, "The Village Where Every Cop Has Been Convicted of Domestic Violence," *Anchorage Daily News*, 18 July 2019.
4. 『アンカレッジ・デイリーニューズ』紙の記者カイル・ホプキンズに2020年4月16日に行った電話取材。
5. Kyle Hopkins, "Cops in One Village Have Been Convicted of 70 Crimes. Here's What They Had to Say about It," *Anchorage Daily News*, 19 July 2019.
6. Hopkins, "Village Where Every Cop Has Been Convicted."
7. Matthew Syed, *Rebel Ideas: The Power of Diverse Thinking* (London: Hachette, 2019).（『多様性の科学：画一的で凋落する組織、複数の視点で問題を解決する組織』マシュー・サイド著／トランネット翻訳協力、ディスカヴァー・トゥエンティワン、2021年）
8. L. Beaman et al., "Female Leadership Raises Aspirations and Educational Attainment for Girls: A Policy Experiment in India," *Science* 335 (6068) (2012): 582–86.
9. Arthur Toye Foulke, *Mr. Typewriter: A Biography of Christopher Latham Sholes* (Boston: Christopher Publishing House, 1961).
10. Charles Lekberg, "The Tyranny of Qwerty," *Saturday Review of Science* 55 (40) (September 30, 1972): 37–40.
11. これには若干の異論がある。以下を参照のこと。Jimmy Stamp, "Fact or Fiction? The Legend of the QWERTY Keyboard," *Smithsonian Magazine*, 3 May 2013.
12. A. Fisher and J. Margolis, *Unlocking the Clubhouse: Women in Computing*

(Cambridge, MA: MIT Press, 2001).

13. Martin Brookes, *Extreme Measures: The Dark Visions and Bright Ideas of Francis Galton* (London: Bloomsbury, 2004).
14. Jim Holt, "Measure for Measure," *New Yorker*, 17 January 2005.
15. Kenneth F. Wallis, "Revisiting Francis Galton's Forecasting Competition," *Statistical Science* 29 (3) (2014): 420–24.
16. J. Surowiecki, *The Wisdom of Crowds* (New York: Doubleday, 2004). (『「みんなの意見」は案外正しい』ジェームズ・スロウィッキー著、小高尚子訳、角川文庫、2009年)
17. 著者自身による調査。
18. 以下を参照のこと。P. J. Rhodes, "Kleroterion," *The Encyclopedia of Ancient History*, 26 October 2012, https://onlinelibrary.wiley.com/doi/abs/10.1002/9781444338386.wbeah04171.
19. J. Berger et al., "How to Prevent Leadership Hubris? Comparing Competitive Selections, Lotteries, and Their Combination," *Leadership Quarterly* 31 (5) (2020): 101388.
20. ロンドン警視庁の元警視監ヘレン・キングにイギリスのロンドンで2020年2月11日に行った取材。
21. Max Daly, "The Police Officers Who Sell the Drugs They Seize," Vice News, 23 March 2017.
22. キングへの取材。
23. K. Abbink, "Staff Rotation as an Anti-Corruption Policy: An Experimental Study," *European Journal of Political Economy* 20 (4) (2004): 887–906.
24. C. Bühren, "Staff Rotation as an Anti-Corruption Policy in China and in Germany: An Experimental Comparison," *Jahrbücher für Nationalökonomie und Statistik* 240 (1) (2020): 1–18.
25. "1991: From Worst to First," This Great Game, https://thisgreatgame.com/1991-baseball-history/.
26. 野球ライターのダグ・パッパスが最初の公式を考え出し、その後、変更が加えられ、正当性が問われ、幅広く論評された——特に、以下の作品に応じて。Michael Lewis, *Moneyball: The Art of Winning an Unfair Game* (New York: W. W. Norton, 2004). (『マネー・ボール』マイケル・ルイス著、中山

宥訳、ハヤカワ文庫、2013年）
27. “1991 MLB Payrolls,” Baseball Cube, http://www.thebaseballcube.com/topics/payrolls/byYear.asp?Y=1991 からのデータに基づく、著者自身による分析。
28. David Dudley, “The Problem with Mussolini and His Trains,” Bloomberg, 15 November 2016.
29. 以下を参照のこと。Simonetta Falasca-Zamponi, *Fascist Spectacle: The Aesthetics of Power in Mussolini's Italy* (Berkeley, CA: Berkeley University Press, 1997).
30. “Challenger: A Rush to Launch,” WJXT, https://www.youtube.com/watch?v=EA3mLCmUD_4.

第11章　権力に伴う責任の重みを自覚させる

1. 5人の首相の秘書官と上院議員を務めたロビン・バトラー卿にイギリスのロンドンで2019年6月13日に行った取材。
2. Kyle Mizokami, “Great Britain's Nuclear Weapons Could Easily Destroy Entire Countries,” *National Interest*, 26 August 2017, https://nationalinterest.org/blog/the-buzz/great-britains-nuclear-weapons-could-easily-destroy-entire-22057.
3. Ben Farmer, “Trident: The Man with the Nuclear Button Who Would Fire Britain's Missiles,” *Telegraph*, 21 January 2016.
4. Peter Hennessy, *The Secret State: Preparing for the Worst, 1945–2010* (London: Penguin, 2014).
5. バトラーへの取材。
6. 同上。
7. イギリスの元首相トニー・ブレアに2020年10月2日に行った取材。
8. 同上。
9. 同上。
10. NAACPの元会長でハーヴァード大学ケネディスクール教授のコーネル・ウィリアム・ブルックスにマサチューセッツ州ケンブリッジで2020年2月3日に行った取材。
11. カナダの元首相キム・キャンベルに2020年4月6日に行った電話取材。
12. J. M. Darley and C. D. Batson, “From Jerusalem to Jericho: A Study of Situational and Dispositional Variables in Helping Behavior,” *Journal of*

Personality and Social Psychology 27 (1) (1973): 100.
13. 同上。
14. 以下を参照のこと。Ross Barkan, "Meet Ken Feinberg, the Master of Disasters," *Observer*, 9 March 2016.
15. 弁護士で補償基金担当責任者のケン・ファインバーグに2010年4月2日に行った電話取材。
16. 同上。
17. 同上。ファインバーグの言葉。
18. 同上。
19. M. P. Scharf, "The Torture Lawyers," *Duke Journal of Comparative & International Law* 20 (2009): 389.
20. Andrew Cohen, "The Torture Memos: Ten Years Later," *Atlantic*, 6 February 2012.
21. J. C. Alexander, "John Yoo's War Powers," *Law Review and the World. California Law Review* 100 (2) (2012): 331–64.
22. David Cole, "The Torture Memos: The Case against the Lawyers," *New York Review of Books*, 8 October 2009.
23. カリフォルニア大学バークリー校ロースクール教授で、ブッシュ政権の法律顧問だったジョン・ユーにカリフォルニア州バークリーで2020年1月28日に行った取材。
24. 同上。
25. Peter Singer, *The Expanding Circle* (Oxford: Clarendon Press, 1981).
26. Y. Trope and N. Liberman, "Construal-Level Theory of Psychological Distance," *Psychological Review* 117 (2) (2010): 440.
27. Ardant du Picq, *Battle Studies: Ancient and Modern Battle*, Project Gutenberg, https://www.gutenberg.org/files/7294/7294-h/7294-h.htm.
28. David Grossman, *On Killing: The Psychological Cost of Learning to Kill in War and Society* (1996; repr., New York: Back Bay Books, 2009).(『戦争における「人殺し」の心理学』デーヴ・グロスマン著、安原和見訳、ちくま学芸文庫、2004年)
29. 同上。
30. N. Sharkey, "Killing Made Easy: From Joysticks to Politics," in *Robot Ethics:*

The Ethical and Social Implications of Robotics, ed. Patrick Lin, Keith Abney, and George A. Bekey (Cambridge, MA: MIT Press, 2012), 111–28.

31. James Dao, "Drone Pilots Are Found to Get Stress Disorders Much as Those in Combat Do," *New York Times*, 22 February 2013.
32. "The US Air Force's Commuter Drone Warriors," BBC News, 8 January 2017.
33. A. M. Rutchick et al., "Technologically Facilitated Remoteness Increases Killing Behavior," *Journal of Experimental Social Psychology* 73 (2017): 147–50.
34. J. Decety, C. Y. Yang, and Y. Cheng, "Physicians Down-Regulate Their Pain Empathy Response: An Event-Related Brain Potential Study," *Neuroimage* 50 (4) (2010): 1676–82.
35. E. Trifiletti et al., "Patients Are Not Fully Human: A Nurse's Coping Response to Stress," *Journal of Applied Social Psychology* 44 (12) (2014): 768–77.

第12章　権力者に監視の目を意識させる

1. P. T. Leeson, "Ordeals," *Journal of Law and Economics* 55 (3) (2012): 691–714.
2. Sonia Farid, "Licking Hot Metal Spoons to Expose Lies: Egypt's Oldest Tribal Judicial System," Al Arabiya, 24 September 2018.
3. R. P. Brittain, "Cruentation: In Legal Medicine and in Literature," *Medical History* 9 (1) (1965): 82–88.
4. G. L. Robb, "The Ordeal Poisons of Madagascar and Africa," *Botanical Museum Leaflets* (Harvard University) 17 (10) (1957): 265–316.
5. 以下を参照のこと。Gwyn Campbell, "The State and Precolonial Demographic History: The Case of Nineteenth Century Madagascar," *Journal of African History* 23 (3) (October 1991): 415–45.
6. Leeson, "Ordeals."
7. 同上。
8. Ara Norenzayan, *Big Gods: How Religion Transformed Cooperation and Conflict* (Princeton, NJ: Princeton University Press, 2013).（『ビッグ・ゴッド：変容する宗教と協力・対立の心理学』アラ・ノレンザヤン著、藤井修平／松島公望／荒川歩監訳、誠信書房、2022年）

9. 同上。
10. 以下を参照のこと。D. Johnson and J. Bering, "Hand of God, Mind of Man: Punishment and Cognition in the Evolution of Cooperation," *Evolutionary Psychology* 4 (1) (2006).
11. J. Piazza, J. M. Bering, and G. Ingram, "Princess Alice Is Watching You: Children's Belief in an Invisible Person Inhibits Cheating," *Journal of Experimental Child Psychology* 109 (3) (2011): 311–20.
12. M. Bateson, D. Nettle, and G. Roberts, "Cues of Being Watched Enhance Cooperation in a Real-World Setting," *Biology Letters* 2 (3) (2006): 412–14.
13. S. B. Northover et al., "Artificial Surveillance Cues Do Not Increase Generosity: Two Meta-Analyses," *Evolution and Human Behavior* 38 (1) (2017): 144–53.
14. C. B. Zhong, V. K. Bohns, and F. Gino, "Good Lamps Are the Best Police: Darkness Increases Dishonesty and Self-Interested Behavior," *Psychological Science* 21 (3) (2010): 311–14. 以下も参照のこと。Alice Robb, "Sunglasses Make You Less Generous," *New Republic*, 26 March 2014.
15. F. Lambarraa and G. Riener, "On the Norms of Charitable Giving in Islam: Two Field Experiments in Morocco," *Journal of Economic Behavior & Organization* 118 (2015): 69–84. 以下も参照のこと。Norenzayan, *Big Gods*. (『ビッグ・ゴッド』)
16. 以下を参照のこと。C. F. A. Marmoy, "The 'Auto-Icon' of Jeremy Bentham at University College London," *Medical History* 2 (1958): 77–86; および "Fake News: Demystifying Jeremy Bentham," University College London, https://www.ucl.ac.uk/culture/projects/fake-news.
17. "Auto-Icon," University College London, https://www.ucl.ac.uk/bentham-project/who-was-jeremy-bentham/auto-icon.
18. M. Galič, T. Timan, and B. J. Koops, "Bentham, Deleuze and Beyond: An Overview of Surveillance Theories from the Panopticon to Participation," *Philosophy & Technology* 30 (1) (2017): 9–37.
19. Maria Konnikova, "The Open Office Trap," *New Yorker*, 7 January 2014.
20. M. C. Davis, D. J. Leach, and C. W. Clegg, "The Physical Environment of the Office: Contemporary and Emerging Issues," in *International Review of Industrial and Organizational Psychology* 26, ed. G. P. Hodgkinson and J. K.

Ford (Chichester, UK: Wiley, 2011), 193–235.
21. Ethan Bernstein and Ben Waber, "The Truth about Open Offices," *Harvard Business Review*, November–December 2019.
22. Louise Matsakis, "How the West Got China's Social Credit System Wrong," *Wired*, 29 July 2019.
23. Eugene Soltes, *Why They Do It: Inside the Mind of the White-Collar Criminal* (New York: Public Affairs, 2016).
24. Stephen M. Rosoff, Henry N. Pontell, and Robert Tillman, *Profit without Honor: White-Collar Crime and the Looting of America* (Upper Saddle River, NJ: Prentice Hall, 2004).(『アメリカのホワイトカラー犯罪：名誉なき巨富』スティーブン・M・ロソフ／ヘンリー・N・ポンテル／ロバート・H・ティルマン著、赤田実穂／川崎友巳／小西暁和訳、成文堂、2020年)
25. C. Michel, "Violent Street Crime versus Harmful White-Collar Crime: A Comparison of Perceived Seriousness and Punitiveness," *Critical Criminology* 24 (1) (2016): 127–43.
26. 潜入ジャーナリストのアナス・アレメヤウ・アナスに2018年10月8日に行った取材。
27. "Accused Ghana Judges Shown Bribe Videos," BBC News, 10 September 2015.
28. "Journalist Who Exposed Football Corruption Shot Dead in Ghana," Agence France-Presse, 17 January 2019.
29. Joel Gunter, "Murder in Accra: The Life and Death of Ahmed Hussein-Suale," BBC News, 30 January 2019.
30. A. Salisbury, "Cutting the Head off the Snake: An Empirical Investigation of Hierarchical Corruption in Burkina Faso," no. 2018-11, Centre for the Study of African Economies (Oxford: University of Oxford, 2018).
31. R. Reinikka and J. Svensson, "Fighting Corruption to Improve Schooling: Evidence from a Newspaper Campaign in Uganda," *Journal of the European Economic Association* 3 (2–3) (2005): 259–67.
32. 以下を参照のこと。Y. Y. Ang, "Authoritarian Restraints on Online Activism Revisited: Why 'I-Paid-a-Bribe' Worked in India but Failed in China," *Comparative Politics* 47 (1) (2014): 21–40.

33. M. Bertrand et al., “Does Corruption Produce Unsafe Drivers?,” no. w12274, National Bureau of Economic Research, 2006.
34. N. Ichino and M. Schündeln, “Deterring or Displacing Electoral Irregularities? Spill-over Effects of Observers in a Randomized Field Experiment in Ghana,” *Journal of Politics* 74（1）（2012）: 292–307.
35. このエピソードは、以下に詳述されている。Charles Campisi, *Blue on Blue: An Insider's Story of Good Cops Catching Bad Cops*（New York: Scribner, 2017）.
36. ニューヨーク市警察の内務調査局の元局長チャールズ・カンピシに2020年3月17日に行った電話取材。
37. 以下を参照のこと。Campisi, *Blue on Blue*.
38. Charlie Sorrel, “Swedish Speed-Camera Pays Drivers to Slow Down,” *Wired*, 6 December 2010.

第13章　模範的な指導者を権力の座に就けるために

1. Ernest Rhys, ed., *Livy's History of Rome: Book 3*（London: J. M. Dent & Sons, 1905）, http://mcadams.posc.mu.edu/txt/ah/Livy/Livy03.html.
2. 同上。
3. 同上。
4. Dionysius of Halicarnassus, *Roman Antiquities*, bk. 10, chap. 17.6.